MICHAEL SCHNEIDE

DOS DELITOS CONTRA O PATRIMÔNIO CULTURAL E O ORDENAMENTO URBANO NA LEI DOS CRIMES AMBIENTAIS

MICHAEL SCHNEIDER FLACH

DOS DELITOS CONTRA O PATRIMÔNIO CULTURAL E O ORDENAMENTO URBANO NA LEI DOS CRIMES AMBIENTAIS

2ª Edição – Revista e ampliada

editora Del Rey

Belo Horizonte
2022

Impresso no Brasil | *Printed in Brazil*

EDITORA DEL REY LTDA.
www.editoradelrey.com.br

Editor: Arnaldo Oliveira

Editor Adjunto: Ricardo A. Malheiros Fiuza (*in memoriam*)

Coordenação Editorial: Letícia Neves

Diagramação: Reginaldo César de Sousa Pedrosa

Revisão: Responsabilidade do Autor

Capa: AlfStudio

Editora:
Rua dos Goitacazes, 71 – Lojas 20 a 24
Centro – Belo Horizonte – MG
CEP 30190-050

Comercial:
Tel.: (31) 3284-3284
vendas@editoradelrey.com.br

Editorial:
editorial@editoradelrey.com.br
Tel.: (31) 2516-3340

F571d Flach, Michael Schneider
Dos delitos contra o patrimônio cultural e o ordenamento urbano na lei dos crimes ambientais / Michael Schneider Flach. - 2. ed.- Belo Horizonte: Del Rey, 2021.

xx, 170 p. — Inclui bibliografia.

ISBN: 978-65-00-31549-3

1. Direito penal - Brasil. 2. Crime contra o meio ambiente - Brasil. 3. Patrimônio cultural - Proteção - Brasil. I. Título.

CDU (1976) 343.232:577.4

Ficha catalográfica elaborada pela bibliotecária Meire Luciane Lorena Queiroz CRB 6/2233.

"Duas espécies de homens vejo no mundo:
Os pioneiros e os rotineiros.
[...]
Refleti no vosso trabalho no mundo.
Abristes o vosso lugar ou alguém o abriu para vós?."
(Henry Ford, *Hoje e Amanhã*.
Tradução de Monteiro Lobato)

DEDICATÓRIA

Em seus versos, Johann Wolfgang von Goethe já congratulava os que se recordavam dos seus antepassados, honravam os seus nomes e as suas ações, e com alegria e firmeza progrediam nos rastros de seus passos.

Para muito além de história, cultura e direito, este livro é uma homenagem aos que nos precederam das mais variadas formas.

E, no mais fundamental, ou seja, em família, é dedicado à memória dos meus queridos avós, Selma e Arlindo, tão importantes na minha formação.

Também, ao meu querido pai terreno João Pio, que tanta falta nos faz, bem como aos seus pais, meus avós Elizabeth e Guilherme.

PREFÁCIO À 1ª EDIÇÃO

É grande a minha satisfação ao prefaciar o livro de *Michael* Schneider *Flach*, intitulado "DOS DELITOS CONTRA O PATRIMÔNIO CULTURAL E O ORDENAMENTO URBANO NA LEI DOS CRIMES AMBIENTAIS".

Michael Schneider *Flach,* Promotor de Justiça no Rio Grande do Sul desde 1998, hoje está em exercício na comarca de Sapiranga. É ele daquelas pessoas que não se conformam com suas conquistas e que vão sempre em busca de novos desafios. Por isso, prosseguiu nos estudos, obtendo o título de Mestre em Ciências Criminais na Pontifícia Universidade Católica do Rio Grande do Sul, e tornou-se professor palestrante da Fundação Escola Superior do Ministério Público.

Este livro é fruto de curso de especialização em Direito Penal Contemporâneo na Universidade do Rio dos Sinos - Unisinos, sendo o título de sua monografia "Os Crimes Contra o Patrimônio Cultural e a Omissão Imprópria". A escolha do tema não poderia ser mais feliz. Muito embora a proteção jurídica do patrimônio histórico e cultural brasileiro já tenha 80 (oitenta) anos, diante da vigência do Decreto-lei nº 25, de 1937, e a Constituição de 1988 tenha dedicado o art. 216 para tratar da matéria, a verdade é que ainda estamos longe do ideal.

A importância do tema é bem retratada no preâmbulo da Carta de Veneza em 1964, documento internacional sobre a preservação e restauro de monumentos, onde consta que os monumentos de um povo, portadores de uma mensagem do passado, são um testemunho vivo das suas tradições seculares. A humanidade tem vindo progressivamente a tomar maior consciência da unidade de valores humanos e a considerar os monumentos antigos como uma herança comum, assumindo colectivamente a responsabilidade da sua salvaguarda para as gerações futuras e aspirando a transmiti-los com toda a sua riqueza e autenticidade.

Ainda assim, no Brasil é fraco o conhecimento da sociedade, principalmente das novas gerações, sobre nossos valores, momentos históricos, monumentos e práticas populares nas diferentes regiões de nosso imenso território.

Temos, também, sido injustos com os grandes vultos de nossa história, relegando-os ao esquecimento e, assim, privando os jovens de tomá-los como exemplos. Por isso, escrevendo sobre José Bonifácio de Andrada e Silva e sua relação com o meio ambiente, registrei que "sua visão de estadista, seu sonho de criar uma nação multicultural – ideia hoje tão propagada – e sua percepção dos problemas ambientais, devem ficar na nossa memória, servirem-nos de exemplos e serem transmitidas às novas gerações" (www.conjur.com.br, 17 de agosto de 2017).

A importância da proteção de nossas riquezas culturais, de nossas raízes, não é apenas uma questão de cultura, de conhecimento de quem somos, mas tem, também, uma relação direta com a paz interior, a felicidade individual. Com propriedade, afirmam Paulo Salvi e outros que: "A valorização daquelas áreas, daqueles lugares que foram os locais físicos de desenvolvimento das comunidades urbanas no curso dos séculos precedentes, poderá ser o instrumento idôneo para a satisfação de um componente importante: o senso de 'enraizamento individual', necessário para cada impulso adiante, na perspectiva de uma contribuição não irrelevante à felicidade ou serenidade dos indivíduos" (Patrimonio dei beni culturali..., in: *Ambiente e cultura.* Napoli: Scientifiche Italiane, 1999, p. 902).

Michael Schneider *Flach* optou por focar o tema em estudo exclusivamente na proteção penal. E fez bem. Primeiro, porque inexiste obra específica sobre o tema e, assim, preenche ele um vácuo na doutrina pátria. Segundo, porque, dedicando todo seu estudo a um aspecto de grande relevância, ele dá uma contribuição maior do que se, genericamente, falasse sobre todos os aspectos do chamado meio ambiente artificial.

Inicia o autor fornecendo a evolução histórica da proteção no Brasil, a começar pela carta do então Vice-Rei do Brasil, André de Melo e Castro, o Conde de Galveias, em 1742, ao Governador de Pernambuco, na qual revela sua preocupação com a preservação do Palácio das Duas Torres, edificado pelo holandês Maurício de Nassau. A partir daí, uma a uma, todas as normas foram dissecadas em pesquisa minuciosa, incluindo aquelas que incidentalmente se referem à matéria, como o Estatuto da Cidade.

Do nacional, o autor vai ao internacional e então discorre sobre os mais importantes acordos internacionais de proteção do patrimônio histórico e artístico, inclusive do natural, pouco conhecido dos brasileiros. Nesta linha, registra tombamentos feitos pela Unesco de diversos sítios brasileiros de rara beleza, como o Parque Nacional do Iguaçu e a Ilha de Fernando de Noronha.

Exposto o que se deve proteger, vai o autor ao como fazê-lo. Em lição de grande objetividade, mostra o caminho para exigir-se respeito ao nosso rico patrimônio. Começa pelos dois mais importantes diplomas, quais sejam, o disposto no artigo 216 da Carta Magna e o antigo e celebrado Decreto-lei nº 25, de 1937. Mas Michael Flach não se limita a rememorar a existência das normas, vai além. Cita a importância e a vigência da lei, dos atos administrativos, estes especificados um a um.

O passo seguinte de sua caminhada científica é a análise da tutela penal e aí seu trabalho percorre desde penalistas clássicos, como Francisco de Assis Toledo, aos atuais, como o espanhol Jesús-Maria Silva Sánchez. Feita a análise teórica, passa ao exame do previsto nos artigos 62 a 65 da Lei nº 9.605, de 1998, conhecida como Lei dos Crimes Ambientais.

Aqui se faz necessária uma específica referência. Antes desta lei especial, que inovou e alargou a proteção do meio ambiente natural e artificial, no Brasil já se previa a proteção do patrimônio histórico-cultural. Com efeito, o artigo 165 do Código Penal de 1940 punia com pena de 6 (seis) meses a 2 (dois) anos de detenção, além de multa, "destruir, inutilizar ou deteriorar coisa tombada pela autoridade competente em virtude de valor artístico, arqueológico ou histórico". No entanto, dito artigo nunca teve a menor efetividade e, prova disso, é que pesquisa feita no índice da Revista dos Tribunais, que antes da Internet era o mais completo repertório de jurisprudência, revela que de janeiro de 1960 a dezembro de 1968 (volumes 291 a 393) não há, sequer, um só acórdão sobre o tema.

O autor, com a clareza e objetividade dos que se preocupam mais em fazer-se entender do que em mostrar erudição, segue firme na análise dos tipos penais, dividindo-os conforme suas peculiaridades. E nisto demonstra bom senso, virtude que vem se tornando rara no mundo jurídico brasileiro.

Ao comentar o artigo 63 da Lei dos Crimes Ambientais, que trata de proteção do aspecto ou estrutura de edificação ou local especialmente protegido por lei, ato administrativo ou decisão judicial, pondera que por considerar que posições absolutamente extremadas também podem ser nocivas, cremos que a questão comporta raras e específicas exceções. Como quando apesar de não autorizada representar vantagem para o objeto, sem gerar dano e podendo salvaguardá-lo de um mal maior (*v.g.* deterioração, risco de ruína).

E, como não poderia deixar de ser, posiciona-se o autor com firmeza contra a pichação urbana, defendida por alguns sob os mais surpreendentes argumentos.

Considera as manifestações de cunho eleitoral como incluídas no tipo penal e, para a conduta de grafitagem, considera-a crime exceto se "realizada com o objetivo de valorizar o patrimônio, como forma de manifestação artística, consentida por quem de direito e com a observância das respectivas normas".

O dolo, a culpa e as hipóteses de erro são dissecados nos capítulos seguintes, sempre em comparação com os tipos penais da Lei nº 9.605, de 1998. Ao citá-los nesta obra, que trata de tema pouco conhecido e valorizado no Brasil, o autor presta um bom serviço aos seus leitores.

Pelo que foi exposto nestas observações, fácil é afirmar que o estudo do Promotor de Justiça gaúcho *Michael* Schneider *Flach* supre um vazio na literatura jurídica pátria e, ainda, na das Américas do Sul e Central, enfrentando, com sucesso, tema dos mais complexos. Por isso o interesse e mérito do livro não se confinam nos limites territoriais do Rio Grande do Sul, pois, ainda que haja algumas diferenças regionais, as dificuldades, os avanços e retrocessos na defesa do patrimônio histórico e cultural são semelhantes em todo o Brasil e nas nações vizinhas. Prefaciar obra de tal nível é, para mim, motivo de justo orgulho e satisfação. Boa leitura.

Curitiba, primavera de 2018.

Vladimir Passos de Freitas

Professor de Direito Ambiental do Programa de Pós-Graduação *stricto sensu* da Pontifícia Universidade Católica do Paraná. Pós-Doutor em Saúde e Meio Ambiente pela Faculdade de Saúde Pública da Universidade de São Paulo. Doutor e Mestre em Direito pela Universidade Federal do Paraná. Desembargador Federal aposentado. Ex-Presidente do Tribunal Regional Federal da 4ª Região. Colunista do *site* Consultor Jurídico. Presidente da *International Association for Court Administration* – IACA.

SUMÁRIO

APRESENTAÇÃO À 1ª EDIÇÃO

Embora a Lei nº 9.605/98 contemple crimes e infrações administrativas ambientais de forma ampla, considerando o meio ambiente natural, cultural e artificial, e ainda exista doutrina especializada em ambas as áreas, são raras as obras específicas sobre crimes contra o patrimônio cultural e o ordenamento urbano.

Essa escassez também é notada na jurisprudência, onde ações penais, especialmente contra o patrimônio cultural, são inexpressivas numericamente. Há também bastante desconhecimento sobre o tema de forma geral tanto pelos profissionais dedicados ao direito penal quanto pela população em geral.

Assim, é inegável a importância desta obra do Promotor de Justiça Michael Flach, que muito ajudará àqueles que precisam investigar, processar, defender e julgar crimes contra o patrimônio cultural e o ordenamento urbano.

Fico muito feliz em poder escrever sobre o colega do Ministério Público do Rio Grande do Sul, Michael Flach. Ainda no início dos anos 2000, como Promotor de Justiça de Igrejinha, iniciou sua dedicação ao tema do patrimônio cultural, tema dominado por poucos e ilustres colegas.

O estudo agora entregue é bastante minudente: inicia historiando a evolução dos institutos dedicados à proteção do patrimônio cultural e as modalidades de tutela legal, esclarecendo a importância de sua tutela penal, seguindo-se da análise dos tipos previstos na Lei nº 9.605/98.

Como membro do Ministério Público, com vasta experiência prática, a obra não é apenas teórica, preocupando-se em problematizar situações que incidem nas tutelas do patrimônio cultural e ordenamento urbano, contribuindo definitivamente para a aplicação do Direito Penal Ambiental.

Com a certeza de que esta obra será de grande utilidade e de citação obrigatória nos julgados de nossos Tribunais, desejo-lhes excelente leitura.

Porto Alegre, novembro de 2018.

Sílvia Cappelli

Procuradora de Justiça/RS. Professora de Direito Ambiental.

RESUMO

A obra aborda os crimes contra o patrimônio cultural e o ordenamento urbano, de acordo com as cominações da Lei nº 9.605/98. Principia-se pela evolução histórica dos institutos ligados ao patrimônio cultural e ao próprio meio ambiente, passando pelas diferentes formas de tutela, as quais conferem ao respectivo objeto o caráter de especialmente protegido, a partir de uma lei, de ato administrativo ou decisão judicial.

Na sequência, é realizado o estudo do bem jurídico tutelado, à luz das previsões da Constituição Federal e dentro da categoria de bem ambiental, com a devida análise dos crimes em espécie do nosso ordenamento. Já a omissão imprópria e as questões sobre o dever de garante são destacadas como uma das formas da prática do ilícito.

Prosseguindo, são estudadas as modalidades de ocorrência dos respectivos delitos tipificados na Lei dos Crimes Ambientais, seja a título de dolo ou de culpa, bem como a possibilidade de a conduta do agente sofrer a incidência do erro de tipo ou de proibição, com diferentes consequências para cada situação.

Para tanto, além dos ensinamentos oriundos da doutrina, da jurisprudência e da atuação profissional, ao longo do texto são formulados exemplos variados e problemas teóricos, para a melhor compreensão da matéria e a preparação do leitor, seja para o enfrentamento de casos práticos no cotidiano ou o aprofundamento dos estudos, nas diferentes fases da carreira (universidade, pós-graduação, concursos, atividades forenses e áreas do conhecimento diversas do Direito).[1]

---

1 Apesar de o objeto de estudo não ser novidade, busca-se aqui despertar uma reflexão para o tema. Neste sentido, MAQUIAVELO, Nicolas (*El Príncipe*. Comentado por Napoleón Bonaparte. Buenos Aires: Accinelli, 1934, p. 29) sentencia que "Los hombres caminan casi siempre por caminos trillados ya por otros, y apenas hacen más que imitar a sus predecesores en las empresas que llevan a cabo".

INTRODUÇÃO

O mundo contemporâneo e as pressões da modernidade têm gerado as mais variadas formas de disputa por espaços e direitos, com consequências diversas, entre as quais figuram os atentados aos valores ambientais, urbanísticos e culturais.

Exemplo atual e que o estudo se propõe a elucidar no campo teórico é o recente incêndio do Museu Nacional, situação caracterizadora do delito do art. 62 da Lei nº 9.605/98, independente se causada por dolo, culpa, ação ou omissão.

Nessa linha, o livro destaca a importância do patrimônio cultural e demonstra a função que o Direito Penal desempenha na sua preservação, cujo objeto jurídico está inserido no rol dos bens ambientais. Assim, constitui-se num direito de caráter coletivo e fundamental, o que justifica uma tutela eficaz, inclusive por via de tipos criminais.

Além de se debruçar sobre os diversos delitos contra o patrimônio cultural, nas suas respectivas formas de ocorrência e com os devidos elementos inerentes, a obra demonstra que o bem tutelado pode sofrer vulneração não apenas por uma conduta ativa, mas também por omissão imprópria, seja a título de dolo, culpa, ou erro, em cujos casos a figura do garante torna-se decisiva.

Dessa forma, para a melhor compreensão do tema, iniciamos relacionando a longa evolução histórica dos institutos que preservam o patrimônio cultural, bem como a sua ligação com as questões ambientais, dentro do contexto pátrio e internacional.

A seguir, são abordadas as diversas formas de tutela, que conferem ao bem o caráter de especialmente protegido, seja por lei, ato administrativo ou decisão judicial, conforme previsto no art. 62 da Lei nº 9.605/98 e no art. 216, § 1º, da Constituição Federal.

O capítulo três trata da tutela penal, colacionando conceitos de bens jurídicos e conectando-os ao patrimônio cultural, como o objeto tutelado pela norma. Também, realiza uma análise completa dos diferentes delitos, de acordo com a Lei dos Crimes Ambientais, mas sem ignorar os antigos cânones inseridos no Código Penal e ainda mencionando a previsão de tipos similares contida no projeto de reforma deste código.

No capítulo quatro serão apresentadas as formas de omissão, com as suas características, diferenças e com destaque maior para a figura imprópria, o dever de garantidor e as suas fontes elencadas no art. 13, § 2º, do Código Penal.

A partir do capítulo cinco são verificadas as formas de ocorrência do delito tipificado no art. 62, I, da Lei nº 9.605/98, praticado por via de uma conduta omissiva imprópria, iniciando-se pela modalidade dolosa, tanto a direta como a eventual.

No capítulo seis analisa-se o delito culposo, nas variantes *stricto sensu*, inconsciente e consciente, de acordo com a quebra dos deveres de garante.

O capítulo sete cuida da possibilidade da incidência do erro de tipo ou proibição e as suas decorrências, sempre abarcando diversas situações.

A obra realiza tanto uma abordagem tradicional como inovadora, formulando diversos problemas teóricos, direcionados à resolução de casos práticos e às exigências da matéria, conectados ao cotidiano globalizado e à realidade atual, na qual nos debruçamos com as mais diversas formas de perecimento do patrimônio ambiental e cultural - como o mencionado e fatídico sinistro do nosso Museu que, num só ato e de forma permanente, consumiu parte da história e do acervo da humanidade.

I
JORNADA EVOLUTIVA HISTÓRICA

Ao longo da trajetória mundial dos sistemas legais, desde os idos do Código de Hamurabi e das Leis das XII Tábuas, observamos vários dispositivos dirigidos à proteção do patrimônio público e privado, bem como preocupados com marcas da história, arte e cultura. Exemplo disso vemos no código de posturas do Império Romano sobre a conservação da imagem da cidade, na ordem do Imperador Alexandre, no século III, aplicando multas a quem comprasse uma casa com o fim de demoli-la, nas leis do Império Bizantino, ao fim do século IV, proibindo a desfiguração de fachadas e ornamentos, e no ato do Senado Romano de 1162 instituindo a proteção da Coluna de Trajano, contruída no ano de 114 d.C.[2]

Por sua vez, em 1463, o Papa Pio II expediu a bula *Cum Almam Nostram Urbem*, prevendo multas e a excomunhão de quem "demolir, quebrar, danificar ou transformar em cal, de forma direta ou indireta, pública ou secretamente, qualquer edifício público da antiguidade ou quaisquer remanescentes dos edifícios antigos". Assim, mirando a história, podemos perceber já nos tempos de Roma e dos Estados Pontifícios, que existiam "manifestações legais de proteção do patrimônio cultural e artístico da humanidade". Sendo nítido que "países civilizados do mundo já se preocupavam" de longa data com a preservação da cultura.[3]

A evolução do reconhecimento e da proteção do patrimônio cultural nas suas várias vertentes (histórica, arquitetônica, artística, arqueológica, estética, etc.) serão a seguir analisadas em termos mundiais e nacionais.

---

[2] MIRANDA, Marcos Paulo de Souza. Evolução histórica da legislação protetiva do patrimônio cultural no Brasil. *Fórum Administrativo*, Belo Horizonte, ano 17, nº 198, ago. 2017, p. 1.

[3] SOUZA FILHO, Carlos Frederico Marés. *Bens Culturais e Proteção Jurídica*. Porto Alegre: Unidade Editorial, 1997, p. 42. Sobre a proteção no Direito Canônico, *vide* MIRANDA, Marcos Paulo de Souza. Evolução histórica da legislação protetiva do patrimônio cultural no Brasil. *Fórum Administrativo*, Belo Horizonte, ano 17, nº 198, ago. 2017, p. 1-2.

1.1 Dos Primórdios ao Presente da Preservação

O Renascimento foi um marco significativo de distanciamento da idade das trevas e de enormes transformações culturais, além de sociais, políticas, científicas, econômicas e religiosas, marcando uma retirada do feudalismo rumo ao capitalismo. Ocorre nele uma revalorização da Antiguidade clássica e uma nova visão sobre a própria posição do homem (humanismo), o que floresce nos territórios italianos e se alastra pelo continente europeu; sendo que neste podemos identificar um marco referencial de proteção do patrimônio da cultura e da arte.

A partir da segunda parte dos anos 1300, temos uma nova atitude de valorização do estético, arquitetônico, histórico e cultural. O nascimento do chamado "monumento histórico" pode ser localizado em Roma, em torno do ano 1420. Doravante, vemos um excepcional despertar, "despojado das paixões medievais, que, pousado sobre os edifícios antigos, metamorfoseia-os em objetos de reflexão e de contemplação". E que, por exemplo, podemos verificar no prólogo da obra *De re aedificatoria*, de Alberti, sobre os templos dos romanos.[4]

Explica Baumer que o século XVII foi o primeiro *século moderno*, inaugurando uma nova época no pensamento, distinto da antiga. As suas marcas mais profundas estão no Renascimento, com o seu humanismo, e na Reforma Protestante, enquanto oposição ao pensar da Idade Média. Eram ambos fundamentalistas, no sentido de reviver (e até mesmo de rivalizar com) os modelos primitivos, como as antigas civilizações grega e romana, ou mesmo a primeva Igreja Cristã.[5]

Com efeito, após os embates políticos que assolaram a França no final do século XVIII, com o início da sua Revolução em 1789 e a Era Napoleônica, surgem os mais relevantes movimentos de preservação da riqueza cultural, como consequência dos atos de depredação e destruição de importantes bens, ligados ao clero e à monarquia,[6] e da necessária valorização dos objetos nacionais.

---

[4] CHOAY, Françoise. *A alegoria do patrimônio*. 4ª ed. São Paulo: Unesp, 2006, p. 31, 44-46, citando o prólogo de Alberti: "(Os) túmulos dos romanos e os vestígios de sua antiga magnificência que vemos à nossa volta nos ensinaram a dar crédito aos testemunhos dos historiadores latinos que, com toda a certeza, de outro modo nos pareceriam menos críveis".

[5] BAUMER, Franklin L. *O pensamento Europeu Moderno*. Vol. 1, séculos XVII e XVIII. Lisboa: Edições 70, 1977, p. 43-4.

[6] RODRIGUES, José Eduardo Ramos. A Evolução da Proteção do Patrimônio Cultural. Crimes Contra o Ordenamento Urbano e o Patrimônio Cultural. *Revista de Direito Ambiental*, ano 3, nº 11, São Paulo: Revista dos Tribunais, p. 26, jul.-set. 1998, sobre a destruição de bens arquitetônicos e artísticos. Ainda, cumpre referir que a própria Assembleia Nacional Constituinte revolucionária fez constar na Declaração dos Direitos do Homem e do Cidadão que: Art. 17.º Como a propriedade é um direito inviolável e sagrado, ninguém dela pode ser privado, a não

Com o objetivo de conservar as igrejas medievais e a própria totalidade do patrimônio nacional, a Assembleia Nacional Constituinte de 1789 colocou os bens do clero à disposição da nação, e após os dos emigrados e os da Coroa. A seguir, foi criada a Comissão de Monumentos que, conforme decreto de 1790, deveria inventariar o estado em que se encontravam e descrever cada categoria de bem, além de tombar determinados bens recuperados pela nação, colocando-os fora de circulação. Por sua vez, os bens móveis deveriam ser transferidos para um lugar aberto ao público e denominado de *Museum*, cuja função é "servir a instrução da nação", reunindo obras e ensinados civismo, história e arte. No mesmo ano, o antiquário e naturalista Aubin-Louis Millin, que teria inventado o termo "monumento histórico", apresenta à Assembleia Constituinte o primeiro volume do seu "Antiquités Nationales", com o fim de preservar e salvar objetos que seriam destruídos. Em 1794 cria-se a Comissão Provisória das Artes e em 1795 o Conselho dos Edifícios Civis. Já em 1793 é criado o Museu do Louvre e em 1796 várias das obras salvas no período revolucionário são abertas ao público com o nome de "Musée des Monuments Français", sob os cuidados de Alexandre Lenoir.[7]

Contudo, no ambiente revolucionário também se verificou desvios e depredações, como a determinação em 1791 de fundições de pratarias, relicários e de partes de chumbo e bronze das catedrais e basílicas, para servir à artilharia. Ainda assim, a seguir uma nova diretriz contempla instruções com ressalvas às destruições e critérios para conservar bens que seriam condenados, como o de interesse para a história, as artes e o valor estético, pedagógico e técnico.[8] Entretanto, como a preocupação inicial foi a de proteger objetos de valia excepcional, por vezes ocorreu a perda de outros de menor relevo, em especial para destacar os mais notáveis, como no entorno da Catedral de Notre Dame, onde os prédios medievais foram demolidos, para que ela pudesse se sobressair.[9]

Com efeito, assim como o clamor revolucionário direcionava-se para destruir tudo aquilo que de alguma forma representava o *Ancien Régime*, parcela preciosa das suas luzes fizeram por bem iniciar a preservação de parte importante daquilo que seria reconhecido como formador do seu patrimônio cultural e tão significativa para a formação da sua identidade, dentro da nova concepção de Estado e Nação, sob a égide dos recentes valores democráticos da liberdade, igualdade e fraternidade e deste renovado contrato social.

---

ser quando a necessidade pública legalmente comprovada o exigir e sob condição de justa e prévia indenização.

[7] CHOAY, op. cit., p. 95-102.

[8] CHOAY, op. cit., p. 103-22.

[9] RODRIGUES, 1998, op. cit., p. 26.

No século XX vemos na Europa o surgimento de várias normas protetivas,[10] como a Lei nº 185 de 1902 na Itália, a Lei da França de 1913, sobre os Monumentos Históricos, o Decreto-lei de 1926 na Espanha, a Lei nº 1.487/39, na Itália, além de Suécia (Ato nº 822/1964, de Conservação da Natureza), Suíça (Lei nº 451/66) e Espanha (Decreto nº 1.346/76).[11] Em termos constitucionais, a Carta Alemã de Weimar de 1919 estatui que os "monumentos artísticos, históricos e naturais seriam protegidos e valorizados pelo Estado e que este deveria prevenir a saída de patrimônio artístico para o estrangeiro (art. 150º)".[12] Também conferiram matiz constitucional nas questões relativas à cultura e patrimônio as Constituições da Suíça (1874 com emendas em 1948), Portugal (1911 e 1933), Áustria (1920), Itália (1947), Alemanha (1949), Índia (1949), Grécia (1978) e Espanha (1931 e 1978). Já na América, tal proteção foi implantada no México (1917), na Argentina (1949 e 1994), Costa Rica (1949), Venezuela (1961), no Uruguai (1966), Paraguai (1967 e 1992), Equador (1979), Peru (1979), em Cuba (1976), no Chile (1981), em Honduras (1982), El Salvador (1983), no Panamá (1985), na Guatemala (1985) e Colômbia (1991).[13]

Em termos internacionais vários Congressos ocorrem em relação à arte e à preservação de monumentos, 1878 em Paris, em 1897 em Bruxelas e 1904 em Madrid[14], nos quais se define pela primeira vez a conservação do estado primitivo dos monumentos, salvo para as inserções consideradas como fundamentais e de elevada qualidade artística. Em 1940 foi assinada a Concordata entre Portugal e a Santa Sé tratando, entre outros, sobre temas de patrimônio cultural. Em 1950 foi

---

10 LINS, Jair. Protecção do patrimônio artístico estadual e federal: esboço de anteprojetco de lei federal e sua fundamentação. *Revista Forense*, Belo Horizonte, v. 51, jul.-dez., 1998, p. 8, cita como países que desenvolveram instrumentos protetivos no século XIX: Áustria (Decreto, 1818), Grécia (Lei, 1834), Dinamarca (Lei, 1843), Bélgica (1860), Itália (Lei, 1865), Espanha (Decreto, 1873), Inglaterra (Lei, 1882), Egito (Lei, 1883), Turquia (Lei, 1884), França (Lei, 1887), México (Lei, 1897), Portugal (Decreto, 1898), Creta (Lei, 1899).

11 BOCCHIERI, Franco. *Restaure, conservazione, tutela dei beni culturali*. Udini: Aviani, 1994, p. 11; RODRIGUES, José Eduardo Ramos. O patrimônio cultural nos documentos internacionais. *In*: DERANI, Cristiane; COSTA, José Augusto Fontoura (Org.). *Direito Ambiental Internacional*. Santos: Ed. Universitária, 2001, p. 200; CURREAU, Sandra. Algumas notas sobre a proteção do patrimônio cultural. Boletim Científico ESMPU, Brasília, ano II, nº 9, out.-dez. 2003, p. 190.

12 MIRANDA, Jorge. Património cultural e constituição. *In: Direito do Património Cultural*, op. cit, p. 253.

13 PIRES, Maria Coeli Simões. Proteção ao patrimônio cultural. Belo Horizonte: Del Rey, 1994, p. 56-68; RODRIGUES, 1998, op. cit., p. 26-27; e MACHADO, Paulo Affonso Leme. *Direito ambiental brasileiro*. 7. ed. São Paulo: Malheiros, 1999, p. 728 *et seq*., salvo as alterações legais posteriores.

14 Em 1819 Madrid ganha o *Museu do Prado*, iniciado por Carlos III e concluído por Fernando VII.

estabelecido o Acordo de Florença, que trata da importação de objetos de caráter cultural, científico e educativo. A Convenção para a Proteção dos Bens Culturais em Caso de Conflito Armado foi subscrita em Haia em 1954 e aprovada pelo Decreto Legislativo nº 32/1956 e que passou a ser parte integrante do direito pátrio a partir Decreto nº 44.851/1958. A Convenção de Londres de 1969 trata da Proteção do Patrimônio Arqueológico da Europa.[15]

Após a Declaração Universal dos Direitos Humanos, de 1948 da ONU em Paris, com previsões expressas sobre a cultura,[16] e a própria Declaração Americana dos Direitos e Deveres do Homem (Bogotá, 1948),[17] a UNESCO editou uma série de Recomendações sobre a conservação de monumentos, obras do passado e arqueologia, de Nova Delhi (1956); de Proteção da Beleza e o Caráter das Paisagens e dos Sítios (1962); para coibir a Transferência de Propriedades Ilícitas de Bens Culturais em 1964, a qual foi ratificada pelo Brasil com o Decreto nº 72.312/1973. Em 1966 é assinado o Pacto Internacional de Direitos Econômicos, Sociais e Culturais; em 1968 temos a convenção sobre a Conservação dos Bens Culturais Ameaçados por Obras Públicas ou Privadas; e em 1976 a de Nairóbi para a Salvaguarda dos Conjuntos Históricos e a sua Função na Vida Contemporânea. Em Paris a de Salvaguarda da Cultura Tradicional e Popular de 1989; além da Recomendação Europa, sobre a Conservação Integrada das Áreas de Paisagens Culturais em 1995.

Outrossim, em Paris no ano de 1970 a Unesco instituiu uma Convenção relativa às Medidas a Serem Adotadas para Proibir e Impedir a Importação, Exportação e Transferência de Propriedades Ilícitas dos Bens Culturais. Mais recentemente no ano de 2003, também em Paris, a Unesco instituiu a Convenção para a Salvaguarda do Patrimônio Cultural Imaterial, a qual foi integrada ao ordenamento pátrio pelo Decreto nº 5.753/2006. Ainda, em 2001 surgiu a Convenção para a Salvaguarda do Patrimônio Subaquático e em 2005 e a Convenção da Diversidade Cultural, também ratificadas e promulgadas pelo Brasil.

Já a Proteção do Patrimônio Mundial, Cultural e Natural fora convencionada em 1972 pela Unesco, em favor das "Obras arquitetônicas, de escultura ou de pinturas monumentais, elementos de estruturas de caráter arqueológico, inscrições,

---

[15] NABAIS, Casalta. *Introdução ao direito do patrimônio cultural.* Coimbra: Almedina, 2010, p. 20.

[16] Artigo 27º, 1. Toda a pessoa tem o direito de tomar parte livremente na vida cultural da comunidade, de fruir as artes e de participar no progresso científico e nos benefícios que deste resultam.

[17] Artigo 13: Toda pessoa tem o direito de tomar parte na vida cultural da coletividade, de gozar das artes e de desfrutar dos benefícios resultados do progresso intelectual e, especialmente, das descobertas científicas.

grutas e grupos de elementos com valor universal excepcional", a partir da história, da arte ou da ciência, sendo incorporada ao sistema nacional pelo Decreto nº 80.978/1977.

E mais, entre outros documentos de relevo citamos a Carta de Atenas (Proteção de Monumentos, Sociedade das Nações, 1931); a Carta de Atenas de 1933 (Congresso Internacional de Arquitetura Moderna); Carta de Veneza (Restauração e Conservação de Monumentos e Sítios, 1964); Carta do Restauro (Itália, 1972); Carta do Turismo Cultural (1976); Carta de Machu Picchu (1977); Carta de Florença (1981); as Cartas de Washington (Carta Internacional para a Salvaguarda das Cidades Históricas, 1986 e 1987); Carta de Cabo Frio (Encontro de Civilizações das Américas, 1989); Carta de Lausanne (Gestão e Proteção do Patrimônio Arqueológico, 1990); a Conferência de Nara (Autenticidade em Relação ao Patrimônio Mundial, 1994); Carta de Brasília (Autenticidade Cultural do Conesul, 1995); Carta de Mar del Plata (Patrimônio Intangível para o Mercosul, 1997), e a Carta de Burras (ICOMOS, Austrália, 1999).

Relacionamos ainda as Normas de Quito (Conservação e Uso de Monumentos e Lugares de Interesse Histórico e Artístico, 1967); a Resolução de São Domingos (Conservação e Restauração do Patrimônio Monumental, 1974); a Declaração de Amsterdã (Patrimônio Arquitetônico Europeu, 1975); Declaração de Nairóbi (Assembleia Mundial dos Estados, 1982); Declaração Tlaxcala (Conservação do Patrimônio Monumental, 1982); Declaração do México (Conferência Mundial sobre Políticas Culturais, 1985); Convenção de Granada (Salvaguarda do Patrimônio Arquitetônico da Europa, 1985); Declaração de São Paulo (25 anos da Carta de Veneza, 1989); Declaração de Sofia (Assembleia ICOMOS, 1996), a de Cartagena de Índias (Proteção e Recuperação de Bens Culturais do Patrimônio da Comunidade Andina, 1999) e a Carta de Burra - Australia ICOMOS Burra Charter, 1999 (para os Lugares com Significado Cultural).

Outrossim, incluímos as "Jornadas sobre a Proteção Penal do Meio Ambiente", ocorridas em outubro de 1991, em Madrid, na Espanha, palco no qual foi decidido sobre a necessidade de se compatibilizar o desenvolvimento econômico com a preservação do meio ambiente,[18] no que entendemos deve ser considerado o meio ambiente cultural. E de onde agregamos o Tratado de Maastricht de 1992, que cria a União Europeia e dedica capítulo exclusivo para a questão ambiental, tendo como metas *a preservação, a proteção e a melhoria da qualidade do ambiente*,

[18] GOMES, Luiz Flávio. Proteção penal do meio ambiente. *Revista dos Tribunais*, nº 673, nov. 1991, p. 392, registra entre as conclusões das Jornadas: "19ª) Justifica-se toda luta para a preservação do meio ambiente, dentre ouras tantas razões porque 'temos a obrigação moral e ética de passar para as futuras gerações, no mínimo, o meio ambiente que temos hoje'".

a produção de medidas destinadas a enfrentar os seus problemas e a utilização racional dos recursos naturais. Vindo então a editar uma série de princípios tutelares para atingir tais objetivos.

Ligados à Unesco temos ainda a Declaração sobre as Responsabilidades das Gerações Presentes em Relação às Gerações Futuras de 1997; a Declaração Universal sobre a Diversidade Cultural do ano 2001; a Convenção de 2002 sobre o Patrimônio Cultural Subaquático (em 1982 ocorreu a Convenção das Nações Unidas sobre o Direito do Mar); a de 2003 para a Proteção do Patrimônio Cultural Imaterial; a de 2005 sobre a Proteção e Promoção da Diversidade das Expressões Culturais de Paris, em 2005 (cujo Comitê da ONU o Brasil passou a integrar a partir do ano de 2015); além do Memorando de Viena, Recomendações sobre a Paisagem Histórica Urbana, em 2005. Também, a Convenção do Unidroit sobre Bens Culturais Furtados ou Ilicitamente Exportados, ocorrida na cidade de Roma, na Itália, em 1995, e ratificada por vários países do mundo, inclusive no Brasil, por meio do Decreto nº 3.166/1999.[19] Além da Convenção para a Salvaguarda do Patrimônio Cultural Imaterial, de 2003, em Paris, a qual ingressou no sistema pátrio pelo Decreto nº 5.753/2006.

Por fim, entre os mais recentes compromissos em favor do Patrimônio Cultural citamos as Declarações de: Hoi Na, Vietnã, para a Conservação de Distritos Históricos na Ásia (2003); a sobre a Recuperação do Patrimônio Cultural de Bam (Irã, 2004); a de Seul sobre Turismo nas Cidades e Áreas Históricas da Ásia (2005); e a de Xi'an para a Conservação do Entorno Edificado, Sítios e Áreas do Patrimônio Cultural, do Conselho Internacional de Monumentos e Sítios (China, 2005), eventos ligados ao ICOMOS.[20]

Com efeito, a Unesco possui presença marcante no Brasil para a preservação dos nossos bens, tendo realizado desde 1980 vários tombamentos, tanto para

---

[19] Sobre o tema ver FRIGO, Manlio. The Impact of the UNIDROIT Convention on International Case Law and Practice: an appraisal. *In: Uniform Law Review*, 2015; FACH GÓMEZ, Katia. Algunas Consideraciones en Torno al Convenio de Unidroit sobre Bienes Culturales Robados o Exportados Ilegalmente. *In: Anuario Español de Derecho Internacional Privado*, Tomo IV, 2004, p. 237-259; e RANIERI, Nina Beatriz Stocco. A convenção sobre a proteção e a promoção da diversidade cultural e a constituição brasileira. *In*: MARQUES, Cláudia Lima *et al.* (Org.). *O novo direito administrativo, ambiental e urbanístico.* São Paulo: Revista dos Tribunais, 2010, p. 141-52.

[20] Maiores informações sobre os vários eventos referidos podem ser acessados nas páginas oficiais da ONU (http://www.onu.org.br; e https://nacoesunidas.org/acao/meio-ambiente) da Unesco (www.unesco.org.br), do Icomos (http://www.icomosbr.org) e do Iphan (www.iphan.gov.br).

a proteção e conservação do patrimônio cultural,[21] como de sítios naturais.[22] Portanto, em linhas breves e gerais, seriam esses os dispositivos aptos a indicar o relevo e os estágios pelos quais passaram os institutos que contemplam a tutela do patrimônio cultural ora estudado.[23]

1.2 Cronologia Nacional Protetiva

A proteção do patrimônio cultural, do ponto de vista da tutela penal, encontra-se atualmente contemplada na Lei nº 9.605/1998, dentro do Capítulo V, que cataloga os delitos ambientais, na sua Seção IV "Dos crimes contra o ordenamento urbano e o patrimônio cultural", entre os artigos 62 e 65.

Entretanto, longo foi o percurso até ser atingido tal estágio de proteção penal. Na época do Brasil Colônia, sob a égide do Código Filipino, das Ordenações do Reino, encontramos nos títulos 64, 86 e 87 tipos que preveem as condutas e as penas do dano praticado contra o patrimônio, além do delito previsto no título 75, que penalizava a ação "Dos que cortão Arvores de fructo, ou Soveiros ao longo do Tejo".[24] Igualmente, em 13 de março de 1797 fora editada a Carta Régia, a qual registrava em seu conteúdo que era "necessário tomar todas as preocupações para a conservação das matas do Estado do Brazil, e evitar que elas se arruínem e destruam".[25] Entretanto, importa observar que muitos dos editos da época não estavam propriamente atentos com questões hoje classificadas como ambientais, mas, sim,

21 1980 Cidade Histórica de Ouro Preto, Minas Gerais; 1982 Centro Histórico de Olinda, Pernambuco; 1983 Missões Jesuíticas Guarani, Ruínas de São Miguel das Missões, Rio Grande de Sul e Argentina; 1985 Centro Histórico de Salvador, Bahia; 1985 Santuário do Senhor Bom Jesus de Matosinhos, Congonhas do Campo, Minas Gerais; 1987 Plano Piloto de Brasília, Distrito Federal; 1991 Parque Nacional Serra da Capivara, São Raimundo Nonato, Piauí ; 1997 Centro Histórico de São Luís do Maranhão; 1999 Centro Histórico da Cidade de Diamantina, Minas Gerais; 2001 Centro Histórico da Cidade de Goiás; 2010 Praça de São Francisco, São Cristóvão, Sergipe; 2012 Rio de Janeiro, paisagens cariocas entre a montanha e o mar; 2016 Conjunto Moderno da Pampulha.

22 Em 1986 Parque Nacional de Iguaçu, Foz do Iguaçu, Paraná e Argentina; 1999 Mata Atlântica, Reservas do Sudeste, São Paulo e Paraná; 1999 Costa do Descobrimento, Reservas da Mata Atlântica, Bahia e Espírito Santo; 2000 Complexo de Áreas Protegidas da Amazônia Central; 2000 Complexo de Áreas Protegidas do Pantanal, Mato Grosso e Mato Grosso do Sul; 2001 Áreas protegidas do Cerrado: Chapada dos Veadeiros e Parque Nacional das Emas, Goiás; 2001 Ilhas Atlânticas Brasileiras: Reservas de Fernando de Noronha e Atol das Rocas;

23 FLACH, Michael Schneider. Patrimônio Cultural, Proteção e Meio Ambiente, *Revista Internacional de Direito Ambiental*, v. 4, n. 12, p. 219-252, set./dez. 2015.

24 PIERANGELI, José Henrique. *Códigos Penais do Brasil.* 2. ed. São Paulo: Revista dos Tribunais, 2004, p. 143, de acordo com a grafia original.

25 MAGALHÃES, Juraci Perez. *A Evolução do Direito Ambiental no Brasil.* São Paulo: Juarez de Oliveira, 2002, p. 24-9.

com o proveito econômico e extrativista que a conservação e correta exploração dos nossos recursos naturais poderia propiciar ao reino lusitano. Exemplo disso temos nos Regimentos do "Pau-Brasil" (1605) e do "Corte de Madeiras" (1799).

Sob a tutela de Dom Francisco Xavier de Meneses (4º Conde da Ericeira) um grupo de nobres e estudiosos começa a reunir-se em Lisboa a partir de 1717, para tratar em nível de academia sobre temas ligados à história e à cultura. Tal culmina na fundação da Academia Real de História, por Decreto em 08 de dezembro de 1720. Esta passa a ser incumbida da salvaguarda de bens culturais, inclusive por força da missão contida no Alvará de Dom João V, de 20 de agosto de 1721, sobre a proteção de edifícios, monumentos e estátuas antigas.[26]

Com efeito, podemos firmar como um dos primeiros e mais importantes atestados de zelo para com o nosso patrimônio cultural a missiva subscrita por D. André de Melo e Castro, Vice-Rei do Brasil, em 05 de abril de 1742, e enviada ao então Governador de Pernambuco, Luiz Pereira Freire de Andrade, na qual expõe sobre os temores e as necessidades para com a preservação de alguns edifícios históricos, entre eles o Palácio das Duas Torres, obra do Conde Maurício de Nassau, diante da sua utilização espúria e inadequada como quartel militar.[27]

Em 1802, ainda na época da Colônia de Portugal, o Bibliotecário Maior da Biblioteca Pública de Lisboa recebeu o encargo de Inspetor dos Monumentos Nacionais, por Alvará Real que lhe incumbiu a "conservação e integridade das estátuas, mármores, cipós e outras peças de Antiguidade". E em 1890, mas em solo português, foi criada uma Comissão de Monumentos Nacionais.[28]

Após a Independência, surge em 1830 o Código Criminal do Império do Brasil, o qual previa nos artigos 266 a 268 o "Damno" contra a propriedade particular; e, entre os crimes contra o "Thesouro Publico e a propriedade publica", ao tipificar: "Art. 178. Destruir, abater, mutilar, ou damnificar monumentos, edificios,

---

[26] FRANÇA, José-Augusto. O património cultural – sentido e evolução. In *Direito do património cultural*. MIRANDA, Jorge; CLARO, João Martins; ALMEIDA, Marta Tavares (Org.), Lisboa: Instituto Nacional de Administração, 1996, p. 25, conforme no livro "O Culto da Arte em Portugal", de 1896, por Ramalho Ortigão, previa o Alvará: "daqui em diante nenhuma pessoa de qualquer estado, qualidade e condição que seja, [possa] desfazer ou destruir em todo nem em parte, qualquer edifício que mostre ser daqueles tempos (assim designados Fenícios, Gregos, Persas, Romanos, Godos, Arábios) ainda que em parte esteja arruinado e da mesma sorte as estátuas, mármores e cipos ...". Porém, França lamenta que, "se ele tivesse sido obedecido, através dos tempos, desde 1721, muita desgraça se tinha poupado a este País, em termos de Património".

[27] LEMOS, Carlos A. C. *O que é patrimônio histórico*. 5. ed. São Paulo: Brasieliense, 1987, p. 34.

[28] FRANÇA, p. 26-33, explicando que o Bibliotecário Mor do Reino escreveu ao Governo dizendo que o Alvará de 1802, baseado no de 1721, estava obsoleto, sendo "preciso uma nova lei, com mais força e maior actualização". Outrossim, em 1890 o Brasil já era um República.

bens públicos ou quaesquer outros objetos destinados à utilidade, decoração, ou recreio publico".[29]

Advindo a República, entra em vigor o Código Penal de 1890, que nos artigos 326 a 329 arrola o dano entre os Crimes contra a Propriedade Pública e a Particular. Novamente, não havia qualquer previsão específica quanto ao patrimônio histórico ou cultural. Porém, a exemplo do que já delineava a lei imperial e, agora, de modo reforçado, incidia uma preocupação maior com certas categorias de bens de valor coletivo mais expressivo, o que pode ser observado no conteúdo do art. 328.[30]

Com efeito, simétrica descrição faria a Consolidação das Leis Penais de 1932, tratando a matéria nos artigos 326 a 329, e adotando idêntica redação no seu art. 328. Por sua vez, o Código Civil (Lei nº 3.071, de 1916) elencava dispositivos comuns aos bens imóveis, à propriedade e o seu uso nocivo, aos direitos de vizinhança e construção, responsabilidade civil e obrigação, sem tratar do patrimônio cultural.

Entretanto, tais questões sofreriam uma notável alteração no seu rumo, a partir dos movimentos de valorização da arte e da cultura brasileira, desencadeados pela Semana da Arte Moderna de 1922 e o Decreto nº 15.596, o qual instituiu o Museu Histórico Nacional, com a finalidade de angariar, classificar e expor objetos de importância histórica. Após, iniciativas estaduais locais lograram aprovação e atingiram o seu escopo, como: as Leis do Estado da Bahia nº 2.031 e nº 2.032 que instituíram a Inspetoria Estadual de Monumentos Nacionais e a Lei nº 1.998/28 de Pernambuco, a qual criava Inspetoria similar. O patrimônio cultural imóvel de Ouro Preto, em Minas Gerais, recebe proteção com os Decretos nº 13/1931, nº 25/1932 e o Decreto Nacional nº 22.928/33, o qual erigia a cidade de Ouro Preto a categoria de "Monumento Nacional", firmando importante marco significativo na área.[31]

---

[29] PIERANGELI, op. cit., p. 257, de acordo com a grafia original.

[30] PIERANGELI, op. cit., p. 257, p. 310 e 386. A redação do art. 328 era: "Destruir, abater, mutilar, ou damnificar monumentos, estatuas, ornamentos ou quaesquer objectos destinados à decoração, utilidade, ou recreio público".

[31] RODRIGUES, op. cit., p. 28; MIRANDA, 2017, op. cit., p. 6-9. Mas também tivemos tentativas frustradas, como os projetos de lei que pretendiam a criação de uma Inspetoria de Monumentos Históricos, em 1923, pelo Deputado Luiz Cedro. O de 1923 do jurista Jair Lins, e o de 1930 do Deputado José Pinho, que versava amplamente sobre o patrimônio cultural; e a tentativa da Sociedade Brasileira de Belas Artes, por meio de Bruno Lobo e Alberto Childe. Ver SILVA, Regina Coeli Pinheiro da. Compatibilizando os instrumentos legais da preservação arqueológica no Brasil: o decreto-lei nº 25/37 e a Lei nº 3.924/61. *Revista de Arqueologia*, v. 9, 1996, p. 11.

Em 1933 ocorre em Montevidéu a Sétima Conferência Internacional dos Estados Americanos, a partir da qual o Brasil assina em 1935 o Pacto de Röerich, para preservar todos os "monumentos históricos, museus, instituições científicas, artísticas e culturais", em tempos de guerra e paz, cujo Decreto nº 1.087/1936 promulga o Tratado. Nesse compasso, a Revolução de 1930 traria importantes avanços em tal área.[32]

Diferente das Constituições de 1824 e 1891 - preocupadas em consagrar o direito à propriedade privada - a Carta de 1934 estabelecia no seu art. 10, III, a competência comum da União e dos Estados de "proteger as belezas naturais e os monumentos de valor histórico ou artístico, podendo impedir a evasão das obras de arte". Na mesma linha, a nova Constituição Federal de 1937 representou avanços, ao determinar no seu artigo 134 que:

> Os monumentos históricos artísticos e naturais, assim como as paisagens ou os locais particularmente dotados pela natureza, gozam de proteção e dos cuidados especiais da Nação, dos Estados e dos Municípios. Os atentados contra eles cometidos serão equiparados aos cometidos contra o patrimônio nacional.

Em 1935, durante o Primeiro Congresso Brasileiro de Proteção à Natureza, no Rio de Janeiro, surge a ideia de um órgão de proteção. Então, da interação entre Gustavo Capanema e Mário de Andrade, entre outros, é concebido o SPHAN - Serviço do Patrimônio Histórico e Artístico Nacional, instituído pela Lei nº 378 de 13/01/1937. A seguir, pelas mãos de ambos é levado ao Presidente Getúlio Vargas um anteprojeto de lei, aprovado na Câmara de Deputados e no Senado, mas que acaba sendo promulgado já no Estado Novo. Trata-se do Decreto-lei nº 25,[33] de 30 de novembro de 1937, o qual "Organiza a Proteção do Patrimônio

---

[32] FAUSTO, Boris. *História concisa do Brasil*. São Paulo: Edusp, 2002. p. 208; LOPEZ, Luiz Roberto. *República*. São Paulo: Contexto, 1997. p. 51; e VELLOSO, Mônica Pimenta. Os intelectuais e a política cultural do estado novo. In: FERREIRA, Jorge e DELGADO, Lucilia de Almeida Neves (Org.). *O Brasil republicano*: O tempo do nacional-estatismo. Rio de Janeiro: Civilização Brasileira, 2003. p. 148-9, explicam que o Estado Novo realizou uma busca pelas raízes brasileiras, visando à integração nacional e à eliminação das fragmentações, agrupando as camadas sociais a uma só unidade: a Nação. Era um nacionalismo que procurava superar o regionalismo, criando um país novo e dinâmico, inclusive por meio da relação com os intelectuais, os quais são incluídos neste seu modelo de organização política-ideológica do Estado.

[33] BORGES, Marco Antônio. O tombamento como instrumento jurídico para a proteção do patrimônio cultural. *Revista de Direito Ambiental*. São Paulo, 2001, nº 22, p. 261, cita que a norma foi inspirada em projeto da autoria de Mário de Andrade em 1936, figura que impulsionou o Modernismo. Conforme TUFANO, Douglas. *Estudos de literatura brasileira*. São Paulo: Moderna, 1990, p. 227, *Mário de Andrade* foi "um dos mais dinâmicos batalhadores pela renovação da arte brasileira". *Vide* IPHAN, *Revista do Patrimônio Histórico e Artístico Nacional*, nº 30. Mario de Andrade, 2002. Sobre o SPHAN ver SANTOS, Mariza Veloso Motta. Nasce a

Histórico e Artístico Nacional" e logo no seu artigo 1º já determina que constitui o "patrimônio histórico e artístico nacional o conjunto de bens móveis e imóveis existentes no país e cuja conservação seja de interesse público", em virtude do seu vínculo a fatos memoráveis da história do Brasil, ou pelo "excepcional valor arqueológico ou etnográfico, bibliográfico ou artístico".

Salvo poucas alterações, tal Decreto ainda permanece em vigor, constituindo-se de grande valia pela série de instrumentos instituídos, entre os quais a figura jurídica do "tombamento", que era da competência do recém-criado Serviço do Patrimônio Histórico e Artístico Nacional - SPHAN, cuja função atualmente é ocupada pelo Instituto do Patrimônio Histórico e Artístico Nacional - IPHAN, órgão vinculado ao Ministério da Cultura, e cuja principal missão é preservar o patrimônio cultural brasileiro. A seguir, teríamos o Decreto-lei nº 3.866/1941, que dispõe sobre o tombamento de bens do SPHAN, e o Decreto-lei nº 4.146/1942, que trata da proteção de depósitos fossilíferos.

Posteriormente, e complementando o fim repressivo contido na parte final do art. 134 da norma constitucional então em vigor, é editado o Código Penal, Decreto-lei nº 2.848, de 1940, com tipo específico no art. 165 para o dano em coisa tombada: "Art. 165. Destruir, inutilizar ou deteriorar coisa tombada pela autoridade competente em virtude de valor artístico, arqueológico ou histórico".[34]

Contudo, as alterações no quadro político que provocariam a edição das Constituições de 1946 (art. 175)[35], de 1965 ou 1967 (art. 172)[36] e da Emenda de 1969, trariam um involução frente a Carta de 1937, por serem normas muito mais pragmáticas do que práticas, na medida em que se preocupavam em enumerar as categorias de bens a serem tutelados, sem exprimir um conceito próprio sobre patrimônio cultural. Aqui, para Rodrigues, a primeira retrocedeu em relação à Carta de 1937, tornando a proteção do patrimônio cultural norma meramente

academia SPHAN. *Revista do Patrimônio Histórico e Artístico Nacional*, Rio de Janeiro, Arquivo do IPHAN, s.d., p. 77-96.

34 Ainda, o "Art. 166 - Alterar, sem licença da autoridade competente, o aspecto de local especialmente protegido por lei: Pena - detenção, de um mês a um ano, ou multa". Ver as considerações de DOTTI, René Ariel. *Código Penal. Atualização, Notas e Índices*. 8. ed. Rio de Janeiro: Forense, 1986, p. 170, sobre o teor do Anteprojeto (art. 420) do Código Penal de 1940.

35 "Art. 175. As obras, monumentos e documentos de valor histórico e artístico, bem como os monumentos naturais, as paisagens e os locais dotados de particular beleza, ficam sob a proteção do Poder Público."

36 "Art. 172. O amparo à cultura é dever do Estado. Parágrafo único - Ficam sob a proteção especial do Poder Público os documentos, as obras e os locais de valor histórico ou artístico, os monumentos e as paisagens notáveis, bem como as jazidas arqueológicas." A emenda de 1969 manteve a redação.

pragmática, o que se repetiria na Lei Magna de 1967 e na sua emenda que manteve a mesma redação da última, em franco prejuízo a tais bens.[37]

Em seguida, o Brasil conheceria um novo Código Penal, cujo anteprojeto fora apresentado pela primeira vez por Nelson Hungria em 1963 e após várias revisões seria instituído pelo Decreto-lei nº 1.004, de 21 de outubro de 1969, recebendo alterações por via da Lei nº 6.016, de 31 de dezembro de 1973.

Embora tal Código jamais tenha entrado em vigor, o art. 176 trazia um tipo específico para o "dano em coisa tombada".[38] No caso, destaca-se que a sua sanção máxima de até quatro anos é superior à do Código Penal de 1940 e mesmo da moderna Lei dos Crimes Ambientais de 1998. Ademais, o zelo do legislador da época fica bem claro na Exposição de Motivos.[39]

A partir do que, nos perguntamos, em que momento da nossa história o patrimônio cultural esteve em maior perigo? No passado, quando todo o seu esplendor não era (re)conhecido e muitos aspectos eram ignorados? No presente, em que convivemos com a fúria especulativa do mercado imobiliário, a crescente urbanização e a busca contínua por mais espaços? Ou no futuro que se avizinha pessimista, diante dos modernos riscos e da expectativa de uma crescente degradação do meio ambiente?

Prosseguindo, em 15 de julho de 1965 entrava em vigor a Lei nº 4.737, o nosso "Código Eleitoral", o qual nos seus artigos 328 e 329[40] criminalizava com detenção de seis meses a dois anos e multa os atos de inscrição, pintura e colocação de cartazes em monumento ou coisa tombada, para fins de campanha e propaganda eleitoral.

---

37 RODRIGUES, op. cit., p. 30, aduz que diante desta lacuna iria prevalecer o conceito de excepcionalidade do art. 1°, do DL nº 25/37, o que significou prejuízo à preservação de certas edificações características, mas dotadas de menor relevo arquitetônico e histórico ou ligadas ao quotidiano de classes menos favorecidas. Como consequência, a "arquitetura eclética do final do século XIX e início do XX, tão característica das cidades brasileiras mais importantes da época", quase desapareceu por preconceito de técnicos modernistas "e que consideravam aquela manifestação artística como desprovida de qualquer valor cultural que justificasse a sua preservação pelo tombamento".

38 "Art. 176. Destruir, inutilizar, deteriorar ou fazer desaparecer coisa tombada pela autoridade competente, em virtude de seu valor artístico, paisagístico, arqueológico, histórico, etnográfico ou bibliográfico: Pena – detenção, de um a quatro anos, e pagamento, de trinta a oitenta dias-multa."

39 PIERANGELI (op. cit., p. 525) cita o texto expositivo, no qual "Tutela-se agora a coisa tombada pela autoridade competente, em virtude de seu valor artístico, paisagístico, arqueológico, histórico, etnográfico ou bibliográfico. A pena, que na legislação atual era menor que a do dano qualificado, é agora majorada, em vista de ofender bens de ordem cultural, que dificilmente poderão ser restaurados".

40 Os dispositivos em questão foram revogados pela Lei nº 9.504 de 1997.

Nesse ínterim, entre as décadas de 1960 e 1980 o país passaria por um conturbado período político,[41] no qual foram promulgadas várias normas de proteção ao meio ambiente e patrimônio cultural, como a Lei nº 3.924/61, que dispõe sobre "monumentos arqueológicos e pré-históricos"; a Lei nº 4.845/1965, que "proíbe a saída, para o exterior, de obras de arte e ofícios produzidos no país, até o fim do período Monárquico"; a Lei nº 5.471/1968 que proíbe a "exportação de bibliotecas e acervos documentais constituídos de obras brasileiras ou sobre o Brasil, editadas nos séculos XVI a XIX". Na década seguinte, a Lei nº 6.292/75, que trata do "tombamento de bens do Instituto do Patrimônio Histórico e Artístico Nacional"; a Lei nº 6.513/77, sobre o Inventário com finalidades turísticas dos bens de valor cultural e natural a serem protegidos. Esta também altera a Ação Popular, Lei nº 4.717/1965, para na sua abrangência incluir os bens e direitos de valor "artístico, estético, histórico ou turístico".

Em 1981 é instituída a Lei nº 6.938, que dispõe sobre a "Política Nacional do Meio Ambiente". Após, em 1985 é promulgada a Lei nº 7.347, que disciplina a ação civil pública, constituindo-se em fonte protetiva ambiental, cultural e urbanística, "a bens e direitos de valor artístico, estético, histórico, turístico e paisagístico", independente de tombamento ou não. E em 1986 é editada a Lei nº 7.542, sobre bens na área marítima.

Contudo, o instrumento mais importante adveio com a nova Carta Magna de 05 de outubro de 1988 e a redação conferida pelo seu artigo 216:[42]

> Art. 216. Constituem patrimônio cultural brasileiro os bens de natureza material e imaterial, tomados individualmente ou em conjunto, portadores de referência à identidade, à ação, à memória dos diferentes grupos formadores da sociedade brasileira, nos quais se incluem:
>
> I - as formas de expressão;
>
> II - os modos de criar, fazer e viver;
>
> III - as criações científicas, artísticas e tecnológicas;

---

41 Entre os eventos importantes do período está o Encontro dos Governadores de Estado, Secretários Estaduais da Área Cultural, Prefeitos de Municípios Interessados, Presidentes e Representantes de Instituições Culturais, gerando o "Compromisso de Brasília" de 1970; e o Encontro de Governadores para Preservação do Patrimônio Histórico, Artístico, Arqueológico e Natural do Brasil, de Salvador, em 1971.

42 Os artigos 215 (sobre a cultura) e 216 da CF sofreram alterações pelas Emendas Constitucionais nº 42/2003, nº 48/2005 e nº 71/2012, a qual acrescentou o art. 216-A, sobre o Sistema Nacional de Cultura. Por sua vez, a Emenda Constitucional nº 96/2017 acresceu o § 7º ao art. 215 da CF, prevendo que "não se consideram cruéis as práticas desportivas que utilizem animais, desde que sejam manifestações culturais, [...] registradas como bem de natureza imaterial integrante do patrimônio cultural brasileiro".

> IV – as obras, objetos, documentos, edificações e demais espaços destinados às manifestações artístico-culturais;
>
> V – os conjuntos urbanos e sítios de valor histórico, paisagístico, artístico, arqueológico, paleontológico, ecológico e científico.
>
> § 1º O Poder Público, com a colaboração da comunidade, promoverá e protegerá o patrimônio cultural brasileiro, por meio de inventários, registros, vigilância, tombamento e desapropriação, e de outras formas de acautelamento e preservação.
>
> [...]
>
> § 4º Os danos e ameaças ao patrimônio cultural serão punidos, na forma da lei.
>
> § 5º Ficam tombados todos os documentos e os sítios detentores de reminiscências históricas dos antigos quilombos.

A partir disto, a proteção do nosso patrimônio cultural alcança padrões internacionais, tutelando não apenas bens materiais, mas também os imateriais, seja de modo individual ou coletivo, não se restringindo apenas a conceitos de história e cultura, mas vislumbrando o valor sociológico. Não mais exigindo que o objeto seja de excepcional valia, mas observando a sua condição de portador "de referência à identidade, à ação, à memória dos diferentes grupos formadores" da nossa sociedade. Igualmente, fora ampliado o leque dos meios de proteção, não mais restritos só ao tombamento, mas ora integrado por "inventários, registros, vigilância, tombamento, desapropriação" e por "outras formas de acautelamento e preservação".

Tais inovações, bem demonstram o espírito do constituinte em prestigiar os bens culturais por via de vários instrumentos de tutela, cercando-os do máximo zelo e consciência possíveis. Ademais, a missão de promover e proteger o patrimônio cultural agora cabe tanto ao Poder Público como à comunidade, o que inclusive vem ao encontro do disposto no art. 23, III, IV e V, da CF, o qual estabelece ser comum a competência da União, dos Estados, do Distrito Federal e dos Municípios proteger os documentos, as obras e outros bens de valor histórico, artístico e cultural, os monumentos, as paisagens naturais notáveis e os sítios arqueológicos; impedir a evasão, a destruição e a descaracterização de obras de arte e outros bens de valor histórico, artístico ou cultural, e proteger o meio ambiente (conforme o seu art. 225).

Após a Constituição de 1988, foram editadas ainda outras legislações de relevo, como a Lei nº 8.313/1991 (*Rouanet*) que institui o Programa Nacional de Apoio à Cultura; a Lei nº 8.394/91, dispondo sobre a preservação, organização e proteção dos acervos documentais privados dos Presidentes das Repúblicas; o Decreto nº 3.166/1999, que promulga a Convenção de Unidroit sobre bens culturais furtados ou licitamente exportados; o Decreto nº 3.551/2000, que institui o Registro de Bens Culturais de Natureza Imaterial do Patrimônio Cultural Brasileiro e cria o Programa Nacional do Patrimônio Imaterial; a Lei nº 9.985/2000, que cria o Sistema Nacional de Unidades de Conservação da Natureza; e, em especial a Lei nº 9.605/1998, dos crimes ambientais, e os seus regulamentos (Decreto nº 3.179/1999 e Decreto nº 6.514/2008).

No atual século temos a Lei nº 10.257/2001, ou "Estatuto da Cidade"; a Lei nº 10.413/2002, que determina o tombamento dos bens culturais das empresas incluídas no Programa Nacional de Desestatização; o Decreto nº 5.520/2005 que institui o Sistema Federal de Cultura e o Conselho Nacional de Política Cultural; a Lei nº 11.483/2007 que trata sobre a revitalização do setor ferroviário; a Lei nº 11.578/2007, e os seus Decretos posteriores dispondo sobre o chamado "PAC das Cidades Históricas"; as Leis nº 11.904 e nº 11.906/2009, as quais instituem o Estatuto dos Museus e a criação do Instituto Brasileiro de Museus, respectivamente (regulamentadas pelo Decreto nº 8.124/2013); a Lei nº 12.343/2010, que cria o Plano Nacional da Cultura; o Decreto nº 7.107/2010, que promulga o acordo entre o Brasil e a Santa Sé, reconhecendo que o patrimônio cultural e acervos da Igreja Católica "constituem parte importante do patrimônio cultural brasileiro"; a Lei Complementar nº 140/2011 sobre a proteção de paisagens naturais notáveis; a Lei nº 12.651/2012, ou "Código Florestal", e a Lei nº 13.089/2015, ou "Estatuto da Metrópole".

Após o incêndio que devastou a maior parte do acervo do Museu Histórico Nacional do Rio de Janeiro, antigo Museu Real fundado por Dom João VI em 1818, o IPHAN editou a Portaria nº 366 de 4 de setembro de 2018, dispondo sobre diretrizes para projetos de prevenção e combate ao incêndio e pânico em bens edificados tombados, nas áreas do seu entorno e nos bens inscritos na Lista do Patrimônio Cultural Ferroviário.

Outrossim, analisando a evolução no Estado do Rio Grande do Sul, pontuamos que no ano de 1938 foi tombado pelo IPHAN o Sítio Arqueológico de São Miguel das Missões, remanescente dos Sete Povos, o qual em 1983 foi declarado pela Unesco como Patrimônio Mundial, Cultural e Natural da Humanidade.

Por sua vez, a temática começa a receber especial atenção a partir do ano de 1954, com a criação da "Divisão de Cultura do Estado", incumbida da defesa do patrimônio arquitetônico e cultural e da difusão do folclore. Em 1964 esta vem a contar com a Diretoria do Patrimônio Histórico e Artístico do Estado, a qual, em 1979, passa a se chamar Coordenadoria do Patrimônio Histórico e Artístico do

Estado. Sendo que a partir do ano de 1990 tal aparato recebe a denominação ainda vigente de Instituto do Patrimônio Histórico e Artístico do Estado – IPHAE.[43]

Já no âmbito legislativo estadual, cita-se a Lei nº 7.231/78, que dispõe sobre o Patrimônio Cultural do Estado; o Decreto nº 31.049/83, sobre o sistema de preservação do patrimônio cultural; a Lei nº 9.512/1992 que institui o Código Florestal do Estado/RS e o seu Decreto nº 36.636/1996, que delimita a área de Mata Atlântica; a Lei nº 10.116/94, do Desenvolvimento Urbano; o Decreto nº 41.927/2002 que cria o comitê de proteção do patrimônio paleontológico; as Leis nº 11.380/99 e nº 11.738/2002 que tratam dos sítios arqueológicos e acervos; a Lei nº 11.520/2000, a Lei nº 13.678/2013, dispondo sobre o Patrimônio Cultural Imaterial do Estado/RS; e a própria Constituição Estadual/1989. E, mais recente, o novo Código Estadual do Meio Ambiente, Lei do RS nº 15.434/2020, que no seu art. 15 prevê o patrimônio cultural[44] dentre os objetivos do planejamento ambiental.

Assim sendo, considera-se concluída a análise sobre a evolução dos institutos citados, os quais remotamente zelavam pelo valor patrimonial ordinário e seus danos, para, após, reconhecerem a importância da tutela do patrimônio cultural do Brasil.

---

[43] *Vide*: www.iphae.rs.gov.br, no qual ainda consta o rol de bens tombados no Estado do RS.

[44] Art. 15. O planejamento ambiental tem por objetivos:
I - implementar a Política Estadual do Meio Ambiente;
II - articular os aspectos ambientais dos vários planos, programas e ações previstos na Constituição do Estado e na legislação, em especial relacionados com: [...]
i) patrimônio cultural, estadual, especialmente os conjuntos urbanos e sítios de valor ecológico; [...] VII - criar, demarcar, garantir e manter as Unidades de Conservação, áreas de sítios históricos, arqueológicos, espeleológicos, de patrimônio cultural, artístico e paisagístico e de ecoturismo; [...].

II
FORMAS DE PROTEÇÃO

O art. 216 da Constituição Federal fornece o conceito de patrimônio cultural, colocando-o como bens de natureza material ou imaterial, individuais ou em conjunto, cujos valores estejam ligados à identidade, à ação e à memória de uma sociedade brasileira plural, abarcando criações, obras, objetos, edificações, documentos, espaços, sítios, paisagens, locais de interesse ecológico, arqueológico, paleontológico, formas de expressão, modos de criar, fazer e viver, numa ampla abrangência.

A partir disso, determinando que o Poder Público, junto com a comunidade, promova e proteja esses bens, seja "por meio de inventários, registros, vigilância, tombamento e desapropriação, e de outras formas de acautelamento e preservação". Passando a configurar uma nova forma de tutela, mais ampla, a qual vai além do mero tombamento e de outros mecanismos instituídos a contar do Decreto-lei nº 25/1937.

Nessa esteira, o legislador elevou os níveis de proteção com o advento da Lei dos Crimes Ambientais, cujos tipos representam avanço em relação aos bens jurídicos tradicionais, suplantando as antigas disposições do Código Penal e demais normas.

Exemplo inequívoco temos no art. 62, I, da Lei nº 9.605/95, o qual tipifica ser crime a conduta de destruir, inutilizar ou deteriorar "bem especialmente protegido por lei, ato administrativo ou decisão judicial", meios de tutela que serão aqui analisados e que são imprescindíveis para formar o elo de ilicitude e completar o preceito penal.

2.1 Da Lei

De início, e dentre os vários conceitos[45], podemos convencionar o termo "Lei" como sendo uma regra geral "que, emanada de autoridade competente, é imposta coativamente, à obediência de todos", a quem obriga e é dirigida sem distinções.[46]

No âmbito penal, para Von Liszt lei "é a vontade da coletividade declarada pelo concurso de fatores legislativos e publicada nos termos da Constituição".[47] E para Ferri a "lei penal é a expressão social e jurídica da justiça penal, como norma de conduta para cada indivíduo", razões pelas quais o Estado impõe aos seus cidadãos e a si próprio "a obrigação de agir em conformidade com a mesma lei".[48]

Portanto, a lei é uma das fontes do Direito, é a norma declarada expressamente pelo próprio Estado, de acordo com o processo determinado no Direito Constitucional.[49] Com efeito, esse procedimento legislativo - que pode ser ordinário, sumário ou especial - é realizado pelo órgão competente, constituindo-se de um conjunto de atos que compreende: iniciativa legislativa, emendas, votação, sanção e veto, promulgação e publicação, cujo regramento pátrio está previsto no artigo 59 e seguintes da CF[50] e deve ser rigorosamente observado, dentro do seu âmbito e das suas limitações.

---

45 Dentre os clássicos, para MONTESQUIEU. *O Espírito das Leis.* Tradução Henrique de Carvalho. Belo Horizonte: Líder, 2004, p. 12, leis "são as relações necessárias que derivam da natureza das coisas; e; nesse sentido, todos os seres possuem as suas leis". Já BECCARIA, Cesare (*Dos Delitos e das Penas.* Tradução de José Cretella Jr. e Agnes Cretella. São Paulo: Revista dos Tribunais, 1999, p. 27) define as leis como "condições sob as quais homens independentes e isolados se uniram em sociedade, cansados de viver em contínuo estado de guerra e de gozar de uma liberdade inútil pela incerteza de conservá-la." Por sua vez, para ROUSSEAU, Jean-Jaques (*O Contrato Social.* Tradução Pietro Nasseti. São Paulo: Martin Claret, 2004) cita que as leis criminais "são mais a sanção de todas as outras leis que uma espécie particular delas", advinda de uma relação de desobediência do homem, a qual gera a pena.

46 RODRIGUES, Silvio. *Direito Civil. Parte Geral.* São Paulo: Saraiva, 1993, vol. 1, p. 15-6. E para BEVILÁQUA, Clóvis, *apud* CONSTATINO, Carlos Ernani. *Delitos Ecológicos.* São Paulo: Atlas, 2002, p. 205, lei é a regra geral que vindo da autoridade competente é imposta por coação "à obediência de todos; nos Estados modernos, há um órgão destinado à elaboração das leis, que é o poder legislativo; preparadas pelo Poder Legislativo, as leis são sancionadas pelo executivo, que as promulga e publica." Sobre a aplicação e interpretação das normas, ver KELSEN, Hans. *Teoria Pura do Direito.* Tradução Henrique de Carvalho. Belo Horizonte: Líder, 2004, p. 133-45.

47 VON LISZT, Franz. *Tratado de Direito Penal.* Tomo I, 1. ed. Campinas: Russel, 2003, p. 170.

48 FERRI, Enrico. *Princípios de Direito Criminal. O Criminoso e o Crime.* Tradução Paolo Capitanio. 2. ed. Campinas: Bookseller, 1999, p. 121.

49 WALD, Arnoldo. *Curso de Direito Civil Brasileiro. Introdução e Parte Geral.* São Paulo: Revista dos Tribunais, 1995, p. 55.

50 SILVA, José Afonso da. *Curso de Direito Constitucional Positivo.* São Paulo: Malheiros, 1997, p. 496-504. Sobre vigência, validade e eficácia ver STEINMETZ, Wilson. A Vinculação dos Particulares a Direitos Fundamentais. São Paulo: Malheiros, 2004, p. 39 *et seq.*

Assim, havendo qualquer dispositivo legal que confira proteção o bem cultural, estará completa a relação de tipicidade e realizado um dos objetivos do art. 216 da CF. Ocorre que o art. 62, I, da Lei nº 9.605 traça uma norma penal em branco que,[51] embora defina o preceito principal, requer o complemento de outro dispositivo para caracterizar a tipicidade plena da conduta, onde a integração pode provir do mesmo órgão legislativo ou diverso, "pode ser outra lei da mesma fonte de onde emanou a lei penal, ou leis ou regulamentos originários de outros poderes", de edição já presente ou futura.[52]

Por oportuno, em estabelecendo o art. 23, III, IV e V, da CF ser da competência comum da União, dos Estados, do Distrito Federal e dos Municípios proteger os bens de valor histórico, artístico e cultural (conforme o teor do art. 216), a lei que irá conferir especial proteção ao dito patrimônio poderá advir de qualquer das esferas federativas.[53]

Destarte, não incidirá aqui violação alguma ao postulado da reserva legal, pois satisfeitos os requisitos do art. 5º, XXXIX, da Constituição Federal. Afinal,

---

51 SIRVINSKAS, Luís Paulo. Tutela Penal do Meio Ambiente. Breves Considerações Atinentes à Lei nº 9.605/98, de 12-02-1998. 4. ed. São Paulo: Saraiva, 2011, p. 208.

52 Anibal Bruno (*Direito Penal, Parte Geral*, Tomo 1º. Rio de Janeiro: Forense, 1967, p. 204-5) define que "Normas penais em branco são normas de tipo incompleto, normas em que a descrição das circunstâncias elementares do fato tem de ser completadas por outra disposição legal, já existe ou futura. Nelas a enunciação do tipo mantém deliberadamente uma lacuna, que outro dispositivo legal virá integrar. Nessas leis existe sempre um comando ou uma proibição, mas enunciados em geral, de maneira genérica, a que só a disposição integradora dará a configuração específica. A norma integradora estabelece, então, as condições ou circunstâncias que completam o enunciado do tipo da lei em branco. Traz para a lei em branco um complemento necessário, mas na lei penal é que se encontra, embora insuficientemente definido, o preceito principal. A norma complementar resulta uma fonte subsidiária do Direito Penal, mas fonte importante porque as condições que ela estabelece irão constituir elementos integrantes do tipo da lei em branco e determinar a aplicação da sanção. A quantidade do preceito ausente, necessitada de complemento, pode variar desde o máximo, quando a lei em branco contém a proibição de infringir determinado dispositivo de outra lei ou regulamento e neste é que se encontra todo o conteúdo da infração proibida, até um mínimo em que o dispositivo complementar dá apenas sentido a um dos elementos do tipo. O dispositivo que completa a lei em branco pode estar contido na mesma lei penal, ou provir do mesmo órgão legislativo ou de órgão diferente. pode ser outra lei da mesma fonte de onde emanou a lei penal, ou leis ou regulamentos originários de outros poderes".

53 Embora não seja o caso do art. 62, I, da LCA, pode ocorrer que a norma complementar advenha de outra fonte que não uma entre as previstas no art. 59 da CF, advinda de um período de exceção, após consolidado e cabível na sua época, como a própria "lei de tombamento", o DL nº 25/37. Conforme RÁO, Vicente. *O Direito e a Vida dos Direitos*. 5. ed. São Paulo: Revista dos Tribunais, 1999, p. 293, "nestes casos, os governos absorvem as funções próprias do Poder Legislativo e editam normas gerais de direito sob a forma e denominação de decretos-leis" que, geralmente, "recebem, mais tarde, com as ressalvas ditadas pela nova ordem jurídica, uma ratificação constitucional", como a posta no art. 12 da CF de 1937.

mesmo em se tratando de norma penal em branco, já existe o preceito principal incriminador - que define a conduta junto ao tipo penal - e o conteúdo acessório - que complementa o dispositivo - e que aqui é oriundo de uma fonte legislativa legítima, face ao rol do art. 59 da CF, de modo que presentes os requisitos da *lege praevia, scripta, stricta* e *certa.*

Contudo, no caso de revogação total, parcial ou inconstitucionalidade da norma secundária que confira especial proteção ao bem, resta excluída a tipicidade daquela determinada conduta, pois, ainda que permaneça o preceito do art. 62, I, a "lei" que confere sentido à norma penal em branco e tutela o bem cultural não mais subsiste.[54] De modo que tal fator legal retroagirá para beneficiar o autor, devendo também ser observadas as questões atinentes à aplicação das leis civil e penal no tempo.[55]

Atípica também será a conduta na hipótese de inexistir lei, ato administrativo ou decisão judicial impondo especial proteção para o bem. Ou no caso de uma destas ser formalmente produzida após já ter ocorrido a intervenção no objeto, o qual não era alvo de tutela quando foi alterado. Porém, as condutas iniciadas antes, mas que se protraem no tempo, tendo desdobramentos após a edição do ato protetivo, caracterizam o crime.

Outra questão diz respeito ao processo legislativo do art. 59, V, da Constituição Federal. Aqui, apesar da vedação do art. 62, I, letra "b", da CF, não se verifica, em tese, barreiras para que o complemento (e apenas este) da norma penal em branco seja editada por *medida provisória com força de lei*, cuja hipótese de relevância e urgência irá conferir especial proteção ao objeto e, assim, fornecerá tipicidade para a conduta de atentado ao patrimônio, nos termos do art. 62, I, da Lei nº 9.605/98. Contudo, adverte-se que o comando normativo que seleciona o objeto como "especial" deve ser confirmado.

---

[54] Conforme TOLEDO, Francisco de Assis. *Princípios Básicos de Direito Penal.* São Paulo: Saraiva, 1994, p. 34, não se cuida de *abolitio criminis*, que apenas se verifica "quando a lei nova exclui da órbita penal um fato considerado crime pela legislação anterior", sendo caso de descriminalização (art. 107, III, do CPB). Para LUISI, Luiz. *Os Princípios Constitucionais Penais.* 2. ed. Porto Alegre: SAFE, 2003, p. 29-30, também não se trata de lei temporária, já que, se assim fosse, depois de decorrido o prazo de sua vigência poder-se-ia arguir a sua inconstitucionalidade, "porque embora cometido o fato durante a existência, implica em violência ao postulado constitucional, e principalmente em dar eficácia a uma norma que não mais tem existência, em desfavor do réu".

[55] Sobre incidência, obrigações e conflitos das normas jurídicas no tempo, v. RÁO, op. cit., p. 322 *et. seq.*, e MARQUES, José Frederico. *Curso de Direito Penal.* São Paulo: Saraiva, 1954, vol. 1, p. 203-8.

Como exemplo, imaginemos um prédio situado na capital federal, cuja história esteja diretamente ligada à construção de Brasília, mas que sofre iminente ameaça de demolição por força do expansionismo urbano. Diante de tal cenário, o Ministério da Cultura comunica o fato ao Gabinete da Presidência da República e indica como primeiro mecanismo a edição de norma para a tutela imediata daquela edificação.

Assim, diante do relevo, da urgência e da necessidade de pronta eficácia o Poder Executivo Federal edita uma Medida Provisória, reconhecendo a valia cultural do antigo prédio, para conferir especial proteção. A partir disso, se a MP for convertida em lei, estará confirmado como típico o atentado contra aquele imóvel.

Contudo, no caso de rejeição ou perda de eficácia, que retire do mundo jurídico a dita proteção, fazendo com que o bem não tenha mais aquele valor especial conferido pela medida, mas apenas uma valia ordinária, entendemos que estará excluída a relação de tipicidade e ilicitude do art. 62, inclusive retroagindo para os atos praticados no período de vigência da Medida Provisória.[56]

2.2 Do Ato Administrativo

A forma mais usual de intervenção do Estado na propriedade e para a salvaguarda do patrimônio cultural tem-se revelado por meio de atos administrativos.[57] Os quais são empregues para a consecução dos objetivos de tutela previstos no art. 216, § 1º, da CF, nas figuras de tombamento, desapropriação, inventário, registro, arrolamento e outras formas de acautelamento desempenhadas pelo Poder Público.

2.2.1 Tombamento

O Tombamento constitui-se no "ato administrativo da autoridade competente, que declara ou reconhece valor histórico, artístico, paisagístico, arqueológico, bibliográfico, cultural ou científico de bens que, por isso, passam a ser preservados".

---

56 Aqui, aplicar-se-ia o § 3º do art. 62, e não os §§ 11 e 12 e emendas por se tratar de matéria penal que retroage. Sobre o tema MP, ver AMARAL JR., José Levi Mello. *Medida Provisória e sua Conversão em Lei*. São Paulo: RT, 2004. Ainda, observar as alterações por Emendas Constitucionais (nº 36 e nº 76).

57 De acordo com MEIRELLES, Hely Lopes. *Direito Administrativo*. 19. ed. São Paulo: Malheiros, 1994, p. 133 *et seq*., o ato administrativo "é toda manifestação unilateral de vontade da Administração Pública que, agindo nessa qualidade, tenha por fim imediato adquirir, resguardar, transferir, modificar, extinguir e declarar direitos, ou impor obrigações aos administrados ou a si próprio", sendo os seus requisitos a competência, a finalidade, a forma, o motivo e o objeto; além de dotado dos atributos de presunção de legitimidade, imperatividade e autoexecutoriedade nas suas várias classificações.

Assim, o bem resta individualizado (seja ele singular ou coletivo), colocando-o sob um regime de especial proteção, nela incluída a proibição peremptória de mutilar, destruir ou demolir, além da exigência de autorização expressa para obras e intervenção.[58]

O termo designava o Arquivo Nacional Português, fundado em 1375, em uma das torres da muralha que cerca Lisboa, a "Torre do Tombo", nome conferido aos livros destinados ao registro de todo o acervo do arquivo real.[59] Assim, tombar[60] ganhou o significado de "inventariar, arrolar ou inscrever nos arquivos do Reino", tendo sido utilizada no Código de Processo Civil Luso de 1876 como sinônimo de demarcação.[61]

Importa esclarecer, que tombamento não gera expropriação, nem é uma "negação ao direito de propriedade", mas, sim, uma "limitação do seu exercício", justificada "pelo sentimento de preservação de interesse social relevante", como no caso da proteção do patrimônio cultural edificado.[62] Porém, daí decorre um ordenamento cogente para a administração, pois tombado ela passa a ter o dever de tutelar o bem, para que seja realizada a sua finalidade público maior.[63]

Os procedimentos que envolvem o tombamento estão disciplinados no Decreto-lei nº 25 de 1937, sendo que os objetos protegidos podem ser públicos ou privados, embora esses passem a ser considerados como "bem de interesse

---

58 SOUZA FILHO, Carlos Frederico Marés. *Bens Culturais e Proteção Jurídica.* 2. ed. Porto Alegre: Unidade Editorial, 1999, p. 81. Já para MEIRELLES, op. cit., p. 487, o Tombamento é "a declaração pelo Poder Público do valor histórico, artístico, paisagístico, cultural ou científico de coisas ou locais que, por essa razão, devam ser preservados, de acordo com a inscrição em livro próprio."

59 PIRES, Maria Coeli Simões. *Proteção ao Patrimônio Cultural.* Belo Horizonte: Del Rey, 1994, p. 148. SÉGUIN, Elida. *Lei dos Crimes Ambientais.* São Paulo: Adcoas, 1999, p. 182, registra que após um incêndio, no reinado de D. João III o Arquivo passou a funcionar em uma torre do Castelo de São Jorge e, após o terremoto de 1755 foi transferida para o Convento de São Bento.

60 A outra origem conferida a expressão seria do latim "tomo" (parte) ou "tumulo" (elevação de terra).

61 BORGES, Marco Antônio. O Tombamento como Instrumento Jurídico para a Proteção do Patrimônio Cultural, *Revista de Direito Ambiental,* São Paulo: RT, nº 22, p. 261, 2001; DALLARI, Adilson Abreu. "Tombamento", *Revista de Direito Público,* São Paulo, v. 21, nº 86, p. 37, abr./jun. 1988.

62 Conforme julgado: TRF, 2ª Região, AC 1991.51.01.106035-4, RJ, 7ª Turma Especializada, Rel. Des. Fed. Reis Friede, DJU 23/5/2007, p. 627.

63 SOUZA FILHO, op. cit., p. 82-7; DI PIETRO, Maria Sylvia Zanella. *Direito Administrativo.* São Paulo: Atlas, 2000, p. 131-7; e MEIRELLES, Hely Lopes. Tombamento e Indenização, *Revista dos Tribunais.* São Paulo: Revista dos Tribunais, v. 74, nº 600, p. 15, out. 1985.

público", sujeitando o seu titular a restrições, apesar de não perder o direito de propriedade.[64]

A forma de realização desse ato decorre do fato administrativo de inscrição em um dos quatro Livros respectivos: O Livro do Tombo Arqueológico, Etnográfico e Paisagístico, o Histórico, o das Belas Artes e o das Artes Aplicadas (art. 4º, DL nº 25/37).

Já entre as suas modalidades, ele pode ser *voluntário*: a pedido do proprietário, ou com sua anuência por escrito (art. 6º); ou *compulsório*: por determinação do poder público, diante da não impugnação, ou contra a vontade do proprietário (arts. 8º e 9º).

Na sua abrangência, o tombamento poderá ser *individual*: sobre determinado objeto; ou *geral*: atingindo vários bens situados em um bairro, cidade, conjunto, ou núcleo, além de belezas naturais (parques, florestas ou paisagens),[65] pois também são elas alvo de tutela. A competência é concorrente, conforme art. 23, III, IV e V, da CF.

Tocante à *discricionariedade* ou *vinculação*, quando o bem revestir-se da qualidade de patrimônio cultural e estiver em de perigo (como o risco de destruição) é dever e ônus do Poder Público, com competência sobre ele, intervir para protegê-lo.

---

64 Art. 11. As coisas tombadas, que pertençam à União, aos Estados ou aos Municípios, inalienáveis por natureza, só poderão ser transferidas de uma à outra das referidas entidades. [...]
Art. 13. O tombamento definitivo dos bens de propriedade particular será, por iniciativa do órgão competente do Serviço do Patrimônio Histórico e Artístico Nacional, transcrito para os devidos efeitos em livro a cargo dos oficiais do registro de imóveis e averbado ao lado da transcrição do domínio.
§ 1º No caso de transferência de propriedade dos bens de que trata êste artigo, deverá o adquirente, dentro do prazo de trinta dias, sob pena de multa de dez por cento sôbre o respectivo valor, fazê-la constar do registro, ainda que se trate de transmissão judicial ou causa mortis.
§ 2º Na hipótese de deslocação de tais bens, deverá o proprietário, dentro do mesmo prazo e sob pena da mesma multa, inscrevê-los no registro do lugar para que tiverem sido deslocados.
§ 3º A transferência deve ser comunicada pelo adquirente, e a deslocação pelo proprietário, ao Serviço do Patrimônio Histórico e Artístico Nacional, dentro do mesmo prazo e sob a mesma pena.

65 A noção de conjunto paisagístico, por óbvio, deve ser compreendida de maneira abrangente com as características da suficiente coesão, unidade e integração e, assim, não é possível considerar que não houve mudança pelo simples fato de apenas parte do todo ter sido alterada. A se admitir correto o raciocínio desenvolvido pelo magistrado, paulatinamente será possível a realização de várias obras "de pequeno porte" no parque do flamengo (mesmo sem alteração do Iphan) e, ao final, sequer existirá algum remanescente do conjunto arquitetônico e paisagístico lá implantado e existente à época do tombamento devido às sucessivas e paulatinas "pequenas" alterações. (TRF 2ª Região, 8ª Turma, AC 2000.51.01.000571-5, Rel. Juiz Fed. Conv. Guilherme Calmon Nogueira Gama, DJU 22/8/2006, p. 246).

Quanto à sua constituição, ele poderá ser *definitivo* ou *provisório*, conforme o trâmite do processo, sendo que de acordo com o art. 10, salvo a disposição do art. 13, para todos os efeitos "o tombamento provisório se equiparará ao definitivo". Ainda, independente de averbação no registro imobiliário por si só já está a gerar efeitos. Também, a eficácia emana sobre a totalidade do bem assinalado, seja na sua parte interna, na externa ou no entorno.[66]

Dentre as consequências destaque para o art. 17, de que "as coisas tombadas não poderão, em caso nenhum, ser destruídas, demolidas ou mutiladas, nem, sem prévia autorização especial do Serviço do Patrimônio Histórico e Artístico Nacional, ser reparadas, pintadas ou restauradas", sob pena de sanções e até de ilícito penal.[67]

---

[66] TOMBAMENTO DE IMÓVEL PARTICULAR. RESTRIÇÃO ABRANGE ESTRUTURA INTERIOR NÃO APENAS FACHADA. OBRA DECLARADA IRREGULAR PELA IPHAN. DESCARACTERIZAÇÃO DA CONSTRUÇÃO ORIGINAL. DESRESPEITO AO EMBARGO ADMINISTRATIVO DA OBRA. AFRONTA AO DISPOSTO NO ART. 17, DECRETO-LEI N 25/37. - Ação civil pública pleiteando o desfazimento de obras efetuadas em imóvel pertencente ao Conjunto Arquitetônico Histórico e Artístico de Paraty, sem aprovação do SPHAN, com demolição da arquitetura interna do imóvel. - A temática subjacente ao recurso de Apelação interposto pelo Ministério Público Federal envolve as restrições impostas pelo Estado à propriedade privada e as conseqüências daí decorrentes, estando, no que tange ao presente caso, a mesma disposta no art. 17 do DL 25/37 vedando, em qualquer caso, a demolição da coisa tombada, fato que aqui comprovadamente se verificou -. Além da ilegalidade anterior, o Réu efetuou a obra ilegal em total desrespeito a desaprovação, tanto da Prefeitura de Paraty, como da Secretaria de Patrimônio Histórico e Artístico Nacional - SPHAN, o que também contraria o dispositivo anteriormente mencionado. - Houve erro de interpretação legal esposada na sentença ao entender que o tombamento em questão, por não apresentar a inscrição no livro de Tombo Histórico, limitava o tombamento tão-só ao aspecto de fachada externa, o que, além de contrariar o intuito do Legislador na proteção do patrimônio cultural, também contraria o estabelecido no Decreto 58.077/66 que elevou o Conjunto Arquitetônico Histórico de Paraty à categoria de monumento nacional frente à necessidade urgente de assegurar a proteção especial ao seu acervo arquitetônico. - Recurso provido. (TRF 2ª Região, AC 199151010057141 RJ 1991.51.01.0057141, 5ª T. Especializada, Rel. Des. Fed. Paulo Espírito Santo, DJU 1/8/2007, p. 134).

[67] DIREITO CONSTITUCIONAL E ADMINISTRATIVO. PATRIMÔNIO CULTURAL BRASILEIRO. TOMBAMENTO. EFEITOS. ART. 17, DECRETO-LEI Nº 25/37. ALTERAÇÃO DE BEM TOMBADO SEM AUTORIZAÇÃO DO IPHAN. EMBARGO EXTRAJUDICIAL DE OBRAS. 1. A temática subjacente ao recurso de Apelação interposto pelo MINISTÉRIO PÚBLICO FEDERAL e pelo INSTITUTO DO PATRIMÔNIO HISTÓRICO E ARTÍSTICO NACIONAL (IPHAN) envolve as restrições impostas pelo Estado à propriedade privada e as conseqüências daí decorrentes. A questão fática se resume no seguinte: o Apelante, como proprietário e possuidor de imóvel residencial em área mais ampla inscrita no Livro do Tombo Arqueológico, Etnográfico e Paisagístico do IPHAN, integrando o conjunto urbano paisagístico mais conhecido como da localidade de Mambucaba. 2. O ponto nodal para solução da lide é o disposto no art. 17, do Decreto-Lei nº 25/37, a respeito das obrigações de não destruir, demolir ou mutilar os bens tombados, sem a prévia autorização do Instituto Patrimônio Histórico e

Já quanto aos seus *efeitos* (artigos 11 a 23) são produzidos perante a alienação e ao deslocamento, às alterações, à conservação, ao uso e às adaptações, resultando para o proprietário obrigações negativas (não fazer), positivas (fazer) e de suportar (deixar fazer).[68] Também, em relação ao entorno e o conjunto como um todo, além das obrigações concernentes ao Poder Público e a seus órgãos (como o registro, a vigilância, a vistoria e a fiscalização sobre a coisa tombada).[69]

Artístico Nacional e, assim, a possibilidade da prática de atos atentatórios ou efetivamente predatórios ao patrimônio histórico e cultural. 3. O art. 216, da Constituição Federal de 1988, ao cuidar da tutela do patrimônio cultural brasileiro, enuncia os bens de natureza material e imaterial que são portadores de referência à identidade, à ação, à memória dos diferentes grupos formadores da sociedade brasileira. Entre tais bens, incluem-se os conjuntos urbanos de valor histórico, paisagístico. E, nos termos do § 1º, do art. 216, da Constituição, o Poder Público, deverá, com a colaboração da comunidade, promover e proteger o patrimônio cultural brasileiro por meio dos instrumentos de inventário, registro, vigilância, tombamento e desapropriação, além de outras formas de acautelamento e preservação. 4. A localidade de Mambucaba constitui bem integrante do Patrimônio Histórico e Artístico Nacional, regularmente tombado pelo Instituto do Patrimônio Histórico e Artístico Nacional - IPHAN. Sem que detivesse a necessária e prévia autorização do IPHAN, o réu realizou obras que alteraram o conjunto arquitetônico e paisagístico. 5. Houve embargo da obra pelo IPHAN que foi literalmente ignorado pelo Réu, a despeito das providências adotadas pela própria autarquia. 6. A noção de conjunto paisagístico, por óbvio, deve ser compreendida de maneira abrangente com as características da suficiente coesão, unidade e integração e, assim, não é possível considerar que não houve mudança pelo simples fato de apenas parte do todo ter sido alterada. 7. Recurso de apelação a que se nega provimento para manter a sentença. (TRF 2ª Região, AC: 379041 RJ 2001.51.11.000019-7, 8ª Turma Especializada, Rel. Des. Fed. Guilherme Calmon, DJU 21/02/2007, p. 66/67).

68 TOMBAMENTO - OBRIGAÇÃO DE REALIZAR OBRAS DE CONSERVAÇÃO - PODER PÚBLICO - PROPRIETÁRIO. O PROPRIETÁRIO É OBRIGADO A CONSERVAR E REPARAR O BEM TOMBADO. SOMENTE QUANDO ELE NÃO DISPUSER DE RECURSOS PARA ISSO É QUE ESTE ENCARGO PASSA A SER DO PODER PÚBLICO. RECURSO PROVIDO. (Superior Tribunal de Justiça, RESP 97852/PR, 1ª Turma, Rel. Min. Garcia Vieira, DJ 8/6/1998, p. 15, RT 756/181).

69 CONSTITUCIONAL E ADMINISTRATIVO - APELAÇÃO - TOMBAMENTO - LIMITAÇÃO ADMINISTRATIVA NEGATIVA - ARTS. 5º, XXIII, E 170, III, DA CONSTITUIÇÃO FEDERAL - DECRETO Nº 25/37 - PROTEÇÃO AO PATRIMÔNIO HISTÓRICO, CULTURAL E PAISAGÍSTICO - VEDAÇÃO DE CONSTRUÇÃO NA VIZINHANÇA DE IMÓVEIS TOMBADOS - INTERESSE DE AGIR DO MUNICÍPIO - CONFIGURADO - PAGAMENTO DE INDENIZAÇÃO - DESCABIMENTO- SENTENÇA MANTIDA. 1- O tombamento é a forma de intervenção na propriedade pela qual o Poder Público procura proteger o patrimônio cultural brasileiro, se traduz, quando o Estado intervém na propriedade privada para proteger o patrimônio cultural, preservando a memória nacional Sendo assim, o proprietário não pode usar e usufruir livremente de seus bens se estes traduzem interesse público por atrelados fatores de ordem histórica, artística científica turística paisagística e cultural. 2- Pode o Poder público criar novos critérios para assegurar a preservação e a visibilidade daqueles imóveis objetos de tombamento, sendo assim, o fato da Apelante ter obtido licença anteriormente para a construção não lhe confere o direito adquirido a executar o seu projeto quando bem lhe convier, razão pela qual a concessão pelo Poder Público de licença por tempo determinado,

Nesse particular, cumpre referir que por força do art. 10 do DL nº 25/37[70] desde já o tombamento provisório tem os efeitos do definitivo, permitindo que mesmo antes da decisão final o bem já seja preservado, evitando o risco de perecimento.[71] Tal instituto constitui-se numa forma de defesa rápida do objeto, acarretando para a administração o dever de protegê-lo e para os responsáveis legais vários ônus, sob pena da incidência de sanções administrativas (multas, demolição e restauro) e penais.[72]

---

daí a finalidade das renovações. 3- O direito que assegura a propriedade não é absoluto, só se justificando quando a propriedade estiver atendendo sua função social. Tal função social configura, inclusive, um dos princípios gerais da atividade econômica previstos na Constituição. É por esse motivo que, ainda em relação ao presente instituto, podem ser invocados os artigos 5º, XXIII e 170, III, da CF/88, que garantem o direito de propriedade desde que esta atenda a função social. 4- O fato de existirem, no local denominado Área D, outros imóveis com altura superior à permitida pela Portaria nº 60/84, não confere o direito à parte autora de também poder construir o seu imóvel sem as limitações impostas pela citada portaria, sob o argumento da isonomia. 5- No que tange ao pagamento da indenização, com efeito, as limitações administrativas, por não gerarem aniquilamento do direito de propriedade, não obrigam a Administração a indenizar o proprietário dos bens objeto das mesmas. Sendo imposições de ordem geral, as limitações administrativas não rendem ensejo à indenização em favor dos proprietários. 7- Sendo o Município a autoridade que concede a licença para a obra pretendida pelo autor, é ele parte legítima para figurar na demanda. 8- Apelações e remessa improvidas. (TRF 2ª Região, AC: 314988 RJ 1986.51.01.737002-3, 6ª Turma Especializada, Rel. Des. Fed. Frederico Gueiros, DJU 14/7/2009, p. 147).

70 Art. 10. O tombamento dos bens, a que se refere o art. 6º desta lei, será considerado provisório ou definitivo, conforme esteja o respectivo processo iniciado pela notificação ou concluído pela inscrição dos referidos bens no competente Livro do Tombo. Parágrafo único. Para todos os efeitos, salvo a disposição do art. 13 desta lei, o tombamento provisório se equiparará ao definitivo. Outrossim, o art. 1.072 do novo CPC revogou o art. 22 do DL nº 25/1937, sobre o direito de preferência.

71 CRETELLA JÚNIOR, José, "Regime Jurídico do Tombamento", *Revista de Direito Administrativo*, Rio de Janeiro, nº 112, p. 56, abr./jun. 1973; CARVALHO, Afrânio de. O Tombamento de Imóveis e o Registro, *Revista dos Tribunais*, São Paulo: Revista dos Tribunais, v. 80, nº 672, p. 63-4, out. 1991. Ainda, ANDRADE, Filippe Vieira. *O Patrimônio Cultural e os Deveres de Proteção e Preservação*, Temas de Direito Urbanístico 3, São Paulo: Imprensa Oficial/SP, 2001, p. 399, cita o art. 142, do Dec. Estadual SP 13.426/79: "A deliberação do Conselho ordenando o tombamento ou a simples abertura do processo, assegura a preservação do bem até decisão final da autoridade, pelo que o fato será imediatamente comunicado à autoridade policial sob cuja jurisdição se encontra o bem em causa para os devidos fins."

72 AÇÃO DEMOLITÓRIA. PATRIMÔNIO HISTÓRICO, CULTURAL E PAISAGÍSTICO DE OLINDA. REFORMA DE IMÓVEL RESIDENCIAL SEM LICENÇA URBANÍSTICA E EM DESACORDO COM EXIGÊNCIAS LEGAIS. ARTS. 187, 1.228, § 1º, 1.299 E 1.312 DO CÓDIGO CIVIL. ALEGAÇÃO DE INÉPCIA DA INICIAL. LEGITIMIDADE PASSIVA. POSSUIDORA DIRETA E RESPONSÁVEL PELO ACRÉSCIMO AO IMÓVEL. APLICAÇÃO ANALÓGICA DO ART. 934, III, DO CPC. PERICULUM IN MORA REVERSO. UNESCO. CONVENÇÃO RELATIVA À PROTEÇÃO DO PATRIMÔNIO MUNDIAL, CULTURAL E NATURAL. 1. Inexiste direito de construir absoluto, na exata medida das limitações urbanístico-ambientais e da tutela dos vizinhos incidentes sobre o próprio direito de propriedade, que lhe dá origem e

serve de suporte (art. 1.228, § 1º, do Código Civil). Embora caiba ao proprietário levantar em seu terreno as construções que lhe aprouverem, ficam ressalvados os direitos dos vizinhos e os regulamentos administrativos (art. 1.299 do Código Civil). Tal preceito se harmoniza com o princípio da função social da propriedade (art. 5º, XXIII, da Constituição Federal) e com o espírito da nova codificação civil, que considera ato ilícito o exercício de direito quando excede manifestamente os limites impostos pelo seu fim econômico ou social, pela boa-fé ou pelos bons costumes (art. 187 do Código Civil). 2. A pretensão para o ajuizamento de Ação Demolitória surge a partir da conclusão de obra em desconformidade com as vedações legais. Antes disso, a ordem jurídica confere ao prejudicado a possibilidade de propor Ação de Nunciação de Obra Nova. 3. Apesar de o art. 1.299 do Código Civil referir-se apenas à figura do proprietário, o art. 1.312 prescreve que "Todo aquele que violar as proibições estabelecidas nesta Seção é obrigado a demolir as construções feitas, respondendo por perdas e danos". O dispositivo destina-se a quem descumprir obrigação de não fazer construção que ofenda comandos legais ou administrativos, assim como as normas de postura, seja na condição de possuidor, seja na de proprietário, seja na de simples detentor ocasional do imóvel. 4. São legitimados passivos da Ação Demolitória o possuidor, o dono da obra e quem dela se beneficia diretamente, mesmo que não ostentem título de proprietário, o que se confirma pelo recurso à analogia com as normas que disciplinam a Ação de Nunciação de Obra Nova. Ao prever esse procedimento especial, o Código de Processo Civil, em seu art. 934, III, atribui legitimidade ao Município para ajuizar demanda contra o particular - e não somente contra a pessoa do proprietário - que construa em contravenção da lei, do regulamento ou de postura. Descabido, pois, falar em legitimidade exclusiva do proprietário. TOMBAMENTO 5. Por meio de tombamento ou de outras formas de intervenção administrativa e judicial, a atuação do Estado não protege - nem deve proteger ou muito menos exaltar - apenas estética refinada, arquitetura suntuosa, produção artística luxuosa, templos esplendorosos, obras grandiosas dedicadas ao ócio, ou sítios comemorativos de façanhas heroicas dos que instigaram ou lutaram em guerras, com elas ganharam fama ou enriqueceram. Além de reis, senhores e ditadores, a História vem contada também pelos feitos, revoltas e sofrimentos dos trabalhadores, dos pobres, dos estigmatizados e dos artífices mais humildes da Paz. Para que deles, do seu exemplo, coragem e adversidade nunca se olvidem as gerações futuras, fazem jus igualmente à preservação seus monumentos, conjuntos e locais de interesse, com suas peculiares marcas arquitetônicas, mesmo que modestas e carentes de ostentação, assim como seus rituais, manifestações culturais, raízes etnológicas ou antropológicas, e até espaços de indignidade e desumanidade - do calabouço à senzala, da sala de tortura ao campo de concentração. 6. Tal qual quando socorre as promessas do futuro, o ordenamento jurídico brasileiro a ninguém atribui, mais ainda para satisfazer interesse individual ou econômico imediatista, o direito de, por ação ou omissão, destruir, inviabilizar, danificar, alterar ou comprometer a herança coletiva e intergeracional do patrimônio ancestral, seja ele tombado ou não, monumental ou não. 7. Cabe ao Poder Judiciário, no seu inafastável papel de último guardião da ordem pública histórica, cultural, paisagística e turística, assegurar a integridade dos bens tangíveis e intangíveis que a compõem, utilizando os mecanismos jurídicos precatórios, preventivos, reparatórios e repressivos fartamente previstos na legislação. Nesse esforço, destaca-se o poder geral de cautela do juiz, pois, por mais que, no plano técnico, se diga viável a reconstrução ou restauração de imóvel, sítio ou espaço protegido, ou a derrubada daquilo que indevidamente se ergueu ou adicionou, o remendo tardio nunca passará de imitação do passado ou da Natureza, caricatura da História ou dos processos ecológicos e geológicos que pretende substituir. 8. Recurso Especial parcialmente conhecido, e, nessa parte, não provido." (Recurso Especial Resp nº 1293608/PE, nº 2011/0101319-3, Superior Tribunal de Justiça, Relator Ministro Herman Benjamin, Segunda Turma, j. 04/12/2012, publicado REPDJe 24/09/2014).

A proteção pelo ato administrativo começa a vigorar a partir da sua publicação, mesmo que não definitivo, como no caso do tombamento provisório, ou se apresentado recurso administrativo, ou buscada a via judicial. Na verdade, tal condição decorre dos efeitos constitutivo e declaratório que são conferidos pelo ato de tombar.[73]

Trata-se aqui de "um regime jurídico especial que incide sobre determinado bem no período que medeia entre a notificação e a inscrição após a homologação, cujos efeitos praticamente se equivalem aos do definitivo", acautelando o objeto de eventuais atentados, enquanto se decide se ele vai ou não ser tombado em definitivo.[74]

Assim, diante da importância que é conferida ao bem, desde já ele passa a ser "especialmente protegido" por via do ato administrativo que instituiu o tombamento, ainda que provisório, situação que irá gerar efeitos cíveis e criminais.[75] De modo que qualquer ato que destrua, inutilize ou deteriore este objeto poderá caracterizar o ilícito descrito no art. 62, I, da LCA, já que o bem em apreço passou a gozar de proteção.

Aliás se diverso fosse, a norma poderia ter os seus efeitos esvaziados, de modo que o proprietário do bem, contrariado com o ato do tombamento, aproveitaria da fase provisória deste para praticar ações irregulares, como acréscimos ou supressões, colocando em risco a qualidade do objeto e inclusive levando-o ao seu perecimento.[76]

---

[73] MACHADO, Paulo Affonso Leme. *Direito Ambiental Brasileiro.* 7. ed. São Paulo: Malheiros, 1999, p. 754-5 e 770; e MACHADO, Paulo Affonso Leme. Tombamento. Instrumento de Proteção do Patrimônio Natural e Cultural, *Revista dos Tribunais*, São Paulo, v. 71, nº 563, p. 36-9, set. 1982.

[74] PIRES, op. cit., p. 153-4. Para aprofundar, MIRANDA, Marcos Paulo de Souza. *Lei de Tombamento Comentada. Doutrina, Jurisprudência e Normas Complementares.* Belo Horizonte: Del Rey, 2014.

[75] NORONHA, Edgard Magalhães. *Direito Penal.* 26. ed. São Paulo: Saraiva, 1994, v. 2, p. 321, cita que: "Tanto pode ser objeto do crime a coisa tombada provisória como definitivamente, já que o art. 10 daquele diploma declara expressamente que para todos os efeitos – e, portanto, os penais – o tombamento provisório equipara-se ao definitivo."

[76] TOMBAMENTO PROVISÓRIO. EQUIPARAÇÃO AO DEFINITIVO. EFICÁCIA. 1. O ato de tombamento, seja ele provisório ou definitivo, tem por finalidade preservar o bem identificado como de valor cultural, contrapondo-se, inclusive, aos interesses da propriedade privada, não só limitando o exercício dos direitos inerentes ao bem, mas também obrigando o proprietário às medidas necessárias à sua conservação. O tombamento provisório, portanto, possui caráter preventivo e assemelha-se ao definitivo quanto às limitações incidentes sobre a utilização do bem tutelado, nos termos do parágrafo único do art. 10 do Decreto-Lei nº 25/37.2. O valor cultural pertencente ao bem é anterior ao próprio tombamento. A diferença é que, não existindo qualquer ato do Poder Público formalizando a necessidade de protegê-lo, descaberia responsabilizar o particular pela não conservação do patrimônio. O tombamento provisório,

Portanto, a tutela provisória existe no sentido de evitar que o agente sinta-se à vontade para dar vazão a atos que importem alteração na estrutura, natureza e na própria identificação do bem como patrimônio cultural, confiante na impunidade civil e penal, sobre o pálio do objeto ainda não estar tombado em definitivo.

Assim, é constitutivo, pois realizada a previsão legal "passa o bem à condição de imune contra atos do proprietário ou de terceiros que possam mutilar, alterar ou destruir." Também é de natureza declaratória, pois o ato em apreço terá o efeito de reconhecer "um valor cultural que o bem já possuía, porquanto se não o tivesse, não caberia o tombamento", de modo que esta valia preexiste ao ato administrativo.[77]

Ademais, cumpre lembrar que o ato administrativo goza de presunção de legitimidade, o que autoriza a sua imediata execução como válido e operante, seja para a Administração ou para os particulares sujeitos ou beneficiários dos seus efeitos.[78]

Contudo, no caso de não se tornar definitivo o tombamento provisório, ou de revogação ou invalidade do ato administrativo que o institua, retirando-lhe assim a condição de "bem especialmente protegido", tal fato retroage conforme as regras da lei penal, para retirar a tipicidade das ações praticadas na sua vigência, pois o objeto já não possui a tutela diferenciada que o inscreve no rol específico do art. 62, I, da LCA.

Por fim, embora de regra o tombamento decorra de ato administrativo, nada impede que ele seja instituído por ação do legislativo federal, estadual ou municipal, com a vantagem que este só poderá então ser desfeito por ato do Poder

---

portanto, serve justamente como um reconhecimento público da valoração inerente ao bem.3. As coisas tombadas não poderão, nos termos do art. 17 do Decreto-Lei nº 25/37, ser destruídas, demolidas ou mutiladas. O descumprimento do aludido preceito legal enseja, via de regra, o dever de restituir a coisa ao status quo ante. Excepcionalmente, sendo manifestamente inviável o restabelecimento do bem ao seu formato original, autoriza-se a conversão da obrigação em perdas e danos. [...] (STJ, REsp 753534 MT 2005/0086165-8, 2ª Turma, Rel. Min. CASTRO MEIRA, j. 25/10/2011).

77 MARCHESAN, Ana Maria Moreira. A Proteção Constitucional ao Patrimônio Cultural, *Revista de Direito Ambiental.* São Paulo: Revista dos Tribunais, 2000, nº 20, p. 114. Ver MARCHESAN, Ana Maria Moreira. A Importância da Preservação do Patrimônio Cultural na Pós-modernidade. *In:* FREITAS, Vladimir Passos (Org.) *et al. Direito Ambiental em Evolução.* Curitiba: Juruá, 2007, p. 49-78.

78 MEIRELLES, 1994, op. cit., p. 141. Sobre efeitos dos atos administrativos, ver MELLO, Celso Antônio Bandeira. *Curso de Direito Administrativo.* 10. ed. São Paulo: Malheiros, 1998, p. 225 *et seq.*

Legislativo.[79] Ou mesmo decorra de ação judicial pleiteando o reconhecimento e a tutela do bem. Afinal, o zelo pelo patrimônio cultural constitui-se numa obrigação do Poder Público.

2.2.2 Desapropriação

A desapropriação é a forma mais drástica de manifestação do poder de império do Estado, no exercício do seu domínio eminente e de soberania sobre todos os bens inseridos no território nacional. Tal instituto consiste na "transferência compulsória da propriedade particular (ou pública de entidade de grau inferior para a superior) para o Poder Público ou seus delegados, por utilidade ou necessidade pública, ou, ainda, por interesse social, mediante prévia e justa indenização", nos termos da lei.[80]

Trata-se, pois, de uma decisão executória do Poder Público, Federal, Estadual ou Municipal, sem que dependa do Poder Judiciário para subjugar o bem em discussão, embora possa o expropriado impugnar o ato judicialmente por meio das vias legais.[81]

Entre os seus requisitos, a *necessidade pública* surgirá quando a Administração defronta situações de emergência que para solução satisfatória exigem a transferência urgente de bens de terceiros para o seu domínio e o uso imediato. E a *utilidade pública* ocorre quando a transferência de bens de terceiros para a Administração é conveniente, embora não seja imprescindível. Já o *interesse social* incide quando as circunstâncias impõem a distribuição ou o condicionamento da propriedade, para o melhor aproveitamento, uso ou produtividade em prol da coletividade ou de categorias sociais que roguem amparo específico do Poder Público, conforme a Lei nº 4.132/62.[82]

---

[79] SANTANA, Jair Eduardo. *Competências Legislativas Municipais*. 2. ed. Belo Horizonte: Del Rey, 1998, explica que não é a lei, nem o ato administrativo que atribuem valor ao bem, mas apenas o reconhecem, sendo indiferente de onde emanará a fonte de proteção. LEUZINGER, Márcia Dieguez; CUREAU, Sandra. *Direito Ambiental*. Rio de Janeiro: Elsevier, 2008, p. 128-9, citam como exemplo as reminiscências dos antigos quilombos que foram tombados pelo art. 216, § 5º, da CF.

[80] MEIRELLES, 1994, op. cit., p. 508.

[81] RECURSO EXTRAORDINÁRIO. IMÓVEL TOMBADO PELA UNIÃO. DESAPROPRIAÇÃO DO MESMO BEM PELO MUNICÍPIO, COM IMISSÃO PROVISÓRIA NA POSSE. DESISTÊNCIA DA AÇÃO DE DESAPROPRIAÇÃO. RESPONSABILIDADE PELOS DANOS CAUSADOS. Valendo-se o município da vertente mais larga de proteção do patrimônio cultural a desapropriação, com imissão provisória na posse cumpre-lhe o dever de reparar eventuais danos causados no imóvel. (Supremo Tribunal Federal, Recurso Extraordinário RE-168917, 2ª Turma, Rel. Min. Francisco Resek, DJ 06/06/1997, p. 24882).

[82] MEIRELLES, 1994, op. cit., p. 515-9.

Em sede de tutela cultural, a desapropriação pode surgir como medida prévia ao tombamento; no caso dessa esvaziar o direito de propriedade; para remediar o conflito provocado pelo tombamento. Ou para que o Poder Público assuma a gestão do bem tombado, diante das dificuldades de proteção pelo proprietário, e, ainda, como instrumento alternativo à preservação do bem, independente do tombamento - embora o seu destino esteja vinculado à finalidade pela qual se transferiu o seu domínio.[83]

O art. 19, § 1º, do Decreto Lei nº 25/37 contempla a desapropriação decorrente da insuficiência de condições do proprietário na conservação e reparação do objeto, atuando o Poder Público com o fim de garantir a permanência da proteção sob o bem tombado, ocorrendo ela de forma obrigatória, sob pena de cancelar-se o tombamento.

Por sua vez, o art. 5°, "k", do Decreto-lei nº 3.365/41, enumera como casos de *utilidade pública* a "preservação e conservação dos monumentos históricos e artísticos", isolados ou em conjuntos, sejam urbanos ou rurais; as medidas necessárias "a manter-lhes os aspectos mais valiosos, ou característicos", e a proteção de paisagens e locais especialmente dotados pela natureza.

Já o *interesse social* é disciplinado na Lei nº 4.132/62, destacando-se o art. 2º, VIII, que atualmente prevê "a utilização de áreas, locais ou bens que, por suas características, sejam apropriados ao desenvolvimento de atividades turísticas." Em termos práticos, tal forma excepcional de tutela vem sendo utilizada para a proteção de conjuntos urbanos, com o fim de melhorar certas regiões das cidades.

Na espécie, a intervenção do Estado na propriedade privada justifica-se diante da prevalência do interesse público sobre as questões particulares, transmudando-se numa forma de exercício mais abrangente da função social da propriedade que, assim, irá satisfazer uma coletividade, sem ficar restrita a uns poucos.[84]

---

[83] PIRES, op. cit., p. 250-2. Caso de esvaziamento em: TOMBAMENTO DE BEM IMÓVEL PARA LIMITAR SUA DESTINAÇÃO A ATIVIDADES ARTÍSTICO-CULTURAIS. PRESERVAÇÃO A SER ATENDIDA POR MEIO DE DESAPROPRIAÇÃO. NÃO PELO EMPREGO DA MODALIDADE DO CHAMADO TOMBAMENTO DE USO. Recurso da Municipalidade do qual não se conhece, porquanto não configurada a alegada contrariedade, pelo acórdão recorrido, do disposto no art. 216, § 1º, da Constituição. (STF, RE-219292, 1ª Turma, Rel. Min. Octávio Gallotti, DJ 23/6/2000, p. 31).

[84] GOMES, Luís Roberto (O Princípio da Função Social da Propriedade e a Exigência Constitucional de Proteção Ambiental, *Revista de Direito Ambiental*, São Paulo, nº 17, p. 177, 1999) esclarece que na função social "estão contidos os princípios constitucionais da proteção ambiental", ligados à proteção da vida humana. Sobre o "ônus social", v. DERANI, Cristiane. A Propriedade na Constituição de 1988 e o Conteúdo da Função Social, *Revista de Direito Ambiental*. São Paulo: RT, nº 27, p. 58-69, 2003.

Por fim, junto aos institutos do direito de propriedade o art. 1.228, § 3º, do CCB prevê tais modos de desapropriação, e adiciona a "de requisição, em caso de perigo iminente", ao que podemos ilustrar a hipótese de um antigo prédio de valia cultural, que corre risco de desabamento pela inação do proprietário, o que força a atuação do Poder Público para expropriá-lo, verificar as formas de cessar o perigo e conservá-lo.

Enquanto isso, o responsável pelo bem considerado como patrimônio cultural tem o ônus social de utilizá-lo e preservá-lo da melhor forma possível, para a fruição coletiva presente e futura, estando passível de várias implicações, inclusive a penal.

2.2.3 Inventário, Arrolamento e Registro

A identificação do valor cultural de um bem não surge da decisão da autoridade, pois antes de declarado ele já tinha existência histórica e valia no quadro da sociedade. E aqui, ainda que seja o mais conhecido, o tombamento não é o único instrumento de tutela, já que o art. 216, § 1º, da CF cita outras formas de proteção, em rol não exaustivo, uma vez que é possível a criação de outros instrumentos, cuja incidência veremos.[85]

O **Inventário** é reconhecido na Carta Magna como uma das formas de proteção e promoção do patrimônio cultural. Embora careça de lei reguladora, constitui-se numa fonte de reconhecimento da referência de identidade e de valores culturais, operando em nível de identificação, bem como de orientação de políticas de tutela.[86]

---

[85] MILARÉ, Édis. *Direito do Ambiente*. São Paulo: Revista dos Tribunais, 2005, p. 410-2. MACHADO, 1999, op. cit., p. 734-5, colaciona que "o inventário do patrimônio arquitetural digno de ser protegido não termina jamais, porque este patrimônio não é constituído nem se revela de uma vez por todas. Conclui-se que uma legislação especial de proteção é indispensável para permitir à autoridade responsável de intervir a qualquer momento, ainda que seja para suspender uma ação de demolição." (*Apud* 'Congrés sur ler patrimoine architectural européen', Conselho da Europa, Amsterdam, 1975, p. 79).

[86] IMÓVEL ARROLADO NO INVENTÁRIO DO PATRIMÔNIO HISTÓRICO CULTURAL DO MUNICÍPIO DE CACHOEIRA DO SUL, DO INSTITUTO DO PATRIMÔNIO HISTÓRICO E ARTÍSTICO NACIONAL (IPHAN) E DO INSTITUTO DO PATRIMÔNIO HISTÓRICO E ARTÍSTICO DO ESTADO (IPHAE). LICENÇA PARA DEMOLIÇÃO. IMPOSSIBILIDADE. ART. 216, § 1º, DA CONSTITUIÇÃO FEDERAL. INDENIZAÇÃO POR DESAPROPRIAÇÃO INDIRETA E ISENÇÃO DO IPTU. DESCABIMENTO. I) No caso, está justificada a negativa de autorização para demolição do imóvel de propriedade do autor, visto que apresenta características de inspiração europeia, com trabalho de carpintaria singular, constituindo-se raro exemplar de chalé existente na paisagem urbana, razão pela qual foi incluído no inventário do Município, do IPHAN (Instituto do Patrimônio Histórico e Artístico Nacional) e do IPHAE (Instituto do Patrimônio Histórico e Artístico do Estado). Segundo o

Ainda que não possua a mesma tradição do tombamento, é dotado de força legal suficiente para garantir a preservação do patrimônio inventariado.[87] De modo que a sua realização criteriosa estabelece a relação dos bens culturais portadores de referenciais específicos, cujo efeito jurídico sujeita o proprietário e o Poder Público a preservar o bem, além de constituir-se numa prova da necessidade de proteção do objeto, a ser utilizado seja em sede judicial, administrativa, legal e até penal.[88]

Trata-se de figura conhecida em outros países, cujo termo designa os "repertórios de monumentos históricos ou bens patrimoniais. O inventário supõe a determinação de um conteúdo (categoria de objeto) e dos métodos de descrição. Ele responde duas finalidades complementares de informação e de classificação".[89]

Assim, é certo que a inclusão pelo Poder de um determinado objeto em inventário, já o promove à categoria de "bem especialmente protegido". De modo que tão logo perfectibilizado o procedimento – o qual deve revestir-se de homologação,

---

art. 216, § 1º, da Constituição Federal, não apenas o tombamento é capaz de criar limitação administrativa visando à proteção do patrimônio cultural, mas também inventários, registros, vigilância, desapropriação e outras formas de acautelamento e preservação. II) Não há falar em desapropriação indireta. O ente público pode impor limitações ao uso e gozo do bem inventariado, como medida para evitar prejuízos ou descaracterização do patrimônio histórico-cultural; todavia, a propriedade do imóvel não é alterada. Logo, incabível a indenização pretendida. [...] APELO DESPROVIDO. (TJRS, Ap. Cível nº 70069547628, 22ª Câmara Cível, Relator: Francisco José Moesch, j. 25/8/2016, DJ 30/8/2016).

87 CRIME CONTRA O PATRIMÔNIO CULTURAL. ART. 63 DA LEI Nº 9.605/98. AUSÊNCIA DE TOMBAMENTO DO BEM. DESNECESSIDADE. BEM INVENTARIADO PELO IPHAN. FORMA DE PROTEÇÃO DO PATRIMÔNIO CULTURAL BRASILEIRO RECONHECIDA PELA CONSTITUIÇÃO FEDERAL. ART. 216, §1º, DA CF/88. COMPETÊNCIA DA JUSTIÇA FEDERAL. I - O art. 63 da Lei nº 9.605/98 optou pela proteção do patrimônio cultural de forma genérica. Por Lei, por ato administrativo ou por decisão judicial. Sem mencionar expressamente o tombamento ou o inventário, que, indiscutivelmente, encontram-se compreendidos nas formas ali previstas, à luz do art. 216, §1º, da CF/88. II. Com efeito, por ser o inventário forma de proteção do patrimônio cultural brasileiro, prevista no art. 216, § 1º, da CF/88, desnecessário é o tombamento prévio, para que o bem seja considerado protegido pela União. III. Inventariada a edificação pelo instituto do patrimônio histórico e artístico nacional - IPHAN, com fins de preservação, a competência para processar e julgar ação penal, para apuração do crime previsto no art. 63 da Lei nº 9.605/98, é da justiça federal. IV. Recurso provido. (TRF 1ª Região, Recurso Criminal 2006.39.00.008274-1 PA, 3ª Turma; Rel. Des. Fed. Assusete Dumont Reis Magalhães, DJF1 31/10/2008, p. 76).

88 SOUZA FILHO, op. cit., p. 100.

89 MERLIN, Pierre; CHOY, Françoise. Dictionnaire de l'urbanisme et l'aménagement. Quito, Presses Universitaires de France, 1998. Vide STUDART, Vitor Melo. O Inventário como um Instrumento de Gestão e Acautelamento do Patrimônio Cultural Material nas Cidades; e TORRES, Carolina de Fátima da Silva. A Efetividade da Tutela do Patrimônio Cultural Brasileiro e o Instituto Municipal dos Imóveis Especiais de Preservação; ambos In: III Encontro Internacional de Direitos Culturais, 2014, Fortaleza/CE.

publicidade e notificação do proprietário –, os atentados contra este bem determinado são passíveis das sanções do art. 62 da Lei nº 9.605/1998 (LCA).[90]

Salienta-se, ainda, que a Lei nº 6.513/1977 dispõe sobre a criação de áreas e "Inventário com finalidades turísticas dos bens de valor cultural e natural", com o intuito de assegurar a sua preservação e valorização, promover o desenvolvimento, orientar a alocação de recursos, e estabelecer normas de uso e ocupação do solo.[91]

Seriam estes Locais e Áreas Especiais de Interesse Turístico (Prioritárias e de Reserva), os quais estão sujeitos a regramento próprio de limites, uso, ocupação, exploração, atividades, obras e serviços, para garantir o equilíbrio ambiental, harmonizar construções e assegurar a preservação, restauração, recuperação ou valorização do patrimônio cultural ou natural existente, os quais podem ser instituídos em nível federal, estadual, metropolitano e municipal.

Vários são os efeitos daí oriundos, estando expressamente previsto no seu art. 24 que, "além da ação penal cabível, a modificação não autorizada, a destruição, a desfiguração, ou o desvirtuamento de sua feição original, no todo ou em parte", dos Locais e Áreas Especiais de Interesse Turístico, sujeitam o infrator a penalidades.

Igualmente, a Lei nº 11.904/2009,[92] Estatuto dos Museus, reconheceu como obrigação dos museus a manutenção de documentação sobre o acervo dos seus bens culturais, sob a forma de inventários e também de registros. De tal forma que tais bens "gozam de proteção com vistas em evitar o seu perecimento ou

---

90 Da mesma forma entendemos em relação aos bens arrolados e registrados.

91 Art. 1º Consideram-se de interesse turístico as Áreas Especiais e os Locais instituídos na forma da presente Lei, assim como os bens de valor cultural e natural, protegidos por legislação específica, e especialmente: I – os bens de valor histórico, artístico, arqueológico ou pré-histórico; II – as reservas e estações ecológicas; III – as áreas destinadas à proteção dos recursos naturais renováveis; IV – as manifestações culturais ou etnológicas e os locais onde ocorram; V – as paisagens notáveis; VI – as localidades e os acidentes naturais adequados ao repouso e à pratica de atividades recreativas, desportivas ou de lazer; VII – as fontes hidrominerais aproveitáveis; VIII – as localidades que apresentem condições climáticas especiais; IX – outros que venham a ser definidos, na forma desta Lei.

92 Art. 39. É obrigação dos museus manter documentação sistematicamente atualizada sobre os bens culturais que integram seus acervos, na forma de registros e inventários.

§ 1º O registro e o inventário dos bens culturais dos museus devem estruturar-se de forma a assegurar a compatibilização com o inventário nacional dos bens culturais.

§ 2º Os bens inventariados ou registrados gozam de proteção com vistas em evitar o seu perecimento ou degradação, a promover sua preservação e segurança e a divulgar a respectiva existência.

Art. 40. Os inventários museológicos e outros registros que identifiquem bens culturais, elaborados por museus públicos e privados, são considerados patrimônio arquivístico de interesse

degradação, a promover sua preservação e segurança e a divulgar a respectiva existência". Além do fato de os inventários e registros museológicos, dos bens culturais públicos ou privados, serem "considerados patrimônio arquivístico de interesse nacional" a serem conservados nas suas respectivas instalações, para evitar destruição, perda ou deterioração.

Outrossim, importante referir o chamado "Inventário Nacional de Referências Culturais", com condições de uso estabelecidas na Instrução Normativa nº 001/2009 do IPHAN, e que se constitui em metodologia de pesquisa destinada a produzir conhecimento sobre domínios da vida social, edificações associadas a certos usos e os seus significados históricos, independente de qualidade artística ou arquitetônica.

Com efeito, reforçamos que o Inventário por si só constitui-se em forma o bastante para a proteção do bem cultural, independente de tombamento, por força da sua previsão normativa, em especial pelo conteúdo do art. 216, §1º, da CF e do art. 62, I, da Lei nº 9.605/1998. De tal forma que qualquer ataque a um bem inventariado sujeita os seus responsáveis, pessoas físicas ou jurídicas, às consequências e sanções de ordem administrativa, civil e penal, inclusive conforme reiteradas e recentes[93] decisões da nossa Corte Suprema.

---

nacional e devem ser conservados nas respectivas instalações dos museus, de modo a evitar destruição, perda ou deterioração.

Parágrafo único. No caso de extinção dos museus, os seus inventários e registros serão conservados pelo órgão ou entidade sucessora.

Art. 41. A proteção dos bens culturais dos museus se completa pelo inventário nacional, sem prejuízo de outras formas de proteção concorrentes.

§ 1º Entende-se por inventário nacional a inserção de dados sistematizada e atualizada periodicamente sobre os bens culturais existentes em cada museu, objetivando a sua identificação e proteção.

§ 2º O inventário nacional dos bens dos museus não terá implicações na propriedade, posse ou outro direito real.

§ 3º O inventário nacional dos bens culturais dos museus será coordenado pela União.

§ 4º Para efeito da integridade do inventário nacional, os museus responsabilizar-se-ão pela inserção dos dados sobre seus bens culturais.

93 AGRAVO REGIMENTAL NO RECURSO EXTRAORDINÁRIO CRIMINAL. ALEGADA OFENSA AO ART. 216, § 1º, DA CF. PROTEÇÃO DO PATRIMÔNIO HISTÓRICO-CULTURAL BRASILEIRO. ART. 67 DA LEI 9.605/98. CONCESSÃO DE ALVARÁ DE DEMOLIÇÃO. IMÓVEL PROTEGIDO POR INVENTÁRIO DO IPHAN. ÁREA DEFINIDA COMO DE INTERESSE CULTURAL SIGNIFICATIVO PELO PLANO DIRETOR DO MUNICÍPIO. VALOR CULTURAL E HISTÓRICO EVIDENTE. IMPOSSIBILIDADE DE REEXAME DE NORMAS INFRACONSTITUCIONAIS E DO CONJUNTO FÁTICO-PROBATÓRIO. OFENSA REFLEXA. SÚMULA 279/STF. AGRAVO A QUE SE NEGA PROVIMENTO. I – "[...] a Constituição da República Federativa do Brasil de 1988 representou um marco evolutivo

Já o **Arrolamento** pode ser comparado a um pequeno e mais célere inventário, no qual está relacionado a uma série de bens culturais de interesse, e que passam a integrar uma determinada lista, a qual reconhece a importância dos objetos arrolados. Um exemplo é a Lei Estadual/RS nº 12.003/2003, que declara "integrante do patrimônio cultural do Estado área urbana e bens de valor histórico, no Município de Rio Pardo".

Uma das principais diferenças diante do Inventário, é que esse se constitui num levantamento sistemático de certos bens, com informações mais completas, para fins de ciência e de tutela do uma determinada cultura. Enquanto que o Arrolamento é produzido de forma mais simples e resumida, mas ainda assim válido e reconhecido.[94]

---

em termos de reconhecimento e proteção jurídica do patrimônio cultural brasileiro. Reconheceu-se, a nível constitucional expresso, a necessidade de tutelar e salvaguardar o patrimônio histórico-cultural, enquanto direito fundamental de terceira geração, isto é, de titularidade difusa, não individualizado, mas pertencente a uma coletividade [...]" (ACO 1.966-AgR/AM, relatada pelo Ministro Luiz Fux, Tribunal Pleno). II – De acordo com o inteiro teor do acórdão recorrido, a "Casa Koerich", como era denominado o imóvel demolido, chegou a ser inventariada pelo IPHAN. Constou também do julgado que "o valor cultural e histórico do imóvel era evidente até para quem não possuía conhecimento especializado, tanto por suas características arquitetônicas quanto pela idade da construção (ano de 1926)", bem como que ele se encontrava em área definida como de interesse cultural significativo no Plano Diretor do Município de Angelina/SC. III – O enquadramento da conduta do agravante no art. 67 da Lei 9.605/1998, em virtude do descumprimento do que contido no art. 216, § 1°, da Carta Magna, não tem o condão de violar o referido dispositivo constitucional, muito pelo contrário, confere a ele a eficácia e a aplicabilidade necessárias à proteção jurídica do patrimônio histórico-cultural brasileiro. [...] V – Agravo regimental a que se nega provimento. (RE 1222920 AgR, Rel. Min. Ricardo Lewandowski, Segunda Turma, j. 20/03/2020).

[94] AGRAVO EM RECURSO ESPECIAL Nº 403.796 – MG. DECISÃO Trata-se de Agravo de decisão que inadmitiu Recurso Especial (art. 105, III, a, da CF) interposto contra acórdão do Tribunal de Justiça do Estado de Minas Gerais assim ementado: APELAÇÃO CÍVEL. AÇÃO CIVIL PÚBLICA. REEXAME NECESSÁRIO DE OFÍCIO. MUNICÍPIO DE ARAGUARI. IMÓVEL DA DÉCADA DE VINTE. RELICÁRIO. ALTERNATIVAS PARA A PROTEÇÃO DO PATRIMÔNIO HISTÓRICO E ARTÍSITICO. INVENTÁRIOS, REGISTROS, VIGILÂNCIA, TOMBAMENTO E DESAPROPRIAÇÃO. ART. 216, § 1º, DA CONSTITUIÇÃO DA REPÚBLICA. TOMBAMENTO NÃO HOMOLOGADO PELO PREFEITO MUNICIPAL. DISCRICIONARIEDADE. RESPONSABILIDADE DO CHEFE DO PODER EXECUTIVO. NÃO CONFIGURAÇÃO. DESCARACTERIZAÇÃO DO BEM APÓS O INVENTÁRIO. NOTIFICAÇÃO DO PROPRIETÁRIO. RESPONSABILIDADE. DANO MORAL COLETIVO EVIDENCIADO. QUANTUM INDENIZATÓRIO. SENTENÇA REFORMADA. RECURSO VOLUNTÁRIO PREJUDICADO. I. Por analogia ao artigo 19, caput, primeira parte, da Lei da Ação Popular, é de se proceder ao reexame necessário da sentença proferida na Ação Civil Pública que julgou improcedentes os pedidos formulados pelo Ministério Público Estadual; II. O tombamento é apenas um dos institutos que tem por fim a tutela do patrimônio histórico e artístico, mas não o único: III. A Constituição da República de 1988 alçou o inventário como instrumento jurídico de preservação do patrimônio cultural, ao lado do tombamento, da desapropriação, dos registros, da vigilância e de outras formas de acautelamento e

Por sua vez, o **Registro** revela-se no ato ou efeito de "registrar, inscrever em determinado rol, lançar em um livro especial, com a finalidade de tê-lo em memória".[95] Exemplos práticos em termos materiais e imateriais, respectivamente, verificamos na Lei nº 3.924/1961, ao prever o cadastro de monumentos

---

preservação (art. 216, § 1º, CR/88); IV. O bem de valor cultural inventariado merece a proteção do Estado, de tal sorte que o seu proprietário tem o dever de protegê-lo, pois este instituto de proteção, ao lado dos demais, constitui importante cadastro de bens sociais de inegável valor sociocultural, razão porque não pode o Poder Judiciário ignorá-lo, sob pena de esvaziar a memória de um povo; V. A notificação do proprietário deflagra o tombamento provisório, devendo proprietário se abster de realizar qualquer intervenção no bem, sob pena de fazê-lo com vontade livre e consciente no sentido de causar ofensa ao sentimento coletivo, ou de valores compartilhados pela coletividade; VI. As diversas atividades de dilapidação do antigo Relicário, intensificadas após o inventário e a notificação do tombamento provisório, evidenciam a responsabilidade do proprietário pelos danos causados à coletividade; VII. Afasta-se a responsabilidade do Prefeito Municipal pela não homologação do tombamento, visto que aludido ato administrativo reveste-se de natureza discricionária e, no caso, o alcaide quedou-se à constatação de que o bem, há tempos, vinha sendo paulatinamente dissipado e arruinado pelo segundo réu; VIII. O dano moral coletivo constitui a agressão a bens e valores jurídicos comuns a toda a coletividade ou parte dela. Cediço que um imóvel histórico representa um determinado ponto da história e do desenvolvimento de uma comunidade. Ao se contemplar um espaço de relevância histórica, esse espaço evoca lembranças de um passado que, mesmo remoto, é capaz de produzir a sensação de reviver momentos e fatos ali vividos. Cada edificação, portanto, carrega em si não apenas o material de que é composto, mas toda uma gama de significados e vivências ali experimentados. Não é possível preservar a memória de um povo sem, ao mesmo tempo, preservar os espaços por ele utilizados e as manifestações quotidianas de seu viver, daí porque associa-se a destruição do imóvel da Avenida Tiradentes, 294 a um atentado aos valores e à memória da sociedade de Araguari. IX. Basta a lesão injusta e intolerável a qualquer dos interesses ou direitos titularizados pela coletividade, independentemente do número de pessoas atingidas e da configuração da culpa, para se impor ao infrator o dever de indenizar; X. A reparação pelo dano moral coletivo tem caráter punitivo- pedagógico e opera-se por meio de imposição judicial ao ofensor de uma parcela pecuniária. XI. O valor da condenação a ser arbitrado sob o norte da equidade e da razoabilidade deverá ser capaz de representar sanção eficaz para o agente causador do dano e, por outro lado, suficiente para dissuadir outras condutas danosas semelhantes. Os Embargos de Declaração opostos foram rejeitados (fl. 698, e-STJ). O agravante, nas razões do Recurso Especial, sustenta que ocorreu violação dos arts. 535 do CPC; 2º, V, 3º, II, 26 e 28 da Lei nº 9.784/1999; 1º, § 1º, do Decreto-Lei nº 25/1937. Alega, em suma, a invalidade do ato jurídico da "limitação administrativa imposta sobre o imóvel, sob o título de 'inventário', em 1998, sem a devida notificação" (fl. 747, e-STJ). Aduz que somente se constitui patrimônio histórico aquele bem devidamente tombado. Contraminuta às fls. 807-825, e-STJ. O Ministério Público Federal, em parecer às fls. 836-840 (e-STJ), opinou pelo desprovimento do recurso. É o relatório. Decido. Para melhor exame da matéria dou provimento ao Agravo e determino sua conversão em Recurso Especial. Publique-se. Intimem-se. (STJ – AREsp: 403796 MG 2013/0332847-8, Relator: Ministro HERMAN BENJAMIN, Data de Publicação: DJ 11/06/2015).

95 FERREIRA, Aurélio Buarque de Holanda. *Novo Dicionário Aurélio de Língua Portuguesa*, 1986; e RICHTER, Rui Arno. *Omissão do Poder Público na Gestão do Patrimônio Cultural.* Goiânia: Anais do 1º Encontro Nacional do Ministério Público da Defesa do Patrimônio Cultural, Goiânia, 2003, p. 74-5.

arqueológicos, com o registro de todas as jazidas;[96] bem como na Lei Estadual do RS nº 11.929/2003, que institui o churrasco como "prato típico" e o chimarrão como "bebida símbolo" estadual.

Conforme o Decreto nº 3.551/2000, que institui o "Registro de Bens Culturais de Natureza Imaterial", ele figura como um instrumento de "preservação, reconhecimento e valorização do patrimônio cultural imaterial brasileiro", integrado pelos bens que contribuíram para formar a nossa sociedade e que são consagrados por ela.

Com efeito, o registro tem sido considerado o instrumento ideal para listar e salvaguardar bens que possuam um caráter especial e dinâmico, notadamente do patrimônio imaterial. O objetivo é produzir e armazenar o conhecimento sobre tais bens, os quais recebem o título de Patrimônio Cultural do Brasil e são inscritos num dos Livros de Registro: Celebrações, Lugares, Saberes e Formas de Expressão.[97]

Diante do que, apesar de menos usual e merecedor de uma maior atenção, é inegável a sua valia como instrumento de tutela do patrimônio cultural, seja material ou imaterial, já que o objetivo da lei é que se promova e proteja tal categoria de bens, os quais foram contemplados por expresso no art. 216, § 1º, da CF.

2.2.4 Estatuto da Cidade, Zoneamento e Outros Instrumentos

Conforme o próprio art. 216, § 1º, da Constituição Federal previu expressamente, é possível a utilização de outros meios para promover e preservar os bens culturais. Entre estes, podemos citar a série de instrumentos alavancados pela Lei nº 10.257 de 2001, como o planejamento, o zoneamento, a preempção, o estudo de impacto ambiental, o de vizinhança e também o próprio Plano Diretor.[98]

Na espécie, tais mecanismos decorrem do Estatuto da Cidade,[99] o qual "estabelece normas de ordem pública e interesse social que regulam o uso da propriedade

---

96 Lei nº 3.924: "Art. 27. A Diretoria do Patrimônio Histórico e Artístico Nacional manterá um Cadastro dos monumentos arqueológicos do Brasil, no qual serão registradas todas as jazidas manifestadas, de acordo com o disposto nesta lei, bem como das que se tornarem conhecidas por qualquer via."

97 Ver <*www.iphan.org.br*>, no qual consta rol de Bens Tombados, Inventariados e Registrados.

98 BENJAMIN, Antônio Hermann (Os Princípios do Estudo do Impacto Ambiental como Limites da Discricionariedade Administrativa, *Revista do Ministério Público RS*, Porto Alegre, nº 27, p. 61, 1992) lista como meios (preventivos) o planejamento, o zoneamento e o estudo de impacto ambiental.

99 HARADA, Kiyoshi. *Direito Urbanístico. Estatuto da Cidade. Plano Diretor Estratégico.* São Paulo: Nova Dimensão Jurídica, 2005, p. 85-93; MUKAI, Toshio. *Direito Urbano-Ambiental Brasileiro.* São Paulo: Dialética, 2002, p. 245-84; RODRIGUES, Ruben Tedeschi. *Comentários ao Estatuto da Cidade.* Campinas: Millenium, 2002, p. 201-22; DALLARI, Adilson Abreu;

urbana em prol do bem coletivo, da segurança e do bem-estar dos cidadãos, bem como do equilíbrio ambiental" (art. 1º), aqui incluído os bens culturais.

Para tanto, possui entre suas diretrizes a "proteção, preservação e recuperação do meio ambiente natural e construído, do patrimônio cultural, histórico, artístico, paisagístico e arqueológico" (art. 2º, XII), além de ordenar e controlar o uso do solo.

Igualmente, relaciona como métodos da política urbana o planejamento municipal, em especial: o plano diretor; o parcelamento, o uso e a ocupação do solo; o zoneamento ambiental; além de planos, programas e projetos setoriais (art. 4º, III).[100] Também, entre os seus instrumentos jurídicos e políticos, lista a

---

FERRAZ, Sérgio (Coord.). *Estatuto da Cidade. Comentários à Lei Federal 10.257/2001.* 3. ed. São Paulo: Malheiros, 2010.

[100] DEMOLIÇÃO DE IMÓVEL DE VALOR HISTÓRICO E CULTURAL. BEM LOCALIZADO EM ÁREA DE ESPECIAL INTERESSE CULTURAL DEFINIDA NO PLANO DIRETOR DO MUNICÍPO. ADMINISTRAÇÃO PÚBLICA QUE JÁ HAVIA INICIADO O PROCEDIMENTO ADMINISTRATIVO PARA O TOMBAMENTO DO IMÓVEL QUANDO DA DEMOLIÇÃO. DANO MORAL COLETIVO. OCORRÊNCIA. 1. Trata-se de ação civil pública em que o Ministério Público pretende a reconstrução de imóvel demolido de valor histórico e cultural objeto de proteção no plano diretor do município de Campos dos Goytacazes, porque situado em Área de Especial Interesse Cultural - AEIC, bem como indenização por dano moral coletivo, além de impor a ré que se abstenha de obter qualquer proveito econômico sobre o imóvel. 2. Ré que sustenta que o fato de o imóvel estar situado em Área de Especial Interesse Cultural não é suficiente para impor restrição à propriedade, sendo imprescindível a realização de prévio procedimento administrativo, inexistente quando da aquisição do bem. 3. O conjunto probatório demonstra que os proprietários anteriores possuíam inequívoca ciência do valor histórico e cultural do imóvel, bem como da impossibilidade de sua demolição, uma vez que realizaram pedido administrativo para efetuar a demolição, o que foi indeferido pela municipalidade. 4. Além disso, o Município já havia notificado os ex-proprietários, noticiando que o imóvel seria tombado em razão de seu valor arquitetônico, histórico e cultural, possibilitando, com isso, o exercício do contraditório e da ampla defesa. 5. Parte ré que adquiriu o imóvel no curso do procedimento de tombamento e o demoliu. 6. A ausência de restrição anotada no registro geral do imóvel não limita o alcance da legislação municipal protetiva do patrimônio urbanístico do Município, especialmente por ter a Administração municipal formalmente exteriorizado a vontade de tombar o bem. 7. Atos do procedimento de tombamento, inclusive a notificação, devidamente publicados no diário oficial do município, com ampla publicidade. 8. Adquirente do imóvel que não adotou as diligências de praxe antes de efetivar a demolição, destruindo o bem sem autorização da prefeitura. 9. Além disto, a terceirização do ato de demolição não exclui ou minimiza a responsabilidade do réu pela ilicitude de sua conduta, sendo que qualquer eventual medida de regresso deve observar a via autônoma própria, o mesmo valendo em relação ao alegado silêncio doloso dos proprietários anteriores. 10. A destruição voluntária e indevida do patrimônio arquitetônico histórico, de reconhecido valor cultural, justifica a imposição de dano moral coletivo, além da obrigação de reconstruir, com as características originais, o bem demolido. 11. Não obstante a ilicitude da conduta da parte ré não é possível impedir que, cumprida a obrigação imposta no julgado, obtenha proveito econômico com o bem, observada as restrições legais, pois em caso contrário se estaria impondo pena de confisco não prevista em

desapropriação; as limitações administrativas; o tombamento de imóveis e mobiliário; a instituição de unidades de conservação, além das zonas especiais de interesse social (art. 4º, V).[101]

No caso, o zoneamento cultural é o instrumento pelo qual se reconhece o valor dos bens culturais ambientais, delimitando-se zonas de interesse histórico, arquitetônico, artístico e paisagístico. Trata-se aqui, de espécie inserida dentro do gênero zoneamento ambiental, que se constitui como uma forma de limitação administrativa e de planejamento contida nos instrumentos do plano diretor, bem como do parcelamento, uso e ocupação do solo.[102]

Assim, o órgão administrativo municipal estaria autorizado a reconhecer e criar "Áreas de Proteção Cultural" - APAC, nas quais são planejadas zonas especiais, onde se excetua a aplicação dos dispositivos ordinários de uso e ocupação do solo, substituindo-se por regras próprias que visam à proteção da área indicada.

Com efeito, o zoneamento cultural nasce por um projeto, numa das formas de exercício de ato administrativo, só que para a efetiva tutela - aqui incluída a criminal - dos bens arrolados neste perímetro de proteção, ele deverá transformar-se numa "lei urbanística municipal primária".[103]

Assim, por via da lei de zoneamento, certas regiões da cidade serão caracterizadas como de baixo potencial construtivo, para desestimular a especulação imobiliária e incentivar a manutenção das importantes construções de época, de modo a criar, na prática, autênticas "zonas de preservação cultural".[104]

---

lei. 12. Recurso parcialmente provido. (Tribunal de Justiça/RJ, APL 0006453-13.2013.8.19.0014 RJ, 17ª Câmara Cível, Rel. Des. Elton Martinez Carvalho Leme, j. 10/12/2014).

101 Sobre o tema *vide* MARCHESAN, Ana Maria Moreira. O Entorno dos Bens Tombados na Legislação Brasileira, *Revista Magister de Direito Ambiental e Urbanístico.* Porto Alegre, v. 6, nº 35, p. 73-98, abr./maio 2011; MARCHESAN, Ana M. M. O Estatuto da Cidade (Lei 10.257/2001) e a Proteção do Patrimônio Cultural Urbano, *Revista de Direito Ambiental.* São Paulo, v. 12, nº 48, p. 46-65, out. 2007; e CARVALHO, Ana Luisa Soares de; PRESTES, Vanêsca Buzelato. Plano Diretor e Proteção do Patrimônio Cultural. *In:* BENJAMIN, Antônio Herman (Org.). *9º Congresso Internacional de Direito Ambiental.* São Paulo: Instituto O Direito por um Planeta Verde, 2005, v. 1, p. 443-57.

102 SILVA, José Afonso da. *O Direito Urbanístico Brasileiro*, 1981, p. 496; PIRES, op. cit., p. 268-9; e RABELLO, Sônia. Estatuto da Cidade e a Preservação do Patrimônio Cultural Federal: Compatibilizando a Gestão. *Temas de Direito Urbanístico.* São Paulo: Imprensa Oficial, 2005, p. 45-50.

103 SILVA, José Afonso da. *Ordenação Constitucional da Cultura.* São Paulo: Malheiros, 2001, p. 157.

104 SOUZA FILHO, op. cit., p. 100, cita o caso do centro histórico de Curitiba que, preservado por lei de zoneamento, teve alguns imóveis desapropriados para lhes dar destino cultural, revitalizando tal região.

Ainda, é instituído o direito de preempção, o qual "confere ao Poder Público municipal preferência para aquisição de imóvel urbano objeto de alienação onerosa entre particulares". E que será exercido em caso de necessidade de áreas para a "implantação de equipamentos urbanos e comunitários" (como museus), a "criação de unidades de conservação ou proteção de outras áreas de interesse ambiental", além da "proteção de áreas de interesse histórico, cultural e paisagístico" (artigos 25 e 26). Também está prevista a "transferência do direito de construir", com a finalidade de preservação, "quando o imóvel for considerado de interesse histórico, ambiental, paisagístico, social ou cultural" (art. 35, *caput* e inciso III).

Na mesma linha, é possível a utilização do estudo prévio de impacto ambiental e o estudo de impacto de vizinhança, sendo que este deve contemplar os efeitos positivos e negativos do empreendimento ou atividade quanto à qualidade de vida da população residente na área e nas proximidades, bem como em relação à paisagem urbana, o patrimônio natural e o cultural (artigos 36 a 38), entre outros fatores.

Já o estudo de impacto ambiental constitui-se no "conjunto e consequências da criação ou presença de um empreendimento sobre o ambiente", o qual passa a requer a realização do respectivo estudo, nos termos normativos.[105] Assim, irá intervir diretamente na possibilidade de concessão ou de negativa de licenças, de modo a representar uma forma (ainda que indireta) de garantir a não degradação do meio ambiente cultural, vindo a individualizá-lo claramente e, então, protegê-lo.[106]

Temos ainda o Plano Diretor, que nos termos do art. 40 do Estatuto da Cidade "é o instrumento básico da política de desenvolvimento e expansão urbana", o qual é obrigatório, por exemplo, para cidades "integrantes de áreas de especial interesse turístico" e inseridas em área de "significativo impacto ambiental".[107]

---

[105] FRIDEL, Henri, *apud* CAPPELLI, Sílvia. Estudo do Impacto Ambiental na Realidade Brasileira, *Revista do Ministério Público do RS*, Porto Alegre, nº 27, p. 51-2, 1992. Ver ainda ROCHA, João C. de Carvalho. Estudo Prévio de Impacto Ambiental, *Revista do Ministério Público do RS*, nº 27, p. 139, e ÁVILA, Elna Leite; ALMEIDA, Ione Monteiro. O Estudo do Impacto Ambiental. Licenciamento. Responsabilidade Criminal, *Revista do Ministério Público do RS*, nº 27, p. 179.

[106] REISEWITZ, Lúcia. *Direito Ambiental e Patrimônio Cultural*. São Paulo: J. Oliveira, 2004, p. 114.

[107] Para VILLAÇA, Flávio. *Dilemas do Plano Diretor. In*: *CEPAM*. O Município no Século XXI: Cenários e Perspectivas. São Paulo: Fundação Pref. Faria Lima - Cepam, 1999, p. 237-247, o plano seria um "conjunto de propostas para o futuro desenvolvimento" e "organização espacial dos usos do solo urbano, das redes de infraestrutura e de elementos fundamentais da estrutura" da cidade, definido em lei.

Também, cita-se o Zoneamento Ecológico-Econômico - ZEE, instituído pelo Decreto nº 4.297/2002 (ver Lei nº 6.938/81), o qual é obrigatório para a implantação de planos, obras e atividades públicas e privadas, estabelecendo medidas e padrões de proteção ambiental para a preservação do meio, dos recursos hídricos, do solo e da biodiversidade, dentro da organização do território e o desenvolvimento sustentável.[108]

Ainda, cumpre anotar o advento de outras normas posteriores, como a Lei nº 11.578/2007 e seus Decretos dispondo sobre o chamado "PAC das Cidades Históricas", e a Lei nº 13.116/2015, que ao tratar da implantação de infraestrutura de telecomunicações, determina como diretriz no seu art. 2º, II, "à minimização dos impactos urbanísticos, paisagísticos e ambientais".

Por fim, relevante salientar que o *Código Florestal* (Lei nº 12.651/2012), no seu art. 6º, V, considera como de preservação permanente as áreas destinadas a "proteger sítios de excepcional beleza ou de valor científico, cultural ou histórico". E que o *Estatuto da Metrópole* (Lei nº 13.089/2015) demarca normas e diretrizes gerais para o planejamento, a gestão, a execução e o desenvolvimento integrado das funções públicas de interesse comum em regiões metropolitanas e em aglomerações urbanas.[109]

---

[108] AÇÃO CIVIL PÚBLICA - IMPROBIDADE ADMINISTRATIVA - MUNICÍPIO DE PERUÍBE/SP - INSTALAÇÃO DE PORTO COMERCIAL E COMPLEXO INDUSTRIAL EM ZONA ESPECIAL DE RESERVA FLORESTAL BIOLÓGICA, ESPAÇO TERRITORIAL ESPECIALMENTE PROTEGIDO PELOS ARTIGOS 115 E 116 DA LEI COMPLEMENTAR MUNICIPAL Nº 100/2007 (PLANO DIRETOR LOCAL) - INTERVENÇÃO QUE DEPENDE DA ALTERAÇÃO DO PLANO DIRETOR, SENDO IMPRESCINDÍVEIS A ELABORAÇÃO DE PRÉVIOS ESTUDOS A DEMONSTRAR QUE A ATIVIDADE PROPOSTA NÃO COMPROMETE A INTEGRIDADE DOS ATRIBUTOS QUE JUSTIFICAM A PRESERVAÇÃO DA ÁREA, PARECER DO CONSELHO DA CIDADE, E CONVOCAÇÃO DE ASSEMBLEIAS E AUDIÊNCIA PÚBLICAS. Manobras políticas da ex-prefeita para, ao arrepio da lei e de qualquer postulado ético, alterar as diretrizes do macrozoneamento da área e instituir um plano de urbanização para o local, sem observância do procedimento previsto no plano diretor, da legislação ambiental e dos princípios da administração pública previstos no artigo 37, caput, da Constituição Federal. Ilegalidade e desvio de poder das ações e omissões perpetradas pela municipalidade, na figura de sua ex-prefeita, caracterizando a prática de ato visando fim proibido em lei ou diverso daquele previsto na regra de competência. Recursos providos, para condenar a ex-prefeita às penas da Lei nº 8.429/92 e declarar a nulidade de decretos municipais que instrumentalizaram os atos de improbidade. (Tribunal de Justiça/SP. AP. 0004508-49.2008.8.26.0441, Câmara Reservada Meio Ambiente, Relator: Renato Nalini, j. 3/3/2011).

[109] Também, a Lei nº 13.146/2015 (Estatuto da Pessoa com Deficiência), prevê no seu art. 42, § 2º, que o "poder público deve adotar soluções destinadas à eliminação, à redução ou à superação de barreiras para a promoção do acesso a todo patrimônio cultural, observadas as normas de acessibilidade, ambientais e de proteção do patrimônio histórico e artístico nacional".

Destarte, o mais relevante para fins penais, é que ao utilizar-se dos vários instrumentos de tutela analisados - seja por ato administrativo, lei ou decisão judicial - o bem reste individualizado, a sua proteção esteja expressa e ocorra a publicidade. De modo que o objeto, que até então gozava de posição ordinária, passe a oficialmente figurar na categoria de "bem especialmente protegido", diferenciando-o dos demais.

Dessa forma, dar-se-á sentido ao comando constitucional quando prevê "outras formas de acautelamento e preservação" do patrimônio cultural. O que, no caso, revela-se a partir de institutos de direito urbanístico e ambiental, os quais, ao reconhecerem a importância de determinado objeto como bem cultural, adicionam ao seu manto de tutela a mais aguda forma de proteção que é justamente a da norma criminal.

Inclusive, a posição em pauta se coaduna com o *princípio pro monumento* e com os vetores expressos na Convenção da Unesco de Paris em 1972,[110] incorporada ao nosso sistema pelo Decreto nº 80.978/1977, no sentido de que o fato de um bem do patrimônio cultural ou natural não ter sido incluído em alguma lista - ou seja, não ter sido tombado, inventariado ou arrolado -, não significa que ele não tenha o seu valor.

Desde que, é claro, a sua importância tenha sido reconhecida e formalizada por algum dos outros meios legais de tutela cultural, que distingam a sua valia e o elevem a categoria singular e invulgar de "bem especialmente protegido". Entretanto, caso cessar esta condição que lhe confere uma nota de especialidade, restam eliminados os efeitos de caráter penal, os quais sempre retroagem em benefício do agente, ainda que permaneçam outras implicações de ordem civil e administrativa.

2.3 Da Decisão Judicial

O reconhecimento da importância da preservação do patrimônio cultural é tão relevante em nosso sistema, que se constitui em ponto pacificado o entendimento de que a "responsabilidade civil por danos ao patrimônio cultural pauta-se pela teoria da responsabilidade objetiva", na qual bastaria a lesão "para provocar a

---

[110] Prevê o seu o art. 12: "O fato de que um bem do patrimônio cultural ou natural não haja sido incluído numa ou outra das duas listas mencionadas [...] não significará, em absoluto, que ele não tenha valor universal excepcional para fins distintos dos que resultam da inclusão nessas listas."

tutela judicial".[111] De onde, entendemos que a responsabilidade civil por dano ao ambiente e ao meio cultural independente tanto de dolo, como de culpa.

Igualmente, considerando-se que tal categoria de bens atende à definição e aos propósitos de interesses difusos e coletivos, tem-se que o dever estatal de proteção é tamanho, que a omissão dos agentes públicos na sua defesa e conservação possui o condão de configurar até ato de improbidade administrativa (Lei nº 8.429/92).[112]

Na espécie, caso não haja o reconhecimento oficial de determinado bem cultural, seja por ato administrativo ou legislativo, cabe invocar-se a tutela judicial para a sua preservação. Ocorre que, ao incumbir o Poder Público de promover o proteger o Patrimônio Cultural do país, o comando do art. 216 da Carta Magna não se restringiu apenas ao órgão executivo, mas envolveu os entes federados e os Poderes do Estado.

Assim, desenvolveu mecanismos pelos quais também caberá ao Judiciário - com a intervenção do Ministério Público e a participação da sociedade -, o reconhecimento e a tutela do nosso patrimônio cultural. De onde, caso verificada a omissão nos deveres para com esta categoria de bens culturais, torna-se necessária a invocação da tutela judicial, para que o Poder Judiciário declare que determinado objeto é, sim, digno e merecedor de ser especialmente protegido.[113]

---

[111] MILARÉ, Édis, op. cit., p. 416. Com efeito, BENJAMIN, Antônio Hermann. Responsabilidade Civil pelo Dano Ambiental, *Revista de Direito Ambiental*. São Paulo: Revista dos Tribunais, v. 3, nº 9, p. 24-5, jan./mar. 1998; e FINK, Roberto Daniel. *Meio Ambiente Cultural*: Regime Jurídico da Responsabilidade Civil. Rio de Janeiro: Forense, 2003, p. 51, anotam que tal responsabilidade independe de culpa. Ver ainda MARCHESAN, Ana Maria Moreira. Responsabilidade Civil pelos Danos ao Meio Ambiente Cultural no Direito Brasileiro. *In:* FERREIRA, Heline Sivini; FERREIRA, Maria Leonor Paes Cavalcanti (Org.). *Dano Ambiental na Sociedade de Risco*. São Paulo: Saraiva, 2012, p. 315-386.

[112] RICHTER, op. cit., p. 79-80. Ver também CASTRO, Sônia Rabello de. O Estado na Preservação dos Bens Culturais. Rio de Janeiro: Renovar, 1991, 35-40; e MIRRA, Álvaro Luiz Valery. *Ação Civil Pública e a Reparação do Dano Ambiental*. São Paulo: Juarez de Oliveira, 2004.

[113] AÇÃO CIVIL PÚBLICA. PROTEÇÃO DE PATRIMÔNIO HISTÓRICO MUNICIPAL. OMISSÃO DO MUNICÍPIO NO DEVER DE PROTEÇÃO. OBRIGAÇÕES IMPOSTAS AO MUNICÍPIO EM SENTENÇA. SENTENÇA DE PROCEDÊNCIA MANTIDA. 1. Não há falar em ilegitimidade do Ministério Público para atuar na proteção dos interesses relativos ao patrimônio artístico e histórico, tampouco em impossibilidade de o Judiciário apreciar ações como a presente, sobretudo porque o controle judicial dos atos administrativos é um controle finalístico, que não caracteriza interferência na discricionariedade administrativa. Preliminar de carência de ação rejeitada. 2. A alegação de inconstitucionalidade ventilada pelo município apelante e reconhecida em sentença, não caracteriza questão prejudicial no caso em tela, tendo em conta o valor histórico do imóvel objeto da lide, bem como os dispositivos constitucionais que exigem do Estado deveres de proteção para com o patrimônio histórico, notadamente os artigos 215, 216, *caput*, inciso IV e § 1º, da Constituição Federal; e os artigos 196, 220, 221 e 222 da Constituição do Estado. 3. Em situações tais, quando maculado o núcleo duro de um

O primeiro instrumento para se atingir tal fim foi a Ação Popular. Disciplinada na Lei nº 4.717/65 ela outorga a qualquer cidadão pleitear providências judiciais referentes a atos lesivos ao patrimônio público, aí considerados os bens e direitos de valor econômico, artístico, histórico ou turístico, conforme o art. 1º, § 1º, e demais cânones.

No caso, a sua finalidade como fonte de proteção ao nosso patrimônio cultural (como parte integrante do ambiental) restou contemplada no art. 5º, LXXXIII, da CF de 1988, ao dispor que: "qualquer cidadão é parte legítima para propor ação popular que vise anular lesivo ao patrimônio público ou de entidade de que o Estado participe, à moralidade administrativa, ao meio ambiente e ao patrimônio histórico e cultural."

O segundo mecanismo é o da Ação Civil Pública, instituída pela Lei nº 7.347/85. Trata-se este de um remédio inovador que permitiu a participação da sociedade civil na tutela de situações que versam sobre interesses não individualizados, mas impessoais ou difusos. Por meio dele busca-se a responsabilidade, a reparação e a proteção (inclusive em sede cautelar) para os danos causados ao meio ambiente, a bens e direitos de valor cultural, artístico, estético, histórico, turístico e paisagístico, bem como a qualquer outro interesse difuso ou coletivo, conforme reiteradas decisões.

Nesta linha, são operados os vários princípios incidentes sobre o Patrimônio Cultural,[114] buscando por via judicial viabilizar mecanismos efetivos que venham

---

dever de proteção, em decorrência da omissão flagrante do ente público em salvaguardar o bem histórico tutelado, abre-se a possibilidade de o Poder Judiciário determinar medidas para a conservação do bem. Nisso não há qualquer ofensa ao princípio da separação de poderes, ou mesmo adoção pelo Judiciário de uma política-pública de preservação histórico-cultural para o bem municipal tutelado na presente ação. 4. A alegação de ausência de previsão orçamentária para a adequada manutenção do imóvel não exime o Município apelante do seu dever de proteção, que decorre, sobretudo, de fundamento constitucional. 5. Por fim, mesmo que a Municipalidade tenha demonstrado que adotou iniciativas para captação de recursos para a recuperação do imóvel, indicando a disposição política atual para cumprimento do dever de proteção que se impõe ao Município apelante – já que o imóvel de valor histórico objeto da lide lhe pertence – não há justificativa plausível para afastar as obrigações ou mesmo dilatar os prazos fixados em sentença, que se mostram plenamente factíveis. (Tribunal de Justiça do RS, Apelação Cível Nº 70058384413, 2ª Câmara Cível, Relator: Dra. Lúcia de Fátima Cerveira, j. 25/02/2015).

[114] Princípios: prevenção, precaução, uso compatível do bem, preservação no próprio sítio e proteção do entorno, pró-monumento, equilíbrio, valorização sustentável, responsabilização, vinculação dos bens culturais, função social e sociocultural da propriedade, fruição coletiva, solidariedade intergeracional, participação popular, cooperação internacional. Para aprofundar ver MARCHESAN, Ana Maria Moreira. *A Tutela do Patrimônio Cultural sob o Enfoque do Direito Ambiental*. Porto Alegre: Livraria do Advogado, 2007, p. 101-197, e MARCHESAN, Ana Maria. Os Princípios Específicos da Tutela do Meio Ambiente Cultural, *Revista do Ministério Público do RS*, Porto Alegre, nº 73, p. 97-123, jan./abr. 2013.

a evitar, mitigar e indenizar o dano, reparar ou reconstituir o objeto lesado, declarar a situação jurídica do bem, cumprir obrigações de fazer e/ou não fazer e compensações.

Na espécie a titularidade deste tipo de ação é exercida preponderantemente pelo Ministério Público, mas também por outros órgãos elencados nos artigos 1º e 5º. Salienta-se que o manuseio de tal remédio foi acolhido pela Constituição Federal, ao outorgar ao Ministério Público a atribuição de "promover o inquérito civil e a ação civil pública, para a proteção do patrimônio público e social, do meio ambiente e de outros interesses difusos e coletivos" (artigos 127, *caput*, e 129, III).

Igualmente, na lição de Richter, também é "possível a utilização do mandado de segurança coletivo para a invocação da tutela jurisdicional em defesa do Patrimônio Cultural". Desde que presentes os requisitos do ato de autoridade, ilegalidade ou abuso de poder, e lesão ou ameaça de lesão a direito e certo, que pode ser individual, coletivo ou difuso, nos termos do art. 5º, LXIX e LXX, da Constituição Federal.[115]

Por fim, invocando o disposto no art. 5º, LXXI, da Carta Magna, Reisewitz argumenta que sempre que um direito fundamental, "como a preservação do patrimônio cultural, não pode ser exercido por falta de regulamentação, torna-se legítima a concessão do Mandado de Injunção que viabilize, no caso concreto, o seu exercício". O que pode ser aplicado aqui para institutos ainda não regulamentados, como é o caso do inventário, apesar da sua previsão no art. 216 da CF.[116]

Dessa forma, o objetivo do manuseio de tais atos processuais é a decisão judicial (por meio do pronunciamento do Juiz singular ou Tribunal), seja de caráter interlocutório ou definitivo, e que venha a conferir uma tutela apropriada e eficiente ao patrimônio cultural, inclusive para fins de configuração do delito.

Neste lastro, conforme Constantino, trata-se aqui de "um simples princípio de Direito: onde a lei não distingue, nem nós (os aplicadores) podemos distinguir – o Legislador disse apenas *decisão judicial* e **não** decisão judicial *transitada em julgado*"[117], o que se verifica da mera leitura do art. 62, I, da Lei dos Crimes Ambientais.

---

[115] RICHTER, op. cit., p. 83-5. Ver STJ, RESP 586307, MT, 1ª Turma, Rel. Min, Luiz Fux, j. 14/9/2004.

[116] REISEWITZ, Lúcia, op. cit., p. 113. Conferir, BARRETO JÚNIOR, Luiz Fernando Cabral. O Controle Judicial das Omissões do Poder Público no Dever de Proteção ao Patrimônio Cultural, *Instituto Centro-Brasileiro de Cultura*. O Ministério Público e a Proteção do Patrimônio Cultural, 2004, p. 147-63.

[117] CONSTANTINO, op. cit., p. 206.

Assim, não se exige que a proteção judicial resulte de decisão transitada, já que medidas cautelares, liminares e antecipatórias são suficientes, pois estão justificadas na necessidade de preservar o bem cultural, evitando que se burle a finalidade do ato pelo perecimento do objeto no curso do processo. De onde, os instrumentos da chamada Tutela Provisória do novo CPC e a mera sentença já são suficientes para completar o ciclo do tipo penal, ainda que não posta coisa julgada.[118]

Com efeito, dita decisão judicial deve ser interpretada como alcançando não apenas a sentença definitiva, mas as demais modalidades decisórias previstas em lei (artigos 294 a 311 e artigos 485 a 508 do CPC, e artigos 12 e 21 da Lei nº 7.347/85). Afinal, do contrário, o legislador teria previsto expressamente apenas a sentença, hipótese em que se daria a oportunidade, "mesmo na vigência de decisão interlocutória, a quem se opusesse à proteção cultural pretendida, de destruir, inutilizar ou deteriorar o bem cultural" antes do trânsito em julgado definitivo, minando o objetivo de proteção.[119]

Na verdade, tal posição que confere tutela ao bem a partir da decisão judicial é a que mais atende ao espírito do legislador, no fito de promover e preservar o patrimônio cultural - de acordo com a lei maior e em consonância com o art. 10 do DL nº 25/37, o qual confere ao tombamento provisório os efeitos de definitivo. Já que, do contrário, dar-se-ia azo "a quem se opusesse à proteção cultural pretendida de tornar fato consumado a destruição, a inutilização ou a deterioração" do objeto.[120]

---

118 LECEY, Eládio (*Crimes Contra o Patrimônio Cultural e o Ordenamento Territorial e Urbano na Lei nº 9.605/98*. São Paulo: Revista de Direito Ambiental, v. 47, 2007, p. 42-57) aduz que como "a norma penal não restringe, a declaração pode decorrer de qualquer decisão judicial, sentença, liminar, ou antecipatória." Idem COSTA NETO, Nicolao Dino de Castro e. Crimes Contra o Ordenamento Urbano e o Patrimônio Cultural - Alguns Aspectos, *Boletim Científico da Escola Superior do Ministério Público da União, Brasília*, ano II, n. 9, p. 161-84, out./dez. 2003, ao não se exigir que a tutela resulte de decisão final.

119 RICHTER, Rui Arno. *Meio Ambiente Cultural*. Curitiba: Juruá, 2003, p. 83-4; para quem "cresce a relevância da questão terminológica, neste passo, na medida em que a invocação da tutela jurisdicional civil em defesa de bem de valor cultural não tombado ocorre, no mais das vezes, quando tal bem se encontra sob o risco iminente de destruição ou descaracterização, por ato ou omissão do próprio Poder Público ou de particular. Assim, nestas hipóteses, somente se apresenta de forma eficiente a atuação judiciária se concedida alguma das modalidades de tutela de urgência (liminar em ação civil pública, medida cautelar, antecipação de tutela) antes da destruição ou descaracterização do bem em foco, o que pressupõe não se pode aguardar o termo final do processo e a prolação da sentença para só então exigir dos demandados a abstenção de alterar, destruir ou deteriorar o bem cultural em situação de risco".

120 MACHADO, 1999, op. cit., p. 770. *Vide* ainda, MACHADO, Paulo Affonso Leme. *Ação Civil Pública e Tombamento*. São Paulo: Revista dos Tribunais, 1987, p. 75; e SANTOS, Jorge Luiz Oliveira dos; TEIXEIRA, Regina Alves. Danos Contra o Patrimônio Histórico e Cultural e

Portanto, se diferente fosse, tão logo lançada a primeira decisão protetiva nos autos, a parte adversa, sentido o risco de a sua pretensão ser ao final denegada, poderia desde já praticar atos atentatórios contra o bem, segura que não seria responsabilizada administra, cível, ou criminalmente enquanto não houvesse transitado em julgada. Decisão que, infelizmente, poderia advir tarde demais, quando o bem já estivesse deteriorado, ou, pior, quando não mais existisse objeto para conservar. Soma-se a isto, ainda, o fato de que autor do dano restaria isento dessa infração.

Igualmente, tal forma antecipatória supre também a omissão do Poder Público, inclusive evitando que algum administrador deixe de tombar ou de inventariar algum bem, seja por negligência, por ambicionar o seu perecimento, ou mesmo por pretender a sua futura alteração ou destruição. Situações estas de todo reprováveis e que não se coadunam com o interesse coletivo de proteção de tais objetos.

Ainda assim, a "reforma da decisão judicial ou a anulação do ato administrativo que estipulou o regime de proteção especial implica a destipificação da conduta, operando efeitos favoráveis ao agente, a qualquer tempo."[121] Nessa hipótese, sobrevindo decisão judicial que retire do objeto a qualidade de "bem especialmente protegido", estará desfeita a relação de tipicidade da conduta com a descrição do art. 62, I, da LCA, retroagindo tal circunstância para beneficiar o sujeito.

Com efeito, além dos casos em que a proteção judicial é formulada no interesse direto da sociedade, é possível ainda que o proprietário do bem a requeira, diante da inércia do Poder Público, que poderia tutelar o objeto com atos como o tombamento.

Por fim, o processo litigioso pode ainda ser utilizado pela parte que se sentir inconformada com o ato administrativo de proteção, vindo então a buscar o Poder Judiciário para desconstituir tal ato e dirimir o conflito.[122]

---

seus Instrumentos Normativos de Tutela: Estudo de Caso a Partir de uma Ação Civil Pública, *Revista de Estudos Empíricos em Direito*, vol. 3, n. 1, p. 144-59, 2016.

[121] COSTA NETO, *et. al.* Crimes e Infrações Administrativas e Ambientais. Comentários à Lei nº 9.605/98. 2. ed. Brasília: Jurídica, 2001, p. 355. E FREITAS, Vladimir Passos de; FREITAS, Gilberto Passos de. Reflexões Sobre a Proteção Penal do Patrimônio Histórico e Cultural Brasileiro, *Revista de Direito Econômico e Socioambiental*, Curitiba, v. 6, n. 1, p. 88-113, jan./jun. 2015, para quem deve ser reconhecida extinta a punibilidade, retroagindo tal como quando a lei não mais considera um fato ilícito.

[122] SOUZA FILHO, op. cit., p. 89, cita a decisão do STF em 17 de junho de 1942, na Apelação Civil 7.377. Idem, SANTOS, Saint-Clair Honorato. *Direito Ambiental*. Curitiba: Juruá 2005, p. 134, ao citar o caso do tombamento do prédio do "Arco do Teles", no qual a discussão sobre a legalidade de tal ato foi levada ao STF, vindo este a firmar que o Decreto-lei nº 25/37 não ofendia a Constituição, sendo possível tombar bens particulares compulsoriamente. Esta decisão tornou definitiva a tutela que já incidia sobre o imóvel. Ver ainda, MARCHESAN, Ana Maria

De qualquer modo, a utilização dos instrumentos judiciais constitui-se numa importante forma de preservação do patrimônio cultural, seja no sentido de determinar que o objeto receba nota específica de proteção ou para evitar que o bem já assinalado como relevante sofre ataques que o descaracterizem ou levem ao seu perecimento.[123]

Moreira, "Comentários ao Acórdão na Apelação nº 7.377 no Supremo Tribunal Federal: Data do Julgamento: 17.06.1942", *in:* FREITAS, Vladimir Passos de (coord.). *Julgamentos Históricos do Direito Ambiental*. Campinas: Millennium, 2010. p. 1-14.

123 Sobre o tema ver FLACH, Michael Schneider. A Intervenção Estatal no Direito de Propriedade, *Revista Juris Plenum Direito Administrativo*, Caxias do Sul, ano V, nº 18, jun. 2018.

III
TUTELA PENAL

A relevância da questão ambiental na ordem jurídica presente e a urgência de intensificar-se a conservação e a defesa do amplo patrimônio natural justificam a tutela penal dos bens culturais. Assim, mostrou-se de grande relevo a decisão do constituinte em contemplar a proteção ambiental de forma autônoma e direta, deixando este de ser um bem jurídico *per accidens*, para ser elevado à categoria de bem *per se*.[124]

A partir disso, o meio e o ambiente cultural foram reconhecidos como bens jurídicos de caráter supraindividual, difuso e adequados ao livre desenvolvimento do ser humano, visando à proteção e à melhora de sua qualidade de vida.[125] Tal circunstância veio a traduzir-se no direito à preservação dos recursos ambientais, sobre os quais recaem interesses que transcendem a esfera individual - já que a degradação atinge um incontável número de pessoas, e a preservação beneficia tantas outras.[126]

---

124 MILARÉ, op., cit., p. 180-6. MACHADO, Paulo Affonso Leme (Crimes Ambientais, *Revista do Ministério Público*, Porto Alegre, nº 23, p. 61, 1990) já dizia ser insuficiente a "punição civil e administrativa do dano ambiental". Ao mesmo tempo em que DELMAS-MARTY, Mireille (Os Grandes Sistemas de Política Criminal. Barueri: Manole, 2004, p. 4) observa que "Enquanto se tratar de direito penal, de fato, o campo está juridicamente delimitado: é 'penal' tudo o que o legislador qualifica como tal".

125 Conforme HASSEMER, Winfried. A Preservação do Ambiente pelo Direito Penal. Tradução Carlos Eduardo Vanconcelos, *Revista da Fundação Escola Superior do Ministério Público do Distrito Federal e Territórios*. Brasília, ano 6, nº 12, p. 213-28, 1998, "só devemos consentir que permaneçam com relevo penal aqueles fatos cuja ilicitude não dependa de configurações extrapenais, ademais variáveis. Assim sendo, é indiscutível que o direito penal deva continuar a garantir a tutela dos bens jurídicos clássicos, cuja integridade é também alvo de ameaça por força dos atentados contra o meio ambiente."

126 PRADO, Luiz Regis. Direito Penal do Ambiente. São Paulo: Revista dos Tribunais, 2005, p. 133; e PRADO, Luiz Regis *et al.* Crimes Contra o Patrimônio Cultural, *Revista dos Tribunais, Ciências Penais*. São Paulo, vol. 4, p. 165, jan. 2006. E REISEWITZ, op. cit., p. 48-55 e 59-64,

De onde, formou-se todo um aparato protetivo que alcança o patrimônio cultural, aqui inserido em decorrência dos seus valores ligados à memória, à identidade nacional, à soberania, à construção da cidadania ao futuro do homem, às formas de expressão deste e inclusive aos componentes estéticos.[127]

Em virtude disso, a importância das citadas categorias conduziu os bens culturais ao reconhecimento e previsão específica na Carta Magna. Vindo a outorgar-lhes formas mais amplas de reconhecimento e de tutela, indo muito além do tradicional tombamento. Como um dos principais efeitos das circunstâncias referidas, tem-se que agora os objetos culturais de caráter especial passam a gozar de uma proteção mais larga e especificada, de modo a contar com tipos penais próprios mais específicos, os quais superam as pretéritas e já defasadas figuras inscritas no Código Penal.[128]

Na espécie, a legitimação da tutela penal dos bens culturais não está dirigida para o enfoque da *propriedade* (individual), mas, sim, para a *função social* (coletivo) do objeto e a sua representatividade, a qual assume caráter imaterial e supra-patrimonial, versando sobre bens jurídicos de teor fundamental e que requerem tal intervenção.[129]

Portanto, não resta dúvida sobre a legitimidade e a exigência da proteção penal, de todo adequada, necessária e proporcional na forma com que está contemplada. E, tudo isso, para que haja uma tutela suficiente e eficiente de tais categorias, cujo largo valor e interesse absoluto não são apenas do tempo presente, mas vêm projetados por meio do passado e se irradiam para o futuro.

---

conceituando o direito ambiental como o "conjunto de normas jurídicas que regem a preservação, melhoria ou recuperação do ambiente", para "garantir a qualidade de vida humana e a manutenção da vida em todas as suas formas".

[127] FERREIRA, Ivete Senise. *Tutela Penal do Patrimônio Cultural.* São Paulo: Revista dos Tribunais, 1995, p. 62, 115-6. Para PIRES, op. cit., p. 279, "o patrimônio cultural brasileiro constitui-se das riquezas absorvidas pelo universo cultural, seja de forma material ou imaterial, seja de domínio público, privado ou eclesiástico, apresentando-se tanto individualmente como em conjunto, em virtude do seu valor histórico, artístico, paisagístico, arqueológico, etnográfico ou bibliográfico, com formas de proteção definida em lei."

[128] Sobre o nexo entre bens jurídico, direito penal e constituição, FLACH, Michael Schneider. A Estreita Vinculação entre Direito Penal e Constituição, *Revista Ibero-Americana de Ciências Penais*, Porto Alegre, ano 10, nº 18, p. 201-233, 2010; e FLACH, Michael Schneider. A Relação entre Bem Jurídico-Penal e Constituição, *Revista Sistema Penal e Violência*, Porto Alegre, v. 2, n. 1, p. 45-63, jan./jun. 2010.

[129] MIRANDA, Marcos Paulo de Souza. *Tutela do Patrimônio Cultural Brasileiro.* Belo Horizonte: Del Rey, 2006, p. 206.

3.1 Breves Considerações sobre o Bem Jurídico

Para melhor compreender o bem jurídico que a norma penal tutela, ao proteger o patrimônio cultural, cumpre trazer à colocação alguns conceitos e lições a respeito. Contudo, adverte-se que o rol doravante apresentado inscreve-se a titulo expositivo, sem a pretensão de esgotar a matéria, ou mesmo preterir - de forma direta e terminativa - algum conceito em relação a outro.[130]

De início, conforme registra Mir Puig, é com Birnbaum, em meados do século XIX, que o bem jurídico ingressa no conceito de direito penal. A partir deste marco tal instituto mereceu a apreciação de outros autores, tendo Binding delineado que o bem jurídico é criado pelo direito, o qual elege os objetos que, na opinião do legislador, merecem proteção; enquanto Von Lizt pronunciava que o bem jurídico é o interesse da vida que o direito não cria, mas que identifica e eleva a categoria jurídica.[131]

Com efeito, a conclusão de Mir Puig é que o bem jurídico será só aquilo que mereça ser protegido pela lei penal; que o seu conceito capaz de limitar o legislador não deve ser buscado na realidade naturalística, nem na valoração subjetivo-moral; mas no terreno do social, para o correto funcionamento dos sistemas sociais e as concretas possibilidades de participação dos indivíduos. E, por fim, que no fundamento funcional dos limites do *jus puniendi* está a defesa da sociedade, de modo que ele não pode ser exercido além do absolutamente necessário, dentro dos princípios da natureza subsidiária e fragmentária do direito penal, bem como que a proteção penal só pode estender-se a bens jurídicos.[132]

Já na definição de Zaffaroni e Pierangeli, o "bem jurídico penalmente tutelado é a relação de disponibilidade de um indivíduo com um objeto, protegida pelo Estado, que revela seu interesse mediante a tipificação penal de condutas que o afetam".[133]

---

[130] Para aprofundar, *vide* HEFENDEHL, Roland (Org.). *La Teoría del Bien Jurídico.* Madrid: Marcial Pons, 2007, 478 p.; e D'AVILA, Fábio Roberto. *Ofensividade em Direito Penal. Escritos sobre a Teoria do Crime como Ofensa a Bens Jurídicos.* Porto Alegre: Livraria do Advogado, 2009, p. 105-127.

[131] MIR PUIG, Santiago. *Introducción a las Bases del Derecho Penal.* Buenos Aires - Montevideo: Editorial B de f, 2002, p. 112-4. Contudo, registra o autor que tais posições não forneciam um conceito material de bem jurídico "*que sentase un* límite al *ius puniendi del Estado*".

[132] MIR PUIG, op. cit., p. 123-4.

[133] ZAFFARONI, Eugênio Raúl; PIERANGELI, José Henrique. *Manual de Direito Penal Brasileiro. Parte Geral.* 5. ed. São Paulo: Revista dos Tribunais, 2004, p. 439.

No direito pátrio, Toledo considera o bem jurídico tudo o que se apresenta como "digno, útil, necessário, valioso", e os bens jurídicos "são valores ético-sociais, que o direito seleciona, com o objetivo de assegurar a paz social, e coloca sob sua proteção para que não sejam expostos a perigo de ataque ou a lesões efetivas."[134]

Sendo que para Roxin a matriz do bem jurídico repousaria nos princípios da lei fundamental.[135] O que, aplicado à nossa Constituição, importa numa ligação com o próprio direito a um meio ambiente ecologicamente equilibrado, contemplando-o como um bem jurídico-penal de natureza supraindividual para cuja proteção o Direito Penal criou tipos próprios, estabeleceu crimes e cominou sanções a serem aplicados na hipótese de violação da norma protetiva.[136]

Na verdade, nestas situações o legislador está a elevar oficialmente à categoria de bem jurídico aquilo que na realidade social já se mostra como valorado.[137] Assim, tal circunstância é intrínseca à norma constitucional, que está a retratar

---

[134] TOLEDO (op. cit., p. 15-6) explica que para Welzel tal bem é "toda situação social desejada que o direito quer garantir contra lesões", sendo, juridicamente protegido "devido ao seu significado social".

[135] ROXIN, Claus. *Derecho Penal Parte General. Fundamentos. La Estructura de la Teoría del Delito.* Tomo I, Tradução Diego-Manuel Luzón Penã, Miguel Díaz García Conlledo y Javier de Vicente Remesal, Madrid: Civitas, 1997, p. 45-6, define que: *"los bienes jurídicos son circunstancias dadas o finalidades que son útiles para el individuo y su libre desarrollo en el marco de un sistema social global estructurado sobre la base de esa concepción de los fines o para el funcionamiento del propio sistema"*. Já DIAS, Jorge de Figueiredo. "Questões Fundamentais do Direito Penal Revisitadas", São Paulo: Revista dos Tribunais, 1999, p. 78 explica que "o conceito material de crime é essencialmente constituído pela noção de bem jurídico dotado de dignidade penal". Mas que a isto tem de ser acrescido "outro critério que torne a criminalização legítima."

[136] PAZ, Maria Isabel Sanches García de. *El Moderno Derecho Penal y la Anticipación de la Tutela Penal.* Valladolid: Universidad de Valladolid, 1999, p. 15-6 e 73, ao classificar o meio ambiente e o patrimônio cultural como bens supraindividuais, esclarece que *"la protección de bienes jurídicos constituye el fin último del Derecho Penal"*, cujo núcleo básico *"será lo que se considere el injusto originario, las conductas a cuya sanción se destina de modo principal el instrumento punitivo. [...] se entiende orientado a la protección de bienes jurídicos frente a aquellos comportamientos que los lesionan o ponen en peligro concreto"*. Então, são elementos do injusto o desvalor da ação e do *"resultado, constituido por la lesión o el peligro concreto para el bien jurídico."*

[137] DOLCINI, Emilio; MARINUCCI, Giorgio, "Constituição e Escolha de Bens Jurídicos", Revista Portuguesa de Ciências Criminais, p. 173-4, nº 4, 1994. Ver também, CUNHA, Maria da Conceição Ferreira da, "Constituição e Crime. Uma Perspectiva da Criminalização e da Descriminalização", Porto: Universidade Católica Portuguesa, 1995; CUNHA, Paulo Ferreira da, "A Constituição do Crime. Da Substancial Constitucionalidade do Direito Penal", Coimbra: Coimbra, 1998; CANOTILHO, J. J. Gomes, "Direito Constitucional e Teoria da Constituição", 7ª ed., 4ª reimpressão, 2003, Coimbra: Almedina; e CANOTILHO, J. J. Gomes, "Justiça Constitucional e Justiça Penal", Revista Brasileira de Ciências Criminais, São Paulo, ano 14, nº 58, p. 329-44, jan./fev. 2006.

no que se constituem os fundamentos e os valores de determinada época, os quais não são propriamente criados por ela, mas proclamados em lei, dando-lhes a proteção jurídica.

Dessa forma, aplicando-se tais conceitos ao chamado meio ambiente cultural, teremos neste um objeto que é digno de proteção, que possui a necessidade de ser tutelado e que detém a capacidade de ser protegido penalmente.

Com efeito, após o longo percurso evolutivo já apreciado, a Lei nº 9.605/98 inaugura um sistema penal-ambiental que desponta como um ramo específico a tipificar as condutas mais afrontosas contra o bem jurídico meio ambiente sadio e equilibrado. De modo a proteger as parcelas desses objetos que, por serem fundamentais, rogam tal espécie de tutela, enquadrando-se no desiderato de realizar o princípio constitucional da prevenção pela tônica do Direito Penal, ora utilizado como um instrumento a mais, e o de maior força, para efetivar dita proteção.

Assim, figura que a previsão da tutela penal está em harmonia com os objetivos perseguidos pelo direito ambiental, onde os tipos da lei em pauta protegem como bem genérico o próprio meio ambiente, na sua função tuteladora de valores fundamentais e sancionadora das condutas lesivas aos bens mais caros.[138]

Aqui, ela passa a ser invocada e determinada a partir do momento em que as barreiras de ordem civil e administrativa não mais revelam o devido juízo de suficiência e de eficácia na prevenção e repressão de ataques ao meio ambiente, mormente diante da finitude dos seus recursos,[139] os quais são imprescindíveis para a humanidade.

---

138 COSTA NETO, Nicolao Dino de Castro e; COSTA, Flávio Dino de Castro; BELLO FILHO, Ney de Barros. *Crimes e Infrações Administrativas Ambientais*. Brasília: Brasília Jurídica, 2001, p. 15-6, 161-2.

139 MARCHESAN, Ana Maria Moreira. Alguns Aspectos sobre a Lei dos Crimes Ambientais, *Revista do Ministério Público do Rio Grande do Sul*, Porto Alegre, nº 42, p. 227, 2000; ao arguir que devem ser redobradas as cautelas com a preservação ambiental, diante da "finitude dos recursos naturais" e da sua necessidade para "a sobrevivência da espécie humana". Assim, num contexto em que "o Direito Penal deve ser efetivo como soldado integrante do exército de mecanismos conservacionistas", a remota possibilidade de aplicação de penas privativas enfraquece a sua importância e estimula a criminalidade ambiental, a qual "adquire uma falsa feição bagatelar". Dessa forma, o Direito Penal há de ser efetivo, "sob pena de transformar-se em aliado de pouco fôlego para o enfrentamento do problema". Ver também GULARTE, Caroline de Melo Lima. Tutela Penal Preventiva do Meio Ambiente e a Constitucionalidade dos Crimes de Perigo Abstrato, *Revista do Ministério Público do Rio Grande do Sul*, Porto Alegre, nº 78, p. 57-80, set./dez. 2015.

Neste sentido, com propriedade adverte Silva Sánchez que o "Direito Penal é um instrumento qualificado de proteção de bens jurídicos especialmente importantes". De modo que sua expansão está alinhada à aparição de novos objetos e também à "deterioração de realidades tradicionalmente abundantes", mas que agora começam a escassear (como o meio ambiente). Além da própria evolução social e cultural, que conduz a reanálise de certos bens, já existentes, mas não tão estimados, como no caso do patrimônio cultural.[140]

Com efeito, não se trata aqui da banalização do direito penal, da criação de novos tipos e sanções ou de excessos legislativos. Mas, sim, da realização do preceito constitucional de tutelar os direitos fundamentais, perante o Estado, por meio dele e, inclusive, pelas vias punitivas. Já que o cidadão também tem o direito de ter os seus bens jurídicos de caráter fundamental protegidos em face da violência de seus pares.[141]

Afinal, a lei não tem somente a função de zelar pelo indivíduo diante das opressões estatais, mas também possui a finalidade de proteger os direitos fundamentais. Mesmo que para tanto por vezes tenha de empregar o direito penal para exercer tal tutela, a qual deverá ser efetivada atenta aos princípios da proporcionalidade.[142]

---

[140] SILVA SÁNCHEZ, Jésus-Maria.*A Expansão do Direito Penal. Aspectos da Política Criminal nas Sociedades Pós-industriais.* Tradução: Luiz Otávio de Oliveira Rocha. São Paulo: Revista dos Tribunais, 2002, p. 27, referindo-se expressamente ao "patrimônio histórico-artístico".

[141] STRECK, Lênio Luiz. A Dupla Face do Princípio da Proporcionalidade e o Cabimento do Mandado de Segurança em Matéria Criminal: Superando o Ideário Liberal-Individualista-Clássico, *Revista do Ministério Público do Rio Grande do Sul*, Porto Alegre, nº 53, p. 242-3, 2004. Acrescenta que, conforme Roxin, ao comentar "as finalidades correspondentes ao Estado de Direito e ao Estado Social de Liszt, o direito penal serve simultaneamente para limitar o poder de intervenção do Estado e para combater o crime. Protege, portanto, o indivíduo de uma repressão desmesurada do Estado, mas protege igualmente a sociedade e os membros dos abusos do indivíduo. Estes são os dois componentes do direito penal: o correspondente ao Estado de Direito e protetor da liberdade individual, e o correspondente ao Estado Social e preservador do interesse social mesmo à custa da liberdade do indivíduo." E STRECK, Lênio Luiz. Da Proibição de Excesso (Übermassverbot) à Proibição de Proteção Deficiente (Untermassverbot): De Como Não Há Blindagem Contra Normas Penais Inconstitucionais, *Revista do Instituto de Hermenêutica Jurídica*, Porto Alegre: IHJ, nº 2, p. 280-3, 2003, que colaciona, ainda, a sábia lição de Diés-Picazo, para quem, por vezes, a tutela "*de ciertos derechos fundamentales – y, más en general, de determinados valores constitucionalmente relevantes* – sólo puede *ser efectiva si se hace por* vía *penal*"; onde a Constituição "*impone al legislador um deber de producir una regulación protectora.*"

[142] BERNAL PULIDO, Carlos, "El Principio de la Proporcionalidad y los Derechos Fundamentales", 3ª ed., Madrid: Centro de Estudios Políticos y Constitucionales, 2007; LOPERA MESA, "Principio de Proporcionalidad y Ley Penal", Madrid: Centro de Estudios Políticos y Constitucionales, 2006; ALEXY, Robert, "Teoria de Los Derechos Fundamentales", Madrid: Centro

É nesse contexto que a ciência criminal é invocada, diante da importância, da gravidade e da universalidade dos objetos em questão, estando em consonância com o princípio da *ultima ratio* e justificada a sua intervenção em face das agressões a valores fundamentais que envolvem bem de uso comum do povo a rogar preservação. E que, no presente caso, revela-se por via do meio ambiente cultural, na sua conjuntura de bens culturais materiais e imateriais relevantes para a sociedade e o direito, e cujo bem jurídico tutelado é, em suma, a própria preservação do patrimônio cultural.[143]

Portanto, o objetivo aqui é o de proteger a identidade cultural de determinada comunidade, grupo ou nação por meio dessa categoria de bens, em sentido amplo. Além de assegurar seu desfrute pela coletividade, possibilitando-lhe o acesso, o desenvolver da personalidade e demais manifestações, cabendo ao Estado o dever de garantir a todos o exercício de tais direitos.

Ademais, outros tipos de benefícios são ainda aferíveis, em especial para os bens edificados, à estética urbana, ao direito coletivo à paisagem, desfruto turístico e uso. Perante os quais se poderia ainda invocar as lições da criminologia, com base na teoria de matiz ecológico-social proposta pela Escola de Chicago, onde os atos de preservar e revitalizar as áreas degradadas operaram como fator inibitório de delitos.[144]

Por tais razões – concebendo o meio ambiente como direito fundamental, que se constitui num exercício de cidadania e num direito-dever *erga omnes* – podemos classificar o bem jurídico que tutela o patrimônio cultural como autônomo, de natureza difusa e material ou imaterial, sendo o seu titular a sociedade como um todo (função social). E onde deve prevalecer o aspecto axiológico (cultura), em detrimento do econômico, para que se proteja o valor imanente ao bem cultural, cujo objeto lesado (*v. g.* a edificação) é apenas a *res* material sobre a qual recai a ação típica.[145]

---

de Estudios Políticos y Constitucionales, 2002, e AGUADO CORREA, Teresa, "El Principio de Proporcionalidad en Derecho Penal", Madrid: Edersa, 1999.

143 FERREIRA, op. cit., p. 68-9; e REISEWITZ, op. cit., p. 99.

144 TIEGHI, Osvaldo N. (*Tratado de Criminologia.* Buenos Aires: Editorial Universidad, 1989, p. 416-7) expõe os postulados da teoria da ecologia criminal que apontavam a "*correlación entre ciertas zonas sometidas a un desajuste cultural y el auge y diminución de la delincuencia*", propondo que "*la reforma social debía encarar la forma de llevar a cultura a ditas zonas*". Já SCHECAIRA, Sérgio Salomão. *Criminologia.* São Paulo: RT, 2004, p. 168-76, cita os bem sucedidos casos de Puerto Madeiro (Buenos Aires) e do Pelourinho (Salvador-BA), que depois de revitalizados tornaram-se locais de atração turística.

145 PRADO, op. cit., p. 493. Outrossim, SERRANO, José-Luis (Concepto, Formación y Autonomía Del Derecho Ambiental. O Novo em Direito Ambiental, op. cit., p. 34) anota que o "*El Derecho*

De modo que os cânones penais do presente estão a garantir a proteção da cultura e dos valores oriundos do pretérito, preservando-os para a apreciação coletiva das gerações contemporâneas e futuras.

3.2 Delitos em Espécie

Conforme já visto, os bens culturais de relevante valor social são alvo da devida tutela jurídica, estando o conceito de patrimônio cultural definido no art. 226 da CF. Enquanto que os crimes contra o ordenamento urbano e o patrimônio cultural estão previstos nos artigos 62 a 65 da Lei nº 9.605/98.

Dessa forma, reconhecida a existência e a relevância do ambiente cultural para o homem e a sua autonomia como bem jurídico, o ordenamento empregou inclusive a sanção para garanti-lo, editando tipos penais nos quais estão compreendidas todas as circunstâncias ou elementos que fundamentam o injusto específico de cada figura.

Assim, a análise que segue abordará os delitos que lesam o patrimônio cultural, de acordo com os dispositivos da Lei nº 9.605/98, além das figuras do Código Penal, com especial atenção para as condutas do art. 62 da LCA, objeto maior deste estudo, seja na sua forma ativa ou omissiva, dolosa ou culposa, e mesmo diante do erro penal.

3.2.1 Destruição, Inutilização ou Deterioração

O artigo 62 da Lei nº 9.605/98 comina as seguintes condutas:

> Art. 62. Destruir, inutilizar ou deteriorar:
>
> I - bem especialmente protegido por lei, ato administrativo ou decisão judicial;
>
> II - arquivo, registro, museu, biblioteca, pinacoteca, instalação científica ou similar protegido por lei, ato administrativo ou decisão judicial:
>
> Pena - reclusão, de 1 (um) a 3 (três) anos, e multa.
>
> Parágrafo único. Se o crime for culposo, a pena é de 6 (seis) meses a 1 (um) ano de detenção, sem prejuízo da multa.

Trata-se de um crime de ação múltipla, com três verbos nucleares alternativos, na modalidade dolosa e culposa, podendo ser praticado pela realização de um fazer ativo, assim como pela inação do garante, o que caracterizará a omissão imprópria.

---

ambiental es el sistema de normas, principios, instituciones, prácticas operativas e ideologías jurídicas que regulan las relaciones entre los sistemas sociales y sus entornos naturales."

Assim, comete o delito não apenas quem diretamente destrói o bem, como também, *v.g.*, o proprietário que se omite em realizar obras de reparo e conservação da coisa tombada, abandonando-a a intempéries e acarretando, pois, a sua deterioração. Aqui, o objeto jurídico tutelado é a preservação do patrimônio cultural nas suas várias formas e sendo o objeto penal o bem protegido.

Analisando-se diretamente os seus três verbos, *destruir* significa demolir, aniquilar, fazer desaparecer, extinguir, desfazer, demolir, desmanchar, assolar e exterminar. *Inutilizar* é tornar inútil, vão, improfícuo e estéril, é tornar imprestável, incapaz, frustrado, ou prejudicado. *Deteriorar* é estragar, danificar, piorar, adulterar, alterar, corromper, desfigurar, arruinar e tornar degenerado.[146] Anotando-se que o conceito de dano ao patrimonial cultural tem sido considerado pela jurisprudência em seu sentido mais amplo, diante dos objetivos de tutela.

Entretanto, salienta-se que para configurar o delito o bem objeto de dano deverá estar especialmente protegido por lei, ato administrativo ou decisão judicial, nas formas já analisadas.[147] Anota-se que para fins de tipificação o reconhecimento provisório por si só completa o núcleo penal do art. 62, seja por uma decisão judicial em liminar ou por um tombamento provisório. É claro que, em caso de alteração ou revogação de tal medida, esta a qualquer tempo irá atingir o fato e o ilícito em questão, de modo que o evento deixa de ser típico, dissolvendo todo e qualquer efeito que tenha sido produzido neste sentido.

Com efeito, embora o art. 216, § 1º, da CF, estabeleça várias formas de reconhecimento e tutela de bens culturais, para gozar da proteção penal e caracterizar as elementares do tipo é necessário o reconhecimento específico por qualquer um dos três meios citados, seja lei ou ato administrativo em nível Municipal, Estadual ou Federal, ou decisão judicial. O ato normativo, judicial ou da administração não precisa necessariamente dispor sobre patrimônio cultural, podendo contemplar aspectos urbanísticos ou ambientais, mas expressamente deve delimitar e

---

[146] COSTA NETO; *et. al.*, op. cit., p. 352; e COSTA JÚNIOR; MILARÉ, op. cit., p. 179. Já MACHADO, 1999, op. cit., p. 771. Anota que a destruição é definitiva, enquanto que a inutilização pode ser total ou parcial; temporária ou permanente, "não podendo ser utilizado o bem protegido – por exemplo, quando, diante do lançamento de tinta contra um quadro, este não possa ser visto num museu" (ainda que esteja em procedimento de restauração). E a deterioração "pode ser causada por ação ou omissão contínua, como a de permitir que a umidade, a chuva ou o aquecimento ajam sobre esse bem o danificando".

[147] É o caso da Apelação Crime nº 700005342845, da 4ª Câmara Criminal do Tribunal de Justiça do RS, julgada em 21/11/2002, que considerou a demolição de prédio fato atípico, por não estar ele especialmente protegido, pois o "simples inventário feito na comunidade por interessados na conservação do patrimônio histórico não é ato administrativo compatível com a elementar constante do art. 62 da Lei nº 9.605".

assinalar determinado bem ou conjunto como especialmente protegido pelo respectivo instrumento.

Trata-se aqui, de uma norma penal em branco, cujo comportamento proibido está enunciado, mas a conduta punível necessita ser complementada por outra fonte, trazendo como vantagens a sua fácil adaptação a questões temporais e estruturais, no que diz respeito ao órgão ou instrumento do qual emanará o ato de proteção.[148]

No caso, podem servir de fonte de integração todas as manifestações normativas, sejam elas oriundas dos Poderes do Estado, em qualquer dos níveis em que se reparte a estrutura federativa, de acordo com as respectivas competências (artigos 24, VII e VIII, e 30, IX, da CF), além da própria decisão do Poder Judiciário. Fazendo com que mesmo leis municipais, decretos estaduais e sentenças de primeiro grau que conferirem proteção já integrem a norma para fins de caracterizar o delito.

Prosseguindo, o inciso II tutela especificamente os seguintes objetos materiais: arquivo, é o lugar onde se guarda um acervo de documentos. Registro é o livro especial onde se inscrevem ocorrências públicas ou privadas, podendo também ser a instituição, repartição ou cartório onde se faz a inscrição, ou transcrição de ato, fatos, títulos e documentos para autenticá-los e dar-lhes força de prevalecer frente a terceiros.

Por sua vez, museu é o local destinado ao estudo, guarda, conservação e exposição de coleções e obras de valor científico, histórico e cultural. Biblioteca é a coleção de livros dispostos ordenadamente para estudo e consulta; a pinacoteca é a coleção de pinturas. Já a instalação científica é o conjunto de aparelhos ou peças destinados a atividades de interesses da ciência.[149]

Ainda, o tipo tutela outras estruturas similares, caso protegidas por lei, ato administrativo ou decisão judicial (art. 216, III, IV e IV, da CF), numa ampla forma de proteção, que passa por objetos, edificações, áreas naturais, documentos, espaços, obras, etc., como, por exemplo, um centro cultural. Aqui, também está

---

[148] PRADO, op. cit., p. 93 aduz que a especial conotação da matéria ambiental, de "caráter difuso, técnico e complexo", e o seu estreito vínculo "com a legislação administrativa impõem, com frequência, essa estrutura na elaboração dos tipos legais de delito". Também COIMBRA, Mário; BUGALHO Nélson R.; SOUZA, Gilson S. Alguns Aspectos sobre a Tutela Penal da Ordenação do Território. *In:* PRADO, Luiz Régis (Org.). *Direito Penal Contemporâneo.* São Paulo: RT 2007, p. 316.

[149] FERREIRA, op. cit., p. 89; PRADO, op. cit., p. 496; CONSTANTINO, op. cit., p. 206; RODRIGUES, J. E. Ramos, op. cit., p. 36; e SIRVINSKAS, Luís Paulo. *Tutela Penal do Meio Ambiente. Breves Considerações Atinentes à Lei nº 9.605/98, de 12-02-1998.* 4. ed. São Paulo: Saraiva, 2011, p. 208.

representada uma modalidade de interpretação analógica *intra legem*, um critério permissivo dado pelo Legislador, diverso da analogia, cuja fórmula genérica permite a extensão da norma incriminadora a hipóteses semelhantes às expressamente mencionadas no mesmo tipo penal.[150]

O sujeito ativo pode ser qualquer pessoa, física ou jurídica, tanto de direito público como privado, nas formas descritas nos artigos 2º e 3º da Lei nº 9.605/98.[151] Os sujeitos passivos poderão ser a pessoa jurídica de Direito Público, a coletividade, o proprietário e o possuidor da *res*, desde que não tenham sido um dos sujeitos ativos.

Em termos práticos, podemos visualizar o exemplo de um prédio tombado por lei municipal e que vem a ser destruído para a construção de outro mais moderno, por ordem de seu proprietário, cansado da sua conservação e ansioso por obter lucros. Ou mesmo o dono que vem a demolir um imóvel protegido por ação e decisão judicial.[152]

---

150 TOLEDO, 2008, op. cit., p. 27, explica que as restrições da analogia não se aplicam por inteiro à interpretação extensiva ou analógica, pois nesta apenas "amplia-se o espectro de incidência da norma legal de modo a situar sob seu alcance fatos que, numa interpretação restritiva (procedimento oposto), ficariam fora desse alcance". Já HASSEMER, Winfried (*Introdução aos Fundamentos do Direito Penal.* Porto Alegre: SAFE, 2005, Trad. Pablo Rodrigo Alflen da Silva, p. 356) adverte que o "limite crítico do princípio da legalidade está na diferença entre a interpretação extensiva autorizada e a analogia proibida. [...] a analogia é a transferência da norma a um outro âmbito, enquanto que a interpretação (extensiva) é somente a 'ampliação' da norma até o final do seu próprio âmbito". Para aprofundar ver BACIGALUPO, Enrique. *Principios Constitucionales de Derecho Penal.* Buenos Aires: Hammurabi, 1999, p. 75-111; e FREITAS, Juarez. *A Interpretação Sistemática do Direito.* 3. ed. São Paulo: Malheiros, 2002.

151 Art. 2º Quem, de qualquer forma, concorre para a prática dos crimes previstos nesta Lei, incide nas penas a estes cominadas, na medida da sua culpabilidade, bem como o diretor, o administrador, o membro de conselho e de órgão técnico, o auditor, o gerente, o preposto ou mandatário de pessoa jurídica, que, sabendo da conduta criminosa de outrem, deixar de impedir a sua prática, quando podia agir para evitá-la.
Art. 3º As pessoas jurídicas serão responsabilizadas administrativa, civil e penalmente conforme o disposto nesta Lei, nos casos em que a infração seja cometida por decisão de seu representante legal ou contratual, ou de seu órgão colegiado, no interesse ou benefício da sua entidade.

152 CRIME AMBIENTAL. ART. 62, INCISO I, DA LEI Nº 9.605/1998. DESTRUIÇÃO DE IMÓVEL ESPECIALMENTE PROTEGIDO POR DECISÃO JUDICIAL. Acusada que, após receber ordem judicial - expedida nos autos de ação civil pública movida pelo Ministério Público com vistas a preservar imóvel de interesse histórico e arquitetônico, de sua propriedade - impedindo a alteração das características do imóvel, cuida de providenciar imediatamente a demolição do prédio, durante o feriado de Natal, sob o argumento de existência de risco para terceiros. Imóvel não habitado. Estado de necessidade não demonstrado sequer por indícios. Admissão dos fatos pela acusada. Dolo evidente. Alegação defensiva Alegação defensiva de atipicidade, em razão de o bem não possuir valor histórico ou arquitetônico - eis que não havia ainda decisão judicial nesse sentido - e também porque a ordem judicial que protegia o bem não era definitiva. Teses afastadas. A proteção estabelecida pela Lei nº 9.605/98 tem por objetivo resguardar o bem objeto de interesse enquanto a questão não é solucionada definitivamente, daí porque o descumprimento de qualquer decisão judicial, mesmo aquela de natureza cautelar,

No caso, teremos como sujeito ativo o proprietário que determinou a destruição, o qual poderá ser um particular, assim como uma pessoa jurídica, tanto de direito privado como público, dependendo da titularidade sobre o imóvel. Também será possível o concurso de agentes, entre o proprietário e um terceiro, que unindo esforços e vontades pretendem a demolição do prédio para edificar um novo, o que ainda poderá envolver o concurso entre pessoas física e jurídica, pública ou privada.

Já o sujeito passivo, o qual não pode identificar-se com o ativo, poderá ser um coproprietário (desde que sem qualquer participação, nem ciência dos atos demolitórios), o possuidor, o Poder Público que tombou o imóvel, além da sociedade que estará privada daquele objeto, cuja importância e significado fora reconhecido no ato de tombamento.

Outrossim, ainda a título de exemplo, é possível que um terceiro sem qualquer relação com o objeto venha a produzir-lhe um dano (por dolo ou culpa) que o deteriore, hipótese em que este será o sujeito ativo, enquanto que o passivo será o proprietário, a coletividade e a figura de direito público com identificação direta com o bem.[153]

Quanto ao elemento subjetivo, pode decorrer da forma dolosa, que se revela tanto no seu modo direto, como no eventual, oriundo da vontade livre e consciente de causar dano ao bem que sabe ser protegido, ou assumindo o risco de produzi-lo. É prevista ainda a modalidade culposa (por negligência, imprudência ou imperícia).[154]

---

basta para caracterizar o tipo previsto no artigo 62, inciso I, da Lei nº 9.605/98. Desnecessidade, bem por isso, de perquirição, na ação penal, acerca do valor histórico ou arquitetônico do imóvel. Inexistência de vício na sentença. Autoria e materialidade amplamente demonstradas Condenação de rigor Penas estabelecidas no mínimo. Substituição que atende à finalidade da lei penal e é socialmente recomendável. Regime aberto, para o caso de descumprimento, igualmente adequado. Apelo improvido, afastada a matéria preliminar (Tribunal de Justiça de São Paulo, Apelação Criminal Nº 990.08.078392-0, 5ª Câmara Criminal, Relator: Pinheiro Franco, j.12/02/2009).

153 FREITAS e FREITAS, op. cit., p. 199-200, explica que sujeito passivo poder ser "uma das pessoas jurídicas de Direito Público. Assim, se o agente destrói um quadro de um museu municipal, a ofensa atingirá diretamente o município. Em um momento seguinte será atingida a coletividade, que se verá impedida de usufruir o bem móvel". Ainda, é possível vários sujeitos passivos, como na hipótese de dano contra um centro histórico com sobrados residenciais, o que atingiria também aos proprietários. Por fim, um exemplo de pessoa jurídica no polo ativo do delito seria o de uma empresa dedicada a construções "destruir sambaquis (bens de valor arqueológico), com o objetivo de erguer edificação".

154 CONSTITUCIONAL. DIREITO DE PROPRIEDADE. PATRIMÔNIO HISTÓRICO. DANOS. RECONSTITUIÇÃO. RESPONSABILIDADE OBJETIVA. [...] 1. O dano a imóvel tombado pelo patrimônio histórico enseja a obrigatoriedade da sua reparação. 2. A não observância de licença para construção ou reforma configura o dano e implica na reconstituição do projeto

Sob a forma de dolo direto, imaginemos o caso de um construtor que deliberadamente destrói uma casa tombada, com o objetivo de no local construir um moderno e lucrativo prédio comercial. Já a modalidade culposa, pode decorrer de um erro na execução de um projeto de restauro, ou de uma construção que venha a ruir, danificando uma casa lindeira que goza de proteção por tombamento.[155]

O delito é de natureza instantânea, consumando-se com a deterioração, inutilização ou destruição do bem protegido. É possível a tentativa na forma dolosa, quando o autor não consegue causar o dano próprio do tipo por fatores alheios à sua vontade.[156] Como no caso de iniciada a ação ocorrer a intervenção do Poder Público, com o objeto protegido já tendo sido atacado, mas ainda não destruído, inutilizado ou deteriorado, indo além dos atos preparatórios e desistência ou arrependimento.[157]

Já a ação penal é pública e incondicionada, sendo cabível os institutos da Lei nº 9.099/95, nas hipóteses em que presentes os requisitos objetivos e os subjetivos. Por fim, a competência processual será definida pela origem da qual emanou a especial proteção do objeto ou da sua propriedade. Assim, se o bem pertencer à União, tiver sido tombado por ela, ou a devida decisão advier de Magistrado Federal a competência será da Justiça Federal. Nos demais casos ela ficará a cargo da Justiça Estadual.

Por fim, em relação ao incêndio do Museu Nacional no Rio de Janeiro em setembro de 2018, independente de responsabilização ou não, em tese o episódio em questão encontraria moldura no delito deste art. 62, pois tanto a edificação, como partes do acervo, são tombados pelo IPHAN. Infelizmente o último decênio tem sido trágico para instituições culturais e científicas, ao longo dele vimos

original. 3. Prevalece, nesses casos, a responsabilidade objetiva independentemente de dolo ou culpa bastando configurar o nexo de causalidade entre o ato e o dano. 4. O direito a propriedade tem que ser exercido obedecendo aos ditames do plano diretor da cidade, com objetivo de cumprir sua função social. [...] (Tribunal de Justiça/PE, AC 42304 PE, 8ª Câmara Cível, Rel. Des. José Ivo de Paula Guimarães, j. 25/02/2010).

155 MACHADO (1999, op. cit., p. 771) exemplifica como culpa a hipótese de alguém proceder a "restauração de um bem protegido sem ter para isso a qualificação profissional; ou um diretor ou chefe de serviço público que designa pessoa imperita para fazer intervenção em coisa protegida", gerando o dano. Citamos ainda o sujeito que ao reparar a "res" acaba sendo imprudente e a danifica ainda mais.

156 Sobre tentativa na omissão imprópria, ver ZAFFARONI, Eugênio Raúl; PIERANGELI, José Henrique. *Da Tentativa: Doutrina e Jurisprudência*. 6. ed. São Paulo: Revista dos Tribunais, 2000, p. 117-22.

157 Bem observa MACHADO, 1999, op. cit., p. 771, que "muitas vezes a deterioração de um monumento, de um quadro ou de uma árvore protegidos não é feita por um só ato, mas por atos que se vão somando no tempo para ocasionar o dano perceptível", que enquanto não se consumar caracteriza a tentativa.

serem atingido ou até consumidos pelo fogo o Instituto Butantan, o Memorial da América Latina, o Museu da Língua Portuguesa, a Cinemateca Brasileira, o Museu de Ciências Naturais da PUC Minas e o Museu de História Natural e Jardim Botânico da Universidade Federal de Minas Gerais. Ainda, podemos lembrar do incêndio que destruiu praticamente todo o Museu de Arte Moderna do Rio de Janeiro em 1978 e da recente queima da Cinemateca Brasileira, cujo sinistro está sendo investigado pela Polícia Federal.

3.2.2 Alteração do Aspecto ou da Estrutura

O artigo 63 da Lei nº 9.605/98 possui a seguinte redação:

> Art. 63. Alterar o aspecto ou estrutura de edificação ou local especialmente protegido por lei, ato administrativo ou decisão judicial, em razão de seu valor paisagístico, ecológico, turístico, artístico, histórico, cultural, religioso, arqueológico, etnográfico ou monumental, sem autorização da autoridade competente ou em desacordo com a concedida:
>
> Pena – reclusão, de 1 (um) a 3 (três) anos, e multa.

A conduta cominada é a de alterar, modificar, transformar, desfigurar, mudar o aspecto ou a estrutura de edificação ou de local dotado de especial proteção. O crime só pode ser cometido por dolo e em regra por uma ação, mas até é possível a incidência na omissão, na hipótese do descaso do garante ser tamanho, que o aspecto ou a estrutura do bem sejam alterados pela ausência dos cuidados que eram devidos.

O bem jurídico tutelado é o patrimônio cultural e a integridade do aspecto ou da estrutura especialmente protegidos, tendo como objeto material a edificação ou o local sob proteção em virtude do seu valor, e objetivando a preservação do bem ambiental e cultural, de modo a impedir que seja alterado sem a devida autorização.

Aqui, o aspecto está ligado à aparência, são as características peculiares à edificação ou ao local. Já a *estrutura*, é a disposição e ordem das partes de um conjunto, é a sua composição. Por sua vez, *edificação* é um edifício, prédio, uma obra ou construção. Enquanto que *local* é um ponto determinado, lugar, sítio, abrangendo os monumentos edificados pelo homem (museus, teatros, igrejas, casas, fortes, estátuas, etc.) Além da paisagem natural e as formas afins de valor ambiental e cultural reconhecidos.

A tutela decorre do seu interesse paisagístico (aspecto estético de locais naturais e artificiais), ecológico (meio ambiente), turístico (do interesse geral e visitável), artístico (obra humana), monumental (escultural e arquitetônico), histórico (bem imóvel ou móvel, preservação da memória e valores), cultural (termo abrangente e genérico, que inclui questões técnicas, científicas e abarca obra criada ou transformada pelo homem em vários setores do conhecimento), religioso (credo), étnico (etnia, raças e povos), arqueológico (conhecimento do passado das civilizações), paleontológico (fósseis) e geológico (subsolo e reservas naturais).[158]

A edificação ou o local devem ser especialmente protegidos por lei, ato administrativo ou decisão judicial, localizadas tanto no meio urbano como rural.[159] A autorização constitui elemento normativo do tipo, em compasso com o art. 17 do Decreto-lei nº 25/37,[160] exigível para todo o bem objeto da especial proteção.

O ilícito ocorrerá na ausência de autorização, se ela advier de autoridade não competente, ou se ela existir e a intervenção estiver em desacordo com os padrões estabelecidos. Ou mesmo se ela for revogada e a obra tiver curso durante a sua não vigência, ou ainda se for obtida apenas no curso, ou após a conclusão das obras.[161] Por exemplo, uma autorização advinda da secretaria municipal para a reforma de um casarão tombado na esfera federal pelo IPHAN.

Na hipótese, a autorização advém de manifestação do poder discricionário da Administração, a ser motivada; e, se negada, pode ser revista pelo Judiciário.[162]

---

158 PRADO, op. cit., p. 499-500; FREITAS e FREITAS, op. cit., p. 202-3.

159 CRIME CONTRA O MEIO AMBIENTE. ARTIGO 63 DA LEI Nº 9.605/98. MATERIALIDADE COMPROVADA. DOLO. [...]. 1. A conduta de modificar irregularmente imóvel tombado, sem a prévia autorização do IPHAN, configura o crime capitulado no artigo 63 da Lei nº 9.605/98. 2. Encontra-se preenchido o elemento subjetivo do tipo se demonstrado que a ré alterou o aspecto da edificação tombada de forma voluntária e consciente. 3. A persistência da acusada, dando continuidade as obras do seu imóvel apesar do embargo administrativo imposto pelo IPHAN, configura uma especial resistência à norma incriminadora do artigo 63 da Lei nº 9.605/98, suficiente para justificar uma exasperação diferenciada a título de culpabilidade. 4. A extrema dificuldade de reparação dos danos causados ao patrimônio histórico-cultural pelas obras empreendidas no edifício tombado, atestada pela opinião técnica do parecer do IPHAN, autoriza um juízo desfavorável no tocante à vetorial das conseqüências do delito. (TRF 4ª Região; Apelação Criminal 2003.72.07.001177-8, SC, Oitava Turma, Rel. Des. Fed. Luiz Fernando Wowk Pentado, j.. 26/03/2008, DEJF 02/04/2008, p. 549).

160 "Art. 17. As coisas tombadas não poderão, em caso nenhum ser destruídas, demolidas ou mutiladas, nem, sem prévia autorização especial do Serviço do Patrimônio Histórico e Artístico Nacional, ser reparadas, pintadas ou restauradas, sob pena de multa de cinquenta por cento do dano causado." É aplicável a todo o bem tombado e a sua incidência é extensível a demais normas que tratem da matéria.

161 *HABEAS CORPUS* - ALTERAÇÃO DE ASPECTO DE LOCAL ESPECIAMENTE PROTEGIDO POR LEI POR SEU VALOR CULTURAL - SERRA DO CURRAL - ORDEM DENEGADA - Edificações ou terraplanagens realizadas em lote localizado em área da Serra do Curral devem ser previamente autorizadas pelo Conselho Deliberativo do Patrimônio Histórico e Cultural de Belo Horizonte - Aprovação posterior de projeto de edificação em lote onde se realizou desaterro irregular não extingue a punibilidade do fato. (TJMG, HC 1.0000.00.325638-5/000(1), Rel. Des. Mercêdo Moreira, j. 13/05/2003).

162 Conferir as Portarias do IPHAN nº 420/2012 que dispõe sobre procedimentos a serem observados para a concessão de autorização para realização de intervenções em bens edificados tombados e nas respectivas áreas de entorno; e a nº 187/2010 sobre os procedimentos para apuração de infrações administrativas por condutas e atividades lesivas ao patrimônio cultural edificado e as suas sanções.

Contudo, se a autorização concedida for suspensa por ordem judicial (*v.g.* em sede de ação civil pública ou popular), ou por outra via competente (tribunal administrativo), decorrente, por exemplo, de vício e ilegalidade, e sendo posteriormente confirmada em definitivo esta suspensão, de modo que reste definitivamente cassada a autorização, as obras realizadas neste período caracterizam-se como desautorizadas, de forma a configurar o delito, já que ausente o requisito e a ordem legal para a modificação.[163]

O sujeito ativo pode ser qualquer pessoa, física ou jurídica, tanto de direito público como privado, sendo possível o concurso entre essas figuras. Já os sujeitos passivos poderão ser a pessoa jurídica de Direito Público (União, Estado e Município), a coletividade, o proprietário e o possuidor, desde que não tenham sido sujeitos ativos.[164]

No tocante ao elemento subjetivo, só pode decorrer do dolo direto (oriundo da vontade livre e consciente) ou eventual (assunção de riscos), de alterar o aspecto ou a estrutura de edificação ou local que saiba (ou esteja em condições de saber) estar especialmente protegido sem a devida autorização ou em desacordo com ela.

Trata-se de delito comum, de regra comissivo, de forma livre e de resultado, cujo tipo não prevê a forma culposa. Consuma-se quando implementada a alteração sem a competente autorização administrativa, ou realizada a modificação em desacordo com o que fora autorizado. A tentativa, a rigor, é admissível, como quando já iniciados os atos que irão redundar na alteração do aspecto ou da estrutura de edificação ou do local protegido, o agente é compelido por ordem legal a interromper seu ato.

Outrossim, além de figurar uma norma penal em branco (*especialmente protegido*), o tipo envolve conceitos não precisos e que se encontram insertos em outros mais abrangentes, como, por exemplo, "cultura".[165] Sendo importante o emprego de correlatas áreas do conhecimento para a correta identificação e enquadramento.

Com efeito, questão fundamental a ser verificada diz respeito ao âmbito da alteração. Ou seja: a dimensão do dano, a reversibilidade, o grau de comprometimento

---

[163] COSTA NETO; *et. al.*, op. cit., p. 358; e MACHADO, 1999, op. cit., p. 771.

[164] Nos pontos comuns ratifica-se o exposto na análise do artigo 62, aplicável para os artigos 63 e 64.

[165] De acordo com PRADO, op. cit., p. 501, "O termo cultura apresenta três acepções básicas": a de ordem comum, identificada ao conjunto de conhecimentos de uma pessoa ou grupo; a ligada ao grau de desenvolvimento de conhecimentos, costumes, tecnologia, arte e crenças de uma sociedade; e a entendida como o conjunto diferenciado de costumes, crenças e instituições como uma identidade social.

do objeto, o patamar de descompasso com a autorização, e até mesmo se de algum modo ela representou benefícios ao bem e ao seu valor cultural.

É certo que condutas que atingem a fachada, alteram aspectos do imóvel, ou produzam impactos no local, sem a devida autorização, já configuram o delito. Entretanto, a jurisprudência também tem considerado como práticas ilícitas a colocação de placas comerciais que venham a alterar o aspecto da edificação,[166] e até mesmo a realização de reformas não autorizadas em imóvel em ruínas. Além da imposição de obrigações de não fazer, demolição, reparação e demais sanções. Mas, por óbvio, para haver ilícito é exigível que a alteração seja posterior ao ato protetivo.

Seguindo a mesma linha, entendemos que modificações capazes de alterar o aspecto e a estrutura sem a devida autorização ou contraria a ela, desnaturando as condições do objeto de proteção, interferindo nas suas características e representando uma ruptura naquilo que representa (na sua história, arquitetura, arte, paisagem, valor cultural e afins), são fatores suficientes para a caracterização do delito do art. 63.[167]

Destarte, por considerar que posições absolutamente extremadas também podem ser nocivas, cremos que a questão comporta raras e específicas exceções. Como quando apesar de não autorizada representar vantagem para o objeto, sem

---

166 BEM PROTEGIDO. COLOCAÇÃO DE PLACAS COMERCIAIS. ALTERAÇÃO DO ASPECTO DA EDIFICAÇÃO. TIPIFICAÇÃO. 1. A colocação de placas comerciais em prédio tombado pelo patrimônio histórico, desóbedecendo a regulamentação do instituto do patrimônio histórico e artístico nacional - IPHAN, altera o seu aspecto, pois lhe retira as características da época, modificando sua aparência. Incidência do art. 63 da Lei nº 9.605/98. 2. Comprova-se o dolo do réu pelo conhecimento das restrições legais, comprovado nos autos pela notificação extrajudicial e pela prova testemunhal, tendo o acusado mantido sua conduta de fixar placa comercial em imóvel tombado pelo patrimônio histórico, desrespeitando a regulamentação do Iphan. 3. Apelação provida. (TRF 4ª Região, 7ª Turma, ACR 2002.04.01.033162-9, Rel. Des. Fed. José Luiz Borges Germano da Silva, DJU 16.07.2003, p. 369).

167 DELITOS PREVISTOS NO ART. 63 DA LEI N. 9.605/98. CONSTRUÇÃO EM DESCONFORMIDADE COM O PROJETO APRESENTADO AO IPHAN. DANO AO PATRIMÔNIO CULTURAL. PRELIMINAR DE NULIDADE EM RAZÃO DO PRAZO NA CONCLUSÃO DO INQUÉRITO POLICIAL. NÃO ACOLHIMENTO. PRINCÍPIO DA INSIGNIFICÂNCIA. NÃO APLICAÇÃO. 1. O prazo previsto no art. 10, caput, do Código de Processo Penal, é impróprio, não prevendo a lei qualquer consequência processual em caso de descumprimento. Preliminar rejeitada. 2. Materialidade, autoria e dolo comprovados. O réu, voluntária e conscientemente, alterou a estrutura e o aspecto de local especialmente protegido pelo Patrimônio Histórico e Cultural, realizando obras em imóvel de sua propriedade, em desacordo com a autorização do Poder Público. 3. Impossibilidade de aplicação do princípio da insignificância nos casos que versem sobre a prática, em tese, de crime ambiental, dada a indisponibilidade do bem jurídico tutelado. 4. Apelação desprovida (TRF, 1ª Região, 4ª Turma, ACR 34763820064013600 MT 0003476-38.2006.4.01.3600, Rel. Des. Fed. Hilton Queiroz, j. 27.08.2013).

gerar dano e podendo salvaguardá-lo de um mal maior (*v.g.* deterioração, risco de ruína). E ainda na hipótese de intervenção insignificante, ou imperceptível,[168] ou em fase inicial, e desde que seja totalmente reversível, de modo a afastar a potencial ilicitude.

Contudo, advertimos que diante da natureza do patrimônio cultural, inserido no campo do meio ambiente e com resguardo constitucional, as possíveis exceções apontadas devem ser observadas de forma restrita e com grande cautela, na medida em que situações existem em que determinados princípios penais não podem ser aplicados a esmo e de imediato, mas, requerem interpretação dentro do sistema.[169]

Por fim, a ação penal é pública e incondicionada, seguindo o respectivo rito, tanto para pessoa física ou jurídica, e sendo aplicáveis os institutos da Lei nº 9.099/95. Já a competência processual da justiça comum ou federal será definida pela origem da qual emanou a especial proteção sobre o objeto ou por força da sua propriedade.

3.2.3 Construção em Solo Não Edificável

O *art. 64* da Lei nº 9.605/98 tipifica a seguinte conduta:

> Art. 64. Promover construção em solo não edificável, ou no seu entorno, assim considerado em razão de seu valor paisagístico, ecológico, artístico, turístico, histórico, cultural, religioso, arqueológico, etnográfico ou monumental, sem autorização da autoridade competente ou em desacordo com a concedida:
>
> Pena – detenção, de 6 (seis) meses a 1 (um) ano, e multa.

Neste caso, o bem jurídico tutelado é o patrimônio cultural *lato sensu*, bem como o ordenamento urbano, configurando-se o solo não edificável o objeto material. Aqui, o núcleo do tipo é o verbo "promover", praticado apenas na forma dolosa, por via da vontade e consciência de impulsionar, fazer avançar, dar

---

168 GOMES, Luiz Flávio; MACIEL, Sílvio (*Leis de Crimes Ambientais, Comentários à Lei nº 9.605/1998*. 2. ed. São Paulo: Método, 2015, p. 261) afirmam, após ressalvas, ser atípica a "modificação totalmente insignificante e imperceptível". NUCCI, Guilherme de Souza. *Leis Penais e Processuais Comentadas*. 5. ed. São Paulo: RT, 2010, p. 1013-4, aduz que, conforme o caso, o tipo e a extensão da alteração, se não comprometer o aspecto ou a estrutura do bem, e for reversível, a insignificância pode ser aplicável. Também SOUZA, Luciano Anderson de. *Comentários à Lei de Crimes Ambientais, Lei nº 9.605/1998*. São Paulo: Quartier Latin do Brasil, 2009, p. 287.

169 Entendemos por incidente os princípios da proporcionalidade, ofensividade, intervenção mínima e os seus consectários, além dos desdobramentos pela desistência voluntária e arrependimento eficaz. Ver FLACH, Michael Schneider. Considerações sobre a Intervenção Penal Mínima, *Revista do Ministério Público do RS*, Porto Alegre, nº 72, maio/ago. 2012, p. 23-31.

andamento ou diligenciar para que se concretize a construção (obra, edifício, residência) em solo não edificável (local em que é vedado realizar qualquer tipo de construção) ou no seu entorno (ao redor, na circunvizinhança ou proximidades), em virtude dos valores tutelados na norma em apreço, sem a autorização ou em desacordo com a concedida.[170]

A construção - termo mais genérico que edificação, assume o conceito de "a execução de toda obra artificial que modifique a natureza de um terreno, acrescentando elementos físicos permanentes" - é o objeto da ação e o solo é o seu objeto material.[171] Já o solo *non edificandi* é aquele não suscetível de receber construções, com o objetivo de preservar determinado local, em virtude da categoria de interesse que resguarda (social, público, turístico, ambiental ou outro legalmente relevante).[172]

Deve ser observado que o construir tanto pode significar uma obra totalmente nova, como acréscimos no objeto original preexistente. Porém, na hipótese destes adendos gerarem alteração no aspecto ou estrutura da edificação ou do local, estaremos diante do delito do art. 63 da LCA, mais abrangente e que absorve o art. 64.

Também, se a nova obra acarretar algum tipo de dano que provoque a destruição, inutilização ou deterioração do bem protegido, o crime será o do art. 62 da Lei nº 9.605.

Além do solo, estão incluídos no tipo os imóveis do entorno, cuja edificação venha a prejudicar o objeto protegido, em consonância com a redação conferida

---

170 PRADO, op. cit., p. 514-6; COSTA NETO; *et. al.*, op. cit., p. 361; e RODRIGUES, José Eduardo Ramos, 1998, op. cit., p. 38-9.

171 Para BLANCO LOZAN, *apud* PRADO, op. cit., p. 515, a edificação é "uma construção que materializa um aproveitamento, objeto de regulação urbanística, fechada e com teto". Acrescenta que a lei de obras públicas da Espanha, de 1877, define construção como "a realização de uma obra, que será pública ou privada, em razão de sua finalidade, natureza, e espécie de terreno, ou bem sobre o que se leva a cabo".

172 ART. 64. LEI Nº 9.605/98. ÁREA DE PROTEÇÃO AMBIENTAL. TOMBAMENTO. APA DA COROA VERMELHA. CONSTRUÇÃO DE POSTO DE GASOLINA. AUSÊNCIA DE AUTORIZAÇÃO DO IPHAN. PESSOA FÍSICA E JURÍDICA. [...] MATERIALIDADE E AUTORIA. COMPROVAÇÃO. CONDENAÇÃO. [...] As provas coligidas na instrução demonstram que houve o erguimento de posto de venda de combustíveis em área de proteção ambiental, mais precisamente a Área de Proteção Ambiental da Coroa Vermelha, em Santa Cruz de Cabrália/BA, sem autorização do Instituto do Patrimônio Artístico e Histórico Nacional - IPHAN, órgão detentor da prerrogativa. 3. O delito de desobediência está caracterizado pela transgressão aos embargos extrajudiciais à obra feitos pelo IPHAN e não cumpridos pelo réu sócio-gerente do empreendimento, tendo, inclusive, se recusado a assiná-los. 4. A aplicação da pena à pessoa jurídica em crimes ambientais deve seguir os mesmos critérios estabelecidos para fixação da pena para a pessoa física. 5. Apelação parcialmente provida. (TRF 1ª Região, 3ª Turma, ACR 283 BA, 41.2008.4.01.3310, Rel. Juiz Tourinho Neto, DJF1 30/07/2010, p. 27).

pelo art. 18 do Decreto-lei nº 25/37, a qual determina que sem a devida e prévia autorização "não se poderá, na vizinhança da coisa tombada, fazer construção que impeça ou reduza a visibilidade", sujeitando a parte à demolição, multa e demais sanções.

Salienta-se, que a tutela engloba a ordenação do território em sentido amplo, em virtude da valia urbanística, ambiental, cultural e demais formas conectadas. Aqui, pretende o legislador "garantir a adequada utilização dos espaços territoriais, vedando usos incompatíveis ou nocivos a valores relevantes", os quais estão nominados e protegidos no tipo penal.[173]

Razões pelas quais a existência e a atenção completa aos termos da licença é formalidade imprescindível, que objetiva ao controle e ao condicionamento dos atos construtivos e de intervenção a interesses e prescrições de ordem pública,[174] em especial por sua ligação com os objetos a serem preservados.

Na espécie, é necessário que o bem tenha o devido "valor", em uma de suas formas descritas. Mas como este tipo penal não se utiliza da mesma linguagem dos artigos 62 e 63, entendemos que aqui podem incidir outros meios de tutela, partindo-se do conceito de patrimônio cultural do art. 216, *caput*, da CF, ou das formas de proteção do seu § 1º, e das citadas fontes administrativa, legislativa ou judicial.

Obrigatório, porém, que sejam formalmente conhecidos e reconhecidos, de maneira clara, hábil e técnica, vindo a demarcar com precisão o entorno do local e as restrições que sobre ele recaiam. Além do imprescindível lastro que justifique a especial proteção, ou seja: a categoria de *valor cultural e/ou ambiental* do art. 64.

Para figurar o ilícito é necessário ainda que a construção não esteja autorizada, ou seja, a obra está desprovida de outorga do órgão administrativo hábil, ou ainda que a intervenção tenha sido operada em desacordo com a autorização concedida, ou adquirida por meio ilegal, ou não tenha sido concedida por autoridade competente, hipóteses em que equivalerá a própria inexistência de autorização.

O sujeito ativo pode ser qualquer pessoa, sem nenhuma restrição (física ou jurídica, de direito público ou privado), sendo possível o concurso das referidas. Já os sujeitos passivos podem ser a pessoa jurídica de Direito Público, a coletividade

173 COIMBRA, Mário; BUGALHO, R. Nélson; SOUZA, Gilson Sidney Amancio. Alguns Aspectos sobre a Tutela Penal da Ordenação do Território. *In:* PRADO, Luiz Regis (Org.). *Direito Penal Contemporâneo.* São Paulo: Revista dos Tribunais, 2007, p. 315.

174 SILVA, José Afonso da. *Direito Urbanístico Brasileiro.* 4. ed. São Paulo: Malheiros, 2006, p. 443.

e os proprietários das áreas próximas, desde que tais não tenham sido sujeitos ativos.

Trata-se de delito comum, simples, comissivo, de forma livre e de resultado, e que se consuma com o início efetivo de qualquer atividade de construção em solo não edificável ou em seu entorno, sendo a tentativa admissível. Por sua vez, a ação penal é pública e incondicionada, seguindo o respectivo rito e sendo cabíveis as figuras da Lei nº 9.099/95. Já a competência processual será definida pela origem da qual emanou a especial proteção sobre o objeto ou por força da sua propriedade.

3.2.4 Ataques à Edificação e ao Monumento Urbano

Prosseguindo, o *art. 65* da Lei nº 9.605/98 incrimina as seguintes ações:

> Art. 65. Pichar ou por outro meio conspurcar edificação ou monumento urbano.
>
> Pena – detenção, de 3 (três) meses a 1 (um) ano, e multa.
>
> § 1º Se o ato for realizado em monumento ou coisa tombada em virtude do seu valor artístico, arqueológico ou histórico, a pena é de 6 (seis) meses a 1 (um) ano de detenção e multa.
>
> § 2º Não constitui crime a prática de grafite realizada com o objetivo de valorizar o patrimônio público ou privado mediante manifestação artística, desde que consentida pelo proprietário e, quando couber, pelo locatário ou arrendatário do bem privado e, no caso de bem público, com a autorização do órgão competente e a observância das posturas municipais e das normas editadas pelos órgãos governamentais responsáveis pela preservação e conservação do patrimônio histórico e artístico nacional.

O tipo penal foi alterado pela Lei nº 12.408 de 2011,[175] a qual retirou da redação original o verbo "grafitar", introduzindo no parágrafo segundo uma excludente específica que descriminaliza o ato de grafitar, além de determinar que as embalagens do tipo aerossol utilizadas para tal fim devam contar as expressões de que "pichação é crime", e de que é proibida a venda deste produto para menores de 18 anos de idade.

O bem jurídico tutelado é o patrimônio cultural (público ou privado e urbano), bem como a paisagem urbana e o seu valor estético nesse meio, além da *res* tombada. A preocupação também reside no embelezamento da cidade e na preservação estética e paisagística dos espaços habitáveis, para garantir um ambiente urbano saudável.

---

[175] A redação era: "Pichar, grafitar ou por outro meio conspurcar edificação ou monumento urbano."

Os verbos do tipo consubstanciam-se nas ações alternativas de: *pichar* (fazer marcas, sinais, escrever, desenhar, utilizando tinta, spray, pincel atômico, etc.), *conspurcar* (sujar, macular) e *por outro meio* (como lançar substâncias, colar cartazes, ou outro ato), em edificação, monumento ou objeto tombado, seja ele móvel ou imóvel; mesmo que já tenha sido atacado por pichação ou outra forma que venha a poluí-lo.

O termo edificação assume os significados de edifício, construção, casa, prédio. Monumento é a obra ou construção que se destina a registrar no presente e transmitir ao futuro a memória do fato ou pessoa notável. Urbano é o situado na cidade e não na zona rural. Coisa tombada é a protegida na forma do art. 216 da CF e do DL nº 25/37.

O objetivo legal foi o de proteger as edificações comuns e os monumentos situados a céu aberto em logradouros públicos, como esculturas, chafarizes, obeliscos, estátuas, bustos, arcos, pontes, túneis, viadutos marcos e outros de vandalismo.[176]

Assim, torna-se possível preservar a paisagem urbana, dentro da sua função estética e da própria higidez do nosso patrimônio cultural, gerando uma ampla tutela destes monumentos e edificações, independente de qualquer ato especial que reconheça o seu valor,[177] para salvaguardá-los de ataques e ações desfiguradoras.

Já o parágrafo primeiro, que possui pena mais grave, protege o monumento ou coisa tombada em face do seu valor artístico, arqueológico ou histórico. Mas sem contemplar as outras formas protetivas, em verdadeiro descompasso com o interesse maior da ampla tutela do patrimônio cultural e beirando a própria incoerência.[178]

Contudo, se o ato de pichar, grafitar ou conspurcar alterar o aspecto de um bem ou local especialmente protegido, essa ação estará capitulada no art. 63. Também, se o resultado de algum desses atos for a destruição, inutilização ou deterioração de um objeto protegido (*v.g.*, um quadro ou um afresco) o crime então será o do art. 62 da lei.

---

176 RODRIGUES, Ramos, 1998, op. cit., p. 39-41. Lembra que aqui não estão inclusos os delitos contra monumentos naturais, previstos incriminados nos Crimes contra a Flora, da Lei nº 9.605/98. Já se o ilícito for praticado contra edificações monumentais ou cidades-monumentos o tipo incidente será o do art. 62.

177 MIRANDA, Marcos Paulo de Souza. *Crimes Ambientais, Comentários à Lei 9.605/98*. MARCHESAN, Ana Maria Moreira; STEIGLEDER, Annelise Monteiro (Orgs.). Porto Alegre: Livraria do Advogado, 2013, p. 295. Ver edição 2016.

178 COSTA NETO; *et al.*, op. cit., p. 363-4; e PRADO, op. cit., p. 504-5. Conforme MACHADO, 1999, op. cit., p. 772, "Todos os monumentos estão protegidos independente de seu tombamento". Porém, podem ser suscitadas discussões na hipótese de ataque a um monumento não tombado da zona rural.

Por outro lado, a figura do "crime de dano" contra o objeto, mesmo que se trate de bem público, é absorvida, restando apenas o ilícito do art. 65.[179] Porém, cremos que se o ato atingir bens integrantes do patrimônio de qualquer dos entes públicos, autarquia, fundação ou empresa pública, sociedade de economia mista ou empresa concessionária de serviços públicos, desde que não ostentem titulação de patrimônio cultural, estaremos diante do delito do art. 163, parágrafo único, III, do Código Penal.

Prosseguindo, o novel parágrafo segundo apresenta uma cláusula de exclusão da ilicitude, sob determinadas circunstâncias previstas no tipo.[180] De que a grafitagem seja realizada com o objetivo de valorizar o patrimônio, como forma de manifestação artística, consentida por quem de direito e com a observância das respectivas normas.

De tal modo que se não forem preenchidas na íntegra tais condições, estaremos diante do delito do art. 65,[181] onde o ato de *grafitar* (pinturas, desenhos, escritos e similares) estará equiparado às condutas de pichar ou conspurcar, na medida em que representará uma foram de ataque e depreciação do bem jurídico tutelado.

Na espécie, o sujeito ativo pode ser qualquer pessoa (física em regra, mas até jurídica, de direito público ou privado), sendo possível o concurso dessas referidas. Já os entes passivos poderão ser a pessoa jurídica de Direito Público, a coletividade, o proprietário da *res* e o seu possuidor, desde que tais não tenham sido sujeitos ativos.

Entretanto, entendemos ser atípica a ação do proprietário do bem que praticar qualquer dessas ações contra o seu patrimônio particular, desde que este não

---

179 ART. 65, § 1º, DA LEI Nº 9.605/98. ART. 163, PARÁGRAFO ÚNICO, INC. III, DO CÓDIGO PENAL. PICHAR PRÉDIO TOMBADO. FACHADA DA PREFEITURA MUNICIPAL. FATO ÚNICO. PRINCÍPIO DA ESPECIALIDADE. PREVALÊNCIA DO CRIME PREVISTO NA LEI AMBIENTAL. Pichar a fachada de prédio tombado - Prefeitura Municipal - é conduta que causa um único resultado típico. Aplicação do princípio da especialidade. Prevalência do crime previsto no art. 65, § 1º, da Lei nº 9.605/98. Mantida a absolvição em relação ao crime de dano qualificado, tendo em vista tratar-se de um único fato. (Tribunal de Justiça/RS, Apelação Crime nº 70057373235, 4ª Câmara Criminal, Rel. Des. Gaspar Marques Batista, j. 15/05/2014). Também, Apelação Crime nº 70046782066, 4ª Câmara Criminal, TJRS, j. 12/04/2012.

180 TOLEDO, op. cit., 2008, p. 167, aduz que o tipo legal "não é mera imagem orientadora ou mero indício de ilicitude. É antes um portador da ilicitude penal, dotado de conteúdo material e, em razão disso, de uma função verdadeiramente seletiva", o que explica as causas legais de justificação e de exclusão.

181 GOMES; MACIEL, op. cit., p. 272, esclarecem que a "lei pretende punir é a conspurcação (o ato de sujar) os objetos materiais indicados no tipo." O que pode ocorrer por pichação, grafitagem ou outro meio. Mas existem casos em que o ato consentido de "pichar ou grafitar uma edificação constitui uma forma de expressão de arte ou até mesmo uma atividade educativa. Nessas hipóteses o fato será atípico".

goze de nenhum valor ou proteção especial, nem se trate de um monumento de fruição pública e se o ato não a gerar prejuízos a terceiros. Do contrário, estará configurado o delito.

O elemento subjetivo do tipo decorre do dolo, oriundo da vontade e consciência de pichar, grafitar ou por outro meio conspurcar edificação, monumento urbano, além de monumento ou coisa tombada pelo seu valor artístico, arqueológico ou histórico.

Trata-se de delito comum, simples, comissivo, de conteúdo variado e resultado, o qual se consuma com a efetiva prática dos atos de pichar, grafitar ou por outro meio conspurcar os objetos protegidos. A tentativa é admissível, como no caso de o agente ser flagrado com o *spray* na mão, no momento em que iniciaria a grafitagem.

A ação penal é pública e incondicionada, no respectivo rito da Lei nº 9.099/95, e sendo cabível a transação penal e o *sursis* processual, se presentes os seus requisitos. Já a competência na seara da justiça comum ou federal será definida pela origem da qual emanou o tombamento do objeto ou por força da propriedade do bem. Outrossim, inscrições e lançamentos de natureza política, partidária e eleitoral estão abrangidos neste tipo,[182] mas isto não gera atração absoluta de competência para o juízo eleitoral.

3.2.5 Ilícitos Previstos no Código Penal

A posição atual vigente é de que os crimes contra o ordenamento urbano e o patrimônio cultural previstos na Lei nº 9.605/98 revogaram os artigos 165 e 166 do atual Código Penal. Porém, considerando o caráter da obra, bem como para uma mais ampla, fiel e histórica compreensão do tema, vejamos os delitos

[182] Inscrições e lançamentos de natureza política, partidária e eleitoral estão abrangidos neste tipo, mas isto não gera, por si só, atração absoluta de competência para o juízo eleitoral. Ocorre que o art. 328 do Código Eleitoral (cuja redação considerava crime "escrever, assinalar, ou fazer pinturas em muros, fachadas ou qualquer logradouro público, para fins de propaganda eleitoral, empregando qualquer tipo de tinta piche, cal ou produto semelhante", punindo com detenção de até seis meses e multa), foi revogado pela Lei nº 9.504/97, a qual atualmente prevê: "Art. 37. Nos bens cujo uso dependa de cessão ou permissão do poder público, ou que a ele pertençam, e nos bens de uso comum, inclusive postes de iluminação pública, sinalização de tráfego, viadutos, passarelas, pontes, paradas de ônibus e outros equipamentos urbanos, é vedada a veiculação de propaganda de qualquer natureza, inclusive pichação, inscrição a tinta e exposição de placas, estandartes, faixas, cavaletes, bonecos e assemelhados. § 1º A veiculação de propaganda em desacordo com o disposto no caput deste artigo sujeita o responsável, após a notificação e comprovação, à restauração do bem e, caso não cumprida no prazo, a multa [...]", redação atual.

previstos na Parte Especial do Código Penal, arrolados na categoria dos "Crimes contra o Patrimônio".

A primeira figura é a do crime de dano, que no *art. 163* tipifica as ações de "destruir, inutilizar ou deteriorar coisa alheia", sendo qualificado no caso de gerar grave prejuízo, ou se atingir bem integrante do "patrimônio da União, Estado, Município, empresa concessionária de serviços públicos ou sociedade de economia mista".

Apesar de o bem jurídico sob tutela ser o patrimônio comum e não o cultural, o tipo em apreço assume relevo na medida em que pode ser utilizado como forma prévia de proteção de objetos públicos ou privados e que revelam serem dotados de características que lhes agreguem valor cultural, artístico, histórico, arqueológico, ecológico ou outro, ainda que tal valia não tenha sido reconhecida. Ou seja, o bem não gozaria de nenhuma espécie de proteção especial, salvo a da condição patrimonial.

Assim, se um prédio de época está em fase de estudos pela sua importância histórica e arquitetônica, o que pode vir a conferir-lhe especial proteção na forma da Lei nº 9.605/98, enquanto tal situação não for oficializada a tutela criminal do objeto estará sendo exercida pelo art. 163 do Código Penal, contra ataques alheios e indevidos que venham a destruir, inutilizar ou deteriorar a edificação, nos moldes deste tipo.

Já o *art. 165* do Código Penal punia o ato de "destruir, inutilizar ou deteriorar coisa tombada pela autoridade competente em virtude de valor artístico, arqueológico ou histórico". No caso, dois eram os bens jurídicos em que estavam envoltos os objetos da tutela do art. 165. O primeiro era o bem imaterial, representado pela vinculação da coisa à história, pelo seu predicado artístico, ou pela sua antiguidade. E o segundo era o material, referente ao patrimônio no seu sentido vulgar (domínio e posse).

Aqui, o preceito normativo, objeto, sujeitos e outros caracteres são congruentes com os já descritos no art. 62 da Lei nº 9.605/98, que revogou tacitamente o art. 165. Contudo, o novo tipo é mais abrangente, e além do tombamento contempla outras formas de especial proteção conferidas por lei, ato administrativo ou decisão judicial.

Por sua vez, o *art. 166* do Código Penal sancionava o ato de "alterar, sem licença da autoridade competente, o aspecto de local especialmente protegido por lei"; tendo por objeto jurídico a inviolabilidade do patrimônio ideal da nação, coibindo a sua mudança, modificação ou desfiguração.

Entretanto, tal tipo fora revogado pelo art. 63 da Lei nº 9.605/98, que é mais abrangente e contempla a alteração, sem licença ou em desacordo com ela, de aspecto ou estrutura de edificação ou local, protegido não só por lei, mas por ato administrativo ou decisão judicial, em virtude dos seus valores.

Interessante também é referirmos a relação entre o art. 91[183] do Código Penal e o novo art. 124-A[184] do Código de Processo Penal. Aquele determina a indenização do dano causado pelo crime, o que nos interesse em termos de ataques ao patrimônio cultural, já que as ações ou omissões desferidas conta tais bens deverão receber restauração e indenização. Também, comina a perda dos instrumentos e do produto do crime, o que é relevante em termos de aquisição de bens culturais materiais móveis e imóveis por vias ilícitas. No que vem a se somar ao CPP, quando este comanda que os instrumentos do crime podem ser recolhidos a museu criminal, e que no caso de decretação de perdas de obras de arte ou outros objetos que tenham valor cultural ou artístico, mas que não possuam vítima determinada, devem ser destinados a museus públicos. Dispositivos todos esses que representam importantes aspectos em termos de atenção e de ganhos para o patrimônio cultural brasileiro.

Por fim, importa registrar que no atual projeto de reforma do Código Penal em tramitação no Congresso Nacional, os delitos e bens jurídicos até aqui ilustrados constam no título dos "Crimes Contra Interesses Metaindividuais", junto ao

---

[183] Art. 91 - São efeitos da condenação:
I - tornar certa a obrigação de indenizar o dano causado pelo crime;
II - a perda em favor da União, ressalvado o direito do lesado ou de terceiro de boa-fé:
a) dos instrumentos do crime, desde que consistam em coisas cujo fabrico, alienação, uso, porte ou detenção constitua fato ilícito;
b) do produto do crime ou de qualquer bem ou valor que constitua proveito auferido pelo agente com a prática do fato criminoso.
§ 1º Poderá ser decretada a perda de bens ou valores equivalentes ao produto ou proveito do crime quando estes não forem encontrados ou quando se localizarem no exterior.
§ 2º Na hipótese do § 1º, as medidas assecuratórias previstas na legislação processual poderão abranger bens ou valores equivalentes do investigado ou acusado para posterior decretação de perda.
Art. 91-A. Na hipótese de condenação por infrações às quais a lei comine pena máxima superior a 6 (seis) anos de reclusão, poderá ser decretada a perda, como produto ou proveito do crime, dos bens correspondentes à diferença entre o valor do patrimônio do condenado e aquele que seja compatível com o seu rendimento lícito. [...].

[184] Art. 124. Os instrumentos do crime, cuja perda em favor da União for decretada, e as coisas confiscadas, de acordo com o disposto no art. 100 do Código Penal, serão inutilizados ou recolhidos a museu criminal, se houver interesse na sua conservação.
Art. 124-A. Na hipótese de decretação de perdimento de obras de arte ou de outros bens de relevante valor cultural ou artístico, se o crime não tiver vítima determinada, poderá haver destinação dos bens a museus públicos.

capítulo dos "Crimes Contra o Meio Ambiente", mais especificamente na seção dos "Crimes Contra O Ordenamento Urbano e o Patrimônio Cultural", o qual está a tramitar como Projeto de Lei do Senado nº 236/2012.[185]

3.2.6 Os Crimes da Lei nº 6.766/1979

Ao dispor sobre o Parcelamento do Solo Urbano, a Lei nº 6.766/1979 contemplou as seguintes figuras de ilícitos contra o ordenamento urbano:

> Art. 50. Constitui crime contra a Administração Pública.
>
> I - dar início, de qualquer modo, ou efetuar loteamento ou desmembramento do solo para fins urbanos, sem autorização do órgão público competente, ou em desacordo com as disposições desta Lei ou das normas pertinentes do Distrito Federal, Estados e Municipíos;
>
> II - dar início, de qualquer modo, ou efetuar loteamento ou desmembramento do solo para fins urbanos sem observância das determinações constantes do ato administrativo de licença;
>
> III - fazer ou veicular em proposta, contrato, prospecto ou comunicação ao público ou a interessados, afirmação falsa sobre a legalidade de loteamento ou desmembramento do solo para fins urbanos, ou ocultar fraudulentamente fato a ele relativo.
>
> Pena: Reclusão, de 1(um) a 4 (quatro) anos, e multa de 5 (cinco) a 50 (cinqüenta) vezes o maior salário mínimo vigente no País.
>
> Parágrafo único - O crime definido neste artigo é qualificado, se cometido.
>
> I - por meio de venda, promessa de venda, reserva de lote ou quaisquer outros instrumentos que manifestem a intenção de vender lote em loteamento ou desmembramento não registrado no Registro de Imóveis competente.
>
> II - com inexistência de título legítimo de propriedade do imóvel loteado ou desmembrado, ressalvado o disposto no art. 18, §§ 4o e 5o, desta Lei, ou com omissão fraudulenta de fato a ele relativo, se o fato não constituir crime mais grave.
>
> Art. 51. Quem, de qualquer modo, concorra para a prática dos crimes previstos no artigo anterior desta Lei incide nas penas a estes cominadas, considerados em especial os atos praticados na qualidade de mandatário de loteador, diretor ou gerente de sociedade.
>
> Art. 52. Registrar loteamento ou desmembramento não aprovado pelos órgãos competentes, registrar o compromisso de compra e venda, a cessão ou promessa de cessão de direitos, ou efetuar registro de contrato de venda de loteamento ou desmembramento não registrado.

---

[185] FLACH, Michael Schneider. Considerações sobre a Proteção do Patrimônio Cultural no Projeto do Novo Código Penal Brasileiro, *Revista do Ministério Público do RS*, Porto Alegre, nº 78, p. 9-14, set./dez. 2015.

> Pena: Detenção, de 1 (um) a 2 (dois) anos, e multa de 5 (cinco) a 50 (cinqüenta) vezes o maior salário mínimo vigente no País, sem prejuízo das sanções administrativas cabíveis.

Tratam-se de delitos contra o urbanismo praticados por via de loteamentos ilegais, especulação imobiliária, documentação irregular, propostas enganosas e negócios jurídicos indevidos, cujos tipos procuram prevenir tais categorias de atos ilícitos, infelizmente ainda frequentes em nosso país, o qual enfrenta problemas imobiliários e habitacionais.

Diferente das figuras previstas na lei dos crimes ambientais, apenas pessoas físicas podem ser responsabilizadas penalmente pela sua prática, cuja abrangência na cadeia do domínio dos fatos está bem definida, com amplitude prevista no art. 51; sendo que todos os seus tipos penais são passíveis dos benefícios da Lei nº 9.099/1995, além da substituição da pena privativa de liberdade por restritiva de direitos.

Por fim, todos os crimes contra o patrimônio cultural e o ordenamento urbano estudados no presente capítulo, são passíveis do novel benefício do acordo de não persecução penal, do atual art. 28-A do CPP.

IV
DA OMISSÃO

O comportamento humano penalmente relevante não advém apenas do exercício ativo de um ato, mas também decorre de uma face passiva constituída pela omissão. Assim, a conduta que serve de base à lei penal e que esta regula pode consistir-se tanto num fazer, como num não fazer, de modo que o direito criminal irá conter normas proibitivas (com caráter de proibição) e imperativas (que ordenam ações cuja omissão pode produzir resultados socialmente nocivos).[186]

Conforme Welzel, se o mundo estivesse em repouso "só poderiam ser cometidos delitos de comissão, por meio de um fazer ativo". Porém, no permanente ciclo da vida social, em que o homem deve *realizar o bem*, ele pode vir por *acarretar o mal*, "caso omita conservar nas maneiras normais as séries de evolução da vida que lhe são atribuídas e confiadas", e que se traduzem nos deveres de garante.[187]

Dessa forma, a manifestação comportamental de ações e omissões constitui-se em duas técnicas diferentes para, em síntese, proibir atos humanos nocivos a bens jurídicos, surgindo da dupla forma de enunciar a norma que dá origem ao tipo, a qual, sob o signo da proibição do ilícito, conterá enunciados proibitivos e preceptivos. E onde, as diferenças entre crimes comissivos e omissivos dependerão muito do critério valorativo, perante a norma de referência utilizada para aferir a conduta humana.[188]

---

186 MUÑOZ CONDE, Francisco; BITENCOURT, Cezar Roberto. *Teoria Geral do Delito*. São Paulo: Saraiva, 2000, p. 102; BITENCOURT, Cezar Roberto. *Tratado de Direito Penal*. 13. ed. São Paulo: Saraiva, 2008, p. 236-7; e MUNÕZ CONDE, Francisco. *Teoria Geral do Delito*. Tradução de Juarez Tavares e Luiz Regis Prado. Porto Alegre: SAFE, 1988, p. 30.

187 WELZEL, Hans. *Direito Penal*. Tradução Afonso Celso Rezende. Campinas: Romana, 2003, p. 290.

188 ZAFFARONI; PIERANGELI, op. cit., p. 510; e PIERANGELI, José Henrique. *Escritos Jurídico-Penais*. São Paulo: Revista dos Tribunais, 1992, p. 37.

Na verdade, as infrações penais comissivas concretizam-se por via do voluntário movimento corpóreo, constante da descrição típica da conduta punível, ou seja, do verbo nuclear do tipo. Enquanto que as omissivas decorrem da abstenção da ação ordenada, o que então representará a parte central do delito.

Assim, em sentido amplo, esses crimes originam-se da omissão de um fato que a norma penal incriminadora determina ou o dever jurídico genericamente impõe ao não se fazer o que deve ser feito. Aqui, não se trata de uma mera e qualquer inatividade, mas, sim, de o não cumprimento da imperatividade da ação exigida, contida no tipo criminal.[189]

Para que assuma relevo penal, em nível de tipificação delituosa, é necessário que o agente omita a ação que tinha o dever de realizar e que poderia executar, em prol da proteção de um bem jurídico e conforme a lei. Afinal, na qualidade de verbo transitivo, o "omitir" não significa apenas deixar de fazer de um modo absoluto, mas deixar de fazer alguma coisa. E que consiste na ação determinada e esperada, a qual era imposta ao agente pelo direito, era possível submeter ao seu poder final de realização, bem como os resultados negativos advindos da sua inação eram conhecidos ou, ao menos, conhecíveis naquelas condições.[190]

Portanto, a omissão surge quando o autor deixa de praticar a ação que lhe impunha o direito. Seja por desobedecer ao comando contido em lei, ou seja, por deixar de exercitar a atividade que nas circunstâncias específicas estava obrigado, com o fim de evitar um resultado negativo que a lei proíbe.

Por sua vez, em relação à capacidade de ação, cumpre analisar os elementos que a cercam. Primeiramente, é necessário que a conduta devida seja fisicamente possível, tendo o autor possibilidade externa e objetiva de atuar – habilidade, força física e condição de realizar o ato. Segundo, é preciso possuir os requisitos intelectuais, ou seja, que o agente tenha a capacidade de condução final – o que envolve o adotar da decisão e o controle do processo que tenha posto em movimento.[191]

---

[189] COELHO, Walter. *Teoria Geral do Crime*. 2. ed. Porto Alegre: SAFE, 1988, p. 82; e BRUNO, Anibal, op. cit., p. 313.

[190] VON LISZT, op. cit., p. 229; e JAKOBS, Günther. *Derecho Penal Parte General. Fundamentos y Teoría de la Imputación*. 2. ed. Madrid: Marcial Pons, 1997, p. 940-1.

[191] TOCILDO, Susana Huerta. Problemas Fundamentales de Los Delitos de Omisión. Madrid: Ministério de Justiça. Centro de Publicações, 1987, p. 290, cita a posição de Kaufmann sobre a "*exigencia del conocimento por parte del omitente de la acción posible; de manera que la capacidad de acción consiste en contar, o poder contar, con la posibilidad de realización de una acción dirigida a un fin conocido*".

Trata-se de uma capacidade real, normativa e psicofísica de atuar, na qual, para além das forças do sujeito devem ser verificados os conhecimentos teóricos de que dispõe, a sua base de cognição (quanto à meta e à finalidade da ação), bem como o conhecimento ou a possibilidade mínima de conhecer e de eleger um ou mais meios adequados para realizar a decisão e produzir o ato com a eficácia exigível.[192]

Destarte, é interessante observar que a omissão não consiste na conduta diversa que o autor realiza enquanto omite, mas, sim, na abstenção da atividade devida. Ou seja, "na não realização da conduta positiva que o agente tinha o dever jurídico e a possibilidade de realizar", em cujo cerne repousará a sua antijuridicidade e a culpabilidade, em relação à norma que impunha a ação ordenada, porém omitida.[193]

Portanto, não se pune o agente propriamente pelo que ele faz, mas por não fazer o que a norma determina. Pela não realização da conduta indicada para conservar o bem jurídico, a qual pode advir de um mandato (que estabelece o comportamento que o direito quer que se realize), ou de uma proibição (aquilo que se deseja que não seja produzido).[194]

Em outras palavras, no caso das normas proibitivas basta que não se realize a ação cominada no tipo, sendo possível a prática de outros atos alternativos. Enquanto que nas normas mandamentais, é necessário realizar a ação determinada, ao invés de alguma ou qualquer outra.[195]

Aqui, não é do interesse do sistema toda a omissão, mas apenas aquelas que opõem aos seus preceitos e determinações. Nas quais o sujeito obrigado acaba por não realizar ações prescritas pelo ordenamento jurídico, embora lhe fosse sabido e possível, daí advindo uma violação ao bem jurídico, a qual poderia ter sido evitada.[196]

---

192 SILVA SÁNCHEZ, Jesús María Silva. *El Delito de Omisión. Concepto y Sistema.* Buenos Aires: Editorial B de f, 2003, p. 43-4; e BUSTOS RAMÍREZ, Juan J.; HORMAZÁBAL MALARÉE, Hernán. *Lecciones de Derecho Penal. Parte General.* Madrid: Editorial Trotta, 2006, p. 333.

193 FRAGOSO, Heleno Cláudio. *Lições de Direito Penal. Parte Geral.* Atualizador Fernando Fragoso. 16. ed. Rio de Janeiro: Forense, 2003, p. 282.

194 SILVA SÁNCHEZ, op. cit., 2003, p. 176, 190-1 e 195.

195 JAKOBS, Günther. *A Imputação Penal da Ação e da Omissão.* São Paulo: Manole, 2003, p. 23-4, cita o ensinamento de Hegel, de que "há mandatos que segundo seu conteúdo último (se fundamentam) numa proibição". E arremata Jakobs que: "uma proibição deve impedir a formação de um motivo que conduza a uma determinada atividade; um mandato, pelo contrário, deve motivar precisamente uma determinada atividade"; sendo que ambas integram um sistema psicofísico.

196 JIMÉNEZ DE ASÚA, Luiz. *Tratado de Derecho Penal.* Buenos Aires: Losada, tomo III, 1965, p. 404-12, o qual também discorre sobre as lições de Antolisei, Von Hippel e Mezger.

Dentro desse sistema, a lei impõe ao garante deveres específicos de cuidado e vigilância, no sentido de neutralizar as fontes de perigo e evitar danos ao objeto, incluso numa concepção propulsiva de direito, que vai além da faceta protetiva e repressiva.[197] Contudo, no caso de violação de tais preceitos por omissão, o sujeito acabará por incidir no conteúdo negativo previsto nas normas proibitivas, tal como se estivesse realizado a própria conduta ativa (comissão), prevista expressamente no tipo penal.

Com efeito, bem assinala Von Liszt que o resultado produzido não é causado, rigorosamente, pela omissão em si, "mas sempre pelas forças naturais" que exercem a sua atividade colateralmente à omissão. Assim, a criança que a mãe deixa de alimentar até a morte irá perecer de consumpção. De tal modo que as forças da natureza a que não se opôs o garantidor é que causarão o resultado, e não diretamente a omissão.[198]

Igualmente Silva Sánchez, ao analisar o clássico exemplo do resultado morte e explicar que não é propiamente a omissão o que ocasiona a morte, mas a inação do sujeito em posição especial de responsabilidade, a quem caberia evitar tal resultado.[199] Afinal, conforme pontua Jakobs, não se causa dano a um objeto apenas quando ele é atacado de forma ativa, "mas também quando não se impede que os próprios meios de organização façam-se autônomos e ameacem causar dano" a ele.[200]

Quanto ao nexo, não se requer um liame de causa entre a conduta proibida (distinta da devida) e o resultado. Mas, sim, um nexo de evitação, como probabilidade muito grande de que a conduta devida teria interrompido o processo causal que desembocou no resultado.

No caso, o nexo de evitação é balizado por uma hipótese mental similar ao de causação da estrutura típica. Ou seja, se imaginamos a conduta devida e com isso desaparece o resultado típico, haverá o nexo de evitação. Porém, se imaginamos a conduta devida e o resultado típico permanece, inexistirá o dito nexo.[201]

---

197 RIVERA LLANO, Abelardo. *Derecho Penal Posmoderno.* Bogotá: Temis, 2005, p. 647.

198 VON LISZT, op. cit., p. 232.

199 SILVA SÁNCHEZ (op. cit., 2003, p. 352 e 454-60) aduz que "por omisión no se 'causa' la muerte, en ningún caso es posible afirmar que se mate por omisión. Lo que ocurre, [...] es que las omisiones de determinado sujetos en posiciones especiales de responsabilidad realizan [...] tipos preceptivos de garante [...] la omisión no realiza los 'tipos escritos' (preceptos legales de base causal y prohibitiva), sino tipos no escritos. [...] el omitente cualificado [...] 'no mata', pero se le castiga como si matase, pues su no evitación de un resultado muerte muestra una equivalencia axiológica con el matar", já que o proibido são as condutas de matar, ou "que se produzca un resultado de muerte."

200 JAKOBS, Günther. *Ação e Omissão no Direito Penal.* São Paulo: Manole, 2003, p. 4-5. Também nesta linha, JAKOBS, Günther. Actuar y Omitir. *In*: YACOBUCCI, Guillermo Jorge (Org.). *Los Desafíos Del Derecho Penal en el Siglo 21.* Lima: ARA Editores, 2005, p. 159-62.

201 ZAFFARONI; PIERANGELI, op. cit., p. 513.

4.1 O Crime Omissivo Impróprio

Dentre os diversos critérios de classificação dos crimes omissivos, o primeiro fora o de Henrich Luden ao dividir tal grupo de delitos em "crimes omissivos de sentido próprio" e os "cometidos através de uma ação omissiva". Aqueles eram delitos de mera inatividade, sem depender da lesão de um direito subjetivo alheio e sendo suficiente a violação de um "dever positivo" previsto na lei. Já os de ação omissiva compreendiam as hipóteses que não consistiam numa "omissão com tal" e cujos fundamentos não se voltavam a uma mera inatividade lesiva, a um dever imposto por lei.[202]

Aqui, embora violassem um dever impositivo ("*Zwangsplicht*"), não tinham nesta relação o seu fundamento. Mas, sim, num "determinado resultado, que, por sua vez, conferiria à omissão as características de uma conduta comissiva, entre as quais se destaca a violação de um direito subjetivo de outrem". Tratando-se, pois, de uma omissão com o "sentido de um outro crime" e não de uma omissão propriamente dita, cujo ilícito estava voltado à mera inatividade violadora de um dever legal.[203]

Outro critério é o normológico, que se vale da natureza da norma violada. Assim, ocorreriam crimes omissivos próprios nas hipóteses de violação de normas preceptivas, que exigem a realização de uma conduta positiva. Enquanto os impróprios violariam normas proibitivas, voltadas à proibição de um determinado resultado.[204]

Já para Herzberg, seriam crimes omissivos próprios aqueles cujo tipo legal admite a sua realização apenas na forma omissiva. Sendo que os impróprios compreendem a realização do delito tanto na forma comissiva, como na omissiva.[205]

Por sua vez, no critério do dever de garante a diferença das duas categorias é a exigibilidade ou não do dever de garante, que estaria ausente nas omissões próprias, Ao passo que nas omissões impróprias consistiria o seu elemento fundamental.

Para Schünemann, e o seu critério lógico-objetivo, impróprias são as omissões que podem ser tratadas, do ponto de vista do direito penal, como equiparáveis à realização de um agir positivo; ou seja, a não realização é equiparada à comissão

---

202 D'AVILA, Fábio Roberto. Ofensividade e Crimes Omissivos Próprios. Contributo à Compreensão do Crime como Ofensa ao Bem Jurídico. *Stvdia Ivridica* nº 85. Coimbra: Coimbra Editora, 2005, p. 215-6.

203 D'ÁVILA, op. cit., 2005, p. 216-7.

204 D'ÁVILA, op. cit., 2005, p. 217.

205 D'ÁVILA, op. cit., 2005, p. 218.

de uma ação individualmente possível. Enquanto que a própria, "por uma lógica de exclusão, são as omissões não equiparáveis a um agir positivo".[206]

Contudo, os dois principais critérios em voga são o do resultado e do tipo penal. Com origem na classificação de Luden, atualmente o critério do "resultado" configura o crime omissivo próprio como a mera desobediência ao mandamento legal. E isso, sem depender de um possível resultado normativamente vinculado que, muitas vezes, pode não apenas existir, mas até mesmo traduzir o fim último desse preceito, sem, porém, pertencer ao tipo de crime; e equivalendo, neste campo, aos de mera atividade.[207]

Já os omissivos impróprios, são aqueles cuja existência está vinculada à ocorrência do resultado típico que, na condição de garante, o sujeito tem o dever de evitar; sendo que, no âmbito omissivo, correspondem aos crimes de resultado.[208]

Salienta-se, porém, que os delitos omissivos próprios, necessariamente, não se constituem em crimes sem evento, mas, sim, em delitos em que este, caso exista, é indiferente ao tipo penal, isto é, não faz parte da descrição típica. Diversamente, a existência dos crimes omissivos impróprios funda-se na ocorrência do resultado típico, que a intervenção do garante deveria ter evitado, pois ordenada na norma preceptiva.[209]

Por sua vez, para o critério formal ou do "tipo penal", elaborado por Armin Kaufmann, os delitos omissivos próprios consistem em crimes cuja existência decorre de expressa previsão legal, em que a omissão está diretamente tipificada. Enquanto os "omissivos impróprios não têm um tipo específico, mas são normalmente o resultado da combinação de uma cláusula geral com o tipo penal de um crime omissivo".[210]

---

206 D'ÁVILA, op. cit., 2005, p. 218-9.

207 D'ÁVILA, op. cit., 2005, p. 219.

208 D'ÁVILA, op. cit., 2005, p. 219-20.

209 D'ÁVILA, op. cit., 2005, p. 220. Dentre as supostas vantagens destacadas por Cadoppi, o autor cita: a) o aspecto linguístico: a qualificação "pura" estaria vinculada à desobediência do mandamento legal, e a "impura" ao plano da causalidade, aproximando-se da ação positiva; b) clareza: para saber se a omissão é própria ou imprópria basta ver se o tipo exige ou não resultado; c) utilidade: "permitiria bons resultados no desenvolvimento da teoria dos crimes omissivos, além de também conter alguns dos critérios utilizados por outros métodos de classificação, como, *v.g.*, o critério normológico e o critério de Herzberg".

210 D'ÁVILA (op. cit., 2005, p. 221) aduz que "Kaufmann chega à conclusão de que a verdadeira essência dos crimes omissivos não está na sua estrutura dogmática, mas sim na sua feição axiológica". A qual deve ser levada em conta ao delimitar os grupos de omissão, propostos em duas formas de classificação: a de considerar como impróprias as hipóteses em que a omissão é equiparada a ação; e a outra em que o problema da classificação não é resolvido pelo legislador, mas por via da jurisprudência e da doutrina.

Entre as vantagens do critério de Kaufmann, está que a sua classificação apresenta-se como mais simples e clara em relação às demais e não se compromete com o conteúdo material do objeto classificado, conferindo "abertura e flexibilidade no desenvolvimento dos elementos constituintes do ilícito-típico" dessas duas classes, além de melhor agrupar os problemas jurídico-dogmáticos dos crimes omissivos.[211]

Assim, firmados os fundamentos das principais teorias e dos seus méritos, podemos estabelecer que enquanto nos crimes omissivos próprios o "não fazer" é um elemento integrante da figura delituosa, sem exigir que ocorra o resultado material, nos omissivos impróprios a omissão é meio ou forma de se alcançar um resultado típico. O que se encontra definido como delito comissivo, advindo da não evitação do resultado típico por quem tem o dever legal de agir em defesa do bem em perigo.[212]

Ocorre que quando um tipo penal descreve a conduta ilícita e proíbe o advento de tal resultado, são a ele pertinentes tanto as ações como as omissões que o realizam, ou contribuem para tal. Pois, conforme Eduardo Correia, da norma que pretende evitar um resultado advém não apenas a proibição de atividades que o produzam, mas também um comando direcionado à realização de todas as ações capazes de evitar a realização deste evento que o tipo penal procura dissuadir.[213]

Portanto, os crimes omissivos impróprios decorrem do dever de evitar o resultado negativo, tarefa essa que incumbe ao garantidor, por reunir as "características especiais que o tornam responsável pela preservação do bem de interesse jurídico". Assim, dentre os seus elementos destacam-se a abstenção da conduta imposta pela norma; a superveniência do resultado típico em virtude da omissão. E a "ocorrência da situação de fato de que deflui o dever de agir", diante do perigo para o objeto.[214]

---

211 D'ÁVILA, op. cit., 2005, p. 230. O autor também apresenta as suas críticas e ainda discorre sobre o "critério do tipo penal" (p. 222-235).

212 TAVARES, Juarez (As Controvérsias em torno dos Crimes Omissivos. Rio de Janeiro: Instituto Latino-Americano de Cooperação Penal, 1996, p. 73) explica que na omissão imprópria "a não realização da ação possível, por parte de um sujeito na posição de garantidor, implique no não impedimento do resultado, na mesma medida de sua produção por ação."

213 CORREIA, Eduardo. Direito Criminal. Com a colaboração de Figueiredo Dias, I, 1963, p. 271, 301, *apud* FIGUEIREDO DIAS, Jorge. *Direito Penal. Parte Geral. Questões Fundamentais. A Doutrina Geral do Crime.* Tomo I, São Paulo: Coimbra Editora (2. ed.) e Revista dos Tribunais (1. ed.), 2007, p. 918.

214 MUNHOZ NETTO, Alcidez. Os Crimes Omissivos no Brasil, *Revista de Direito Penal e Criminologia.* Rio de Janeiro: Forense, nº 33, p. 19, jan./jun. 1982.

Na figura imprópria, a regra é que o comportamento omissivo não seja mencionado por expresso no tipo, o qual é dotado de certa abertura, vindo apenas a descrever e a proibir determinada conduta ativa. Contudo, no prisma valorativo, são considerados equivalentes e incluídos na descrição típica da conduta proibitiva de determinados comportamentos omissivos, os quais contribuem igualmente para a produção do resultado negativo que a norma veda.[215]

Ressalva-se, porém, que tal "equivalência" deve ser vista como uma espécie de "identidade", em razão do princípio da legalidade. Assim, para configurar um delito omissivo impróprio, não expresso, cumpre que a "redação do tipo penal - combinada com as situações legalmente expressas e que fundamentam o dever de impedir o resultado pela constituição do sujeito garantidor - possa implicar o mesmo conteúdo de injusto do seu cometimento por ação".[216]

Nesses casos, tanto o atuar como o omitir possuirão um tipo de equivalência, a qual se traduzirá na própria expressão do tipo penal comissivo, a partir de um processo interpretativo e integrado pelos preceitos legais que descrevem os deveres do garante. De modo que esta categoria de dispositivos incidirá como uma espécie de norma geral de transformação, com função complementar, apontando para a realização do ilícito penal contido no "*Tatbestand*", a partir da combinação da norma de proibição da forma ativa, com a norma mandamental da figura omissiva.[217]

Entretanto, como bem adverte Figueiredo Dias, esta equiparação deve possuir como esteio uma "proposição político-criminal fundamental, através da qual se liga às concepções do papel do Estado e à posição dos indivíduos perante ele". Além de possuir limites, dentro dos quais seja possível chegar à conclusão segura de que *o desvalor da omissão corresponde no essencial ao desvalor da ação*.[218]

A rigor, na medida em que junto à norma proibitiva está implícito o comando normativo que impõe ao agente, em circunstâncias específicas, o dever jurídico

---

215 BUSTOS RAMÍREZ; HORMAZÁBAL MALARÉE (op. cit., p. 328 e 337) explicam que os delitos de omissão imprópria não estão "*directamente tipificados pelo legislador, sino que son construidos por el intérprete a partir de tipos de comisión*"; sendo, pois, tipos abertos a serem complementados.

216 TAVARES, op. cit., p. 79-81. Também, FRAGOSO, op. cit., p. 285-6; e MUNÕZ CONDE, op. cit., p. 33.

217 JAKOBS. *Derecho Penal*, 1997, op. cit., p. 944-6, citando o § 13.1 StGB (Código Penal alemão). Função que, no direito pátrio, será desempenhada pelo art. 13, § 2º, do Código Penal.

218 FIGUEIREDO DIAS, op. cit., p. 918-23. Acrescentando que: "Decisivo é que o princípio da correspondência nestes casos só pode ser afirmado se e quando o resultado tiver sido produzido, por omissão, sob a forma tipicamente exigida pelo delito de acção." Além de alertar para a "questão da constitucionalidade" desta equiparação, por conta do princípio da legalidade.

de se ativar e impedir o evento, a transgressão dessa norma não explícita é que constituirá o crime comissivo por omissão, quando o garante não evitar a superveniência do resultado indesejado contido no tipo penal.

Em verdade, este comando está oculto num dos compartimentos da norma. E, embora o dispositivo legal não o revele por expresso, ele repousa no tipo, junto ao verbo comissivo, só que sob o aspecto de mimetismo, como forma de proteção ao bem jurídico, aqui tutelado pela norma de maneira bem ampla.

Daí o motivo da sua denominação, a que Quintano Ripollés chama de "falsa omissão". Granderath qualifica como aparente omissão e verdadeira ação. Wessels a traduz como um "reflexo dos delitos comissivos". E Jiménes de Asúa classifica-a como uma categoria intermediária, uma terceira espécie entre a comissão e a omissão.[219]

Com efeito, o decisivo é a existência de um "mandamento de ação", no sentido de evitar-se um resultado negativo cujo desfecho pertence a um delito comissivo. De onde, com o advento da omissão imprópria, acaba sendo realizado o conteúdo da descrição típica positiva da norma, cuja proibição também pode ser violada por ação.[220]

Portanto, a omissão imprópria é uma forma de realização típica caracterizada pela sua equivalência com a comissão ativa nos delitos de resultado, sem que figure expressamente determinada nos preceitos legais de descrição negativa. Mas com a sua punibilidade derivando da descrição positiva destes preceitos, contidos nos tipos da Parte Especial do Código Penal e da legislação extravagante, os quais expressam a proibição de causar um resultado.

Conforme Kaufmann, o ponto de partida da equiparação é um tipo de comissão que castiga o causar uma lesão ou o colocar em perigo um bem. Ainda, deve existir um mandato jurídico de evitação do resultado que tenha por conteúdo evitar tal lesão, ou cuja vulneração equivalha, em sede de injusto e culpabilidade, ao delito de comissão, somado aos próprios deveres e às condições de que dispõe o garantidor.[221]

---

219 WESSELS, Johannes. *Direito Penal. Parte Geral (Aspectos Fundamentais)*. Tradução Juarez Tavares. Porto Alegre: SAFE, 1976, p. 158; e JIMÉNEZ DE ASÚA, op. cit., p. 404-12.

220 SILVA SÁNCHEZ, op. cit., 2003, p. 397-402. O autor esclarece ainda, que o "decisivo en los tipos de omisión es, pues, la obtención de prestaciones positivas de unos individuos en favor de otros con el fin de mejorar o potenciar sus situaciones jurídicas. Lo proprio de la comissión, la evitación de intromisones lesivas de unos individuos en la esfera jurídica de otros." Assim, as normas proibitivas "tratarían de impedir que el sujeto se inmiscuya en forma especialmente grave en la esfera de bienes jurídicos ajenos. Las preceptivas pretenderían conseguir prestaciones positivas a esa esfera de bienes jurídicos" (p. 196).

221 SILVA SÁNCHEZ, op. cit., 2004, p. 450 e 454; e JAKOBS, op. cit., 1997, p. 947 e 951.

Dessa forma, o delito omissivo impróprio terá azo quando o agente que tinha o dever jurídico de atuar não interrompeu a sucessão dos acontecimentos em curso, provocando uma modificação no mundo exterior que não deveria ser produzida. E que ocorre, justamente, pelo fato de omitir-se, ao não realizar o que deveria ser feito, em circunstâncias nas quais incide um quadro de perigo para o bem jurídico.

Com efeito, no caso do art. 62 da Lei nº 9.605/98, a norma primária subjacente está proibindo qualquer causa que venha a "destruir, inutilizar ou deteriorar" o bem especialmente protegido, seja por ação, omissão ou mesmo em nível de tentativa.

Entretanto, caso tal delito venha a ser praticado por omissão, o seu autor, como garante, também estará infringindo o mandato da norma, no sentido de evitar que o bem seja destruído, inutilizado ou deteriorado. Desse modo, a omissão do agente caracterizará a conduta descrita num tipo proibitivo, mas que adveio da não evitação do resultado, cujo dever estava contido no comando preceptivo, não escrito expressamente no tipo.

Nestas circunstâncias, quando a omissão completa o quadro das condições necessárias para que o evento vedado pela norma proibitiva se realize, deve ser verificado se o resultado típico desapareceria no caso de ser operada a ação devida, por meio de um juízo de equivalência entre a conduta omitida e a ação proibida.

Ou seja, em termos hipotéticos e complexos, procura-se determinar que tipo de ato seria capaz de evitar a lesão ao bem jurídico, bem como se o garante estava obrigado e possibilitado de atuar, dentro de um imperativo legal e com condições físicas e psíquicas para realizar algum tipo de ação eficaz para a salvaguarda do objeto.

Assim, definindo a omissão penal como a não realização da ação tipicamente indicada para a prestação positiva de salvaguarda de um bem jurídico, apontamos, de acordo com Bacigalupo, os seguintes pressupostos da sua figura imprópria: a produção de um resultado típico (de lesão ou perigo); a qualidade do autor e a posição de garante; a sua capacidade de realizar a ação; a causalidade hipotética de evitar o resultado, e a equivalência da ilicitude omissiva com o devido delito de comissão.[222]

Dentro do "poder de agir", é preciso que, além do dever, o agente tenha a possibilidade física de agir para evitar o resultado, bem como possua os requisitos

[222] BACIGALUPO, Henrique. *Principios de Derecho Penal. Parte General.* Madrid: Akal, 1997, p. 400-5.

intelectuais (ou mesmo técnicos) da capacidade de ação, conforme já exposto. Assim é necessária a possibilidade individual do agente de realizar a ação questionada, segundo as suas condições corporais e de inteligência.

Outro pressuposto é o da "evitabilidade do resultado", a partir de um juízo hipotético de eliminação sobre o ato. Aqui, a causalidade não se refere à omissão como tal, mas possui um nexo direito entre a ação e o resultado. Dessa forma, caso a realização da conduta sabida, devida e possível de ser praticada fosse apta a impedir o desfecho negativo, considera-se a inação do garante como a causa do evento lesivo.[223]

Contudo, "se a realização da conduta devida não tivesse impedido a ocorrência do resultado que, a despeito da ação do agente, ainda assim se verificaria, deve-se concluir que a omissão não deu 'causa' a tal resultado".[224] Aqui, torna-se fundamental a possibilidade fática que teve o agente de evitar o evento, o qual lhe será imputado se constatado como certo, ou como muito provável, que, se caso tivesse operada a ação ordenada, o resultado não seria produzido, sendo, pois, fruto direto da sua omissão.[225]

Na espécie, conforme Hungria, causa não é apenas um conceito naturalístico, mas também lógico. E sob este prisma, "é condição de um resultado a não interferência de forças que podem impedir o seu advento". Assim, aquele que não impede um evento podendo fazê-lo "é condição dele, tanto quanto às condições colaterais que tendiam para sua produção." De onde, a omissão é causal em relação ao resultado, caso o evento subsequente "teria sido impedido pela ação omitida".[226]

Com efeito, deve ser perquirido até que ponto a não intervenção do garante foi fundamental, pois estando ele obrigado, em condições de agir e com um atuar decisivo, haverá omissão causal no tocante ao resultado lesivo previsto no tipo comissivo. Afinal, além do domínio e poder sobre o fato, incidem deveres jurídicos especiais. De modo que a ilicitude não decorrerá de uma causação direta, mas

---

223 SILVA SÁNCHEZ, op. cit., p. 53. Ademais, para MEZGER, *apud* JIMENEZ DE AZÚA, op. cit., p. 680, "La pregunta decisiva se formula así: ¿Hubiera sido impedido por la 'acción esperada' el resultado que el derecho desaprueba? Cuando esta pregunta se responde afirmativamente, la omisión es causal en orden al resultado." Acrescenta Jimez de Asúa que, de acordo com Adolf Schönke, ocorrerá a relação de causalidade, quando "la acción omitida, no podría ser concebida, sin que con ella, el resultado producido no hubiera sobrevenido".

224 MUÑOZ CONDE; BITENCOURT, op. cit., p. 97-8. Também MUNÕZ CONDE, op. cit., p. 34.

225 TOCILDO, op. cit., p. 294-5; e BUSTOS RAMÍREZ; HORMAZÁBAL MALARÉE, op. cit., p. 348-9.

226 HUNGRIA, Nélson. *Comentários ao Código Penal.* Rio de Janeiro: Forense, 1953, v. 1, tomo 2, p. 65. Na mesma linha, COELHO, op. cit., p. 87; e FRAGOSO, op. cit., p. 286.

do descumprimento do dever jurídico de garantidor, ao não obstruir o processo danoso ao bem tutelado.[227]

Dessa forma, já adentramos no requisito seguinte, que é o da necessária e proporcional simetria entre a conduta ativa descrita no preceito proibitivo e a omissão. Nesse caso, além da infração a um especial dever jurídico de agir que cabe ao garante, é preciso que o ato omitido possua a devida correspondência com as modalidades de conduta típica e ativa, dentro de um juízo de equivalência valorativa.

A próxima condição é o "dever de impedir o resultado". Ou seja, além dos perigos para o objeto, do conhecimento, do poder e da capacidade de ação (a partir do que o evento não ocorreria), ainda é necessário que o agente tenha o especial dever de evitar o resultado, como garantidor da sua não incidência e como o responsável direito pela preservação do bem jurídico tutelado pela norma penal.

Aqui, a equiparação do omitir-se com o fazer ativo sempre pressupõe a posição de garante, o qual é juridicamente responsável para que o resultado típico não ocorra, em virtude de um dever jurídico. Assim, tal requisito que confere a condição de garantia, é uma decorrência oriunda da ligação íntima do omitente com o bem jurídico.

Portanto, ao não evitar o acontecimento antijurídico evitável, o garante acaba por completar o quadro de ilicitude, concretizando por um "não fazer" a conduta proibida descrita num tipo comissivo. E cujas consequências de sua inércia ser-lhe-ão debitadas tal qual tivesse realizado o seu verbo nuclear de forma ativa, pois a vulneração do bem jurídico tutelado ocorreu na mesma medida e de forma equiparável (ação X omissão).

De onde, ocorrerá a causalidade na omissão quando "a ação juridicamente esperada não pode ser acrescentada hipoteticamente, sem que o resultado, em sua manifestação concreta, deixe de existir com probabilidade beirando a certeza". Por sua vez, as "circunstâncias particulares, que fundamentam esta posição de garantidor, são elementos não escritos do tipo dos delitos omissivos impróprios",[228] mas que figuram na Parte Geral do Código Penal, cujas fontes veremos no item seguinte.

---

[227] MARQUES, José Frederico. *Tratado de Direito Penal. Da Infração Penal.* Campinas: Bookseller, 1997, v. II, p. 80; e LUNA, Everaldo da Cunha. O Crime de Omissão e a Responsabilidade Penal por Omissão, *Revista de Direito Penal e Criminologia.* Rio de Janeiro: Forense, nº 33, p. 53, jan./jun. 1982.

[228] WESSELS, op. cit., p. 162-5.

4.2 A Condição de Garante

Tão importante quanto o resultado danoso, é o dever jurídico de valer-se dos meios disponíveis para tentar evitá-lo. Aqui, o sujeito torna-se o causador do fato quando descumprir o seu especial dever de agir, no sentido de obstruir o processo causador do ilícito que a norma penal proíbe.

Assim, a inatividade do obrigado gera uma consequência equivalente, do ponto de vista da tipicidade, à causação deste resultado por meio de uma ação, como se estivesse a praticar um crime comissivo. A partir disso, além dos requisitos já verificados, para atribuir-se ao sujeito a responsabilidade pelo delito é necessário um fator adicional, consistente no ônus de ter evitado a consequência típica, cujo dever de agir resulta da posição de garantidor.

A dita condição decorre da amplitude assumida pela norma preceptiva e da necessidade proposital de esgotar o conteúdo proibitivo do tipo ativo, com o propósito de conferir parâmetros ao círculo dos possíveis sujeitos. E isso tudo, "mediante a limitação da proibição típica àqueles autores que estão especialmente obrigados à conservação, restauração ou reparação do bem jurídico penalmente tutelado".[229]

Portanto, de regra, o autor do crime comissivo por omissão será quem possua uma relação específica com o bem jurídico tutelado, estando obrigado a defender o objeto de ataques e de condições que lhe provoquem um resultado depreciativo ou até extintivo. Sob tal ponto de vista, temos aqui uma espécie de crime próprio, já que este "só pode ser praticado por determinadas pessoas que reúnam certas condições (de fato ou de direito) exigidas para autoria".[230]

Diante disso, e partindo da teoria de Nagler, tem-se que o omitente deva estar numa posição especial da qual derive, imediatamente e da sua parte, uma obrigação de garantir a proteção de determinados objetos jurídicos, afastando os perigos que orbitem em torno destes, dentro daquilo que seja lícito, possível e eficaz.[231]

Contudo, por posição de garante não se deve entender qualquer cumprimento de uma atividade possível e que teria evitado o resultado. Mas daquela que gera um especial dever de garantia, diante de uma relação efetiva e de vínculo íntimo para salvaguardar o bem jurídico, adequada ao dever e que resulte das ordens da

---

[229] ZAFFARONI; PIERANGELI (op. cit., p. 514-5), ao explicarem que por detrás de vários tipos ativos "há uma espécie de 'falsete', que é o tipo omissivo equivalente não escrito, que funciona como um tipo aberto e que o juiz tem que fechar, em cada caso, com a norma que coloca o autor na posição de garantidor."

[230] FRAGOSO, op. cit., p. 287. No mesmo sentido, MARQUES, op. cit., p. 80-1.

[231] NAGLER, *apud* TOCILDO, op. cit., p. 61.

vida em sociedade,[232] ou mesmo de uma fonte de perigo que impõe deveres de vigilância.

De qualquer forma, deverá ter sua origem primeva ligada (de modo direto ou indireto) a uma fonte legislativa, e que, no direito pátrio, decorre do artigo 13, § 2º, do Código Penal, o qual determina:

> Art. 13. O resultado, de que depende a existência do crime, somente é imputável a quem lhe deu causa. Considera-se causa a ação ou omissão sem a qual o resultado não teria ocorrido.
>
> [...]
>
> *Relevância da omissão*
>
> § 2º A omissão é penalmente relevante quando o omitente devia e podia agir para evitar o resultado. O dever de agir incumbe a quem:
>
> a) tenha por lei obrigação de cuidado, proteção ou vigilância;
>
> b) de outra forma, assumiu a responsabilidade de impedir o resultado;
>
> c) com seu comportamento anterior, criou o risco da ocorrência do resultado.

Aqui, tal dispositivo confere uma fórmula pragmática a exigir o cumprimento de um dever oriundo de lei, da assunção de uma responsabilidade, de uma conduta precedente, ou na custódia de uma fonte de que derivem perigos para o objeto. Desse modo, o imperativo legal de se evitar o resultado não se estende genericamente, mas possui um destinatário próprio ao qual cabe juridicamente proteger o bem.[233]

Assim, decorre que o sujeito encontra-se obrigado a impedir a produção do evento, em virtude de determinados deveres impostos pelo ordenamento jurídico, e cujo cumprimento assumiu ou que lhe incumbem em razão do seu cargo,

---

232 WELZEL, op. cit., p. 292. Acrescenta o autor alemão ser o garantidor "una persona con poder de hecho, que esté ligada con el bien jurídico amenazado por una relación de vida estrecha y especial de la cual resulta esta persona 'el garante' de la integridad del bien jurídico. Autor de omisión, por tanto, es solo aquel que tiene una posición de garante efectiva respecto del bien jurídico y en esta posición, no evita el resultado típico a pesar de poder hacerlo", *apud* RIVERA LLANO, op. cit., p. 662.

233 ZAFFARONI, Eugenio Raul. Panorama Atual da Problemática da Omissão, *Revista de Direito Penal e Criminologia*. Rio de Janeiro: Forense, nº 33, p. 34, jan./jun. 1982. Já REALE JR., Miguel (*Instituições de Direito Penal*, Parte Geral. Rio de Janeiro: Forense, 2004, v. 1, p. 261) anota a posição de Bacigalupo, para quem o dever de agir decorre da relação concreta do sujeito com o bem jurídico lesado, sendo que só poderá ser autor do crime omissivo impróprio quem for o responsável perante o ordenamento jurídico pela não produção do resultado.

da profissão, da relação especial com o objeto tutelado ou diante da sua conduta anterior.[234]

Portanto, o marco das situações de garantia é produzido a partir do concreto compromisso do garante, o que decorre da natureza específica da sua relação com a fonte de perigo ou o objeto afetado, onde deverá proteger determinados bens de certos riscos. Porém, apenas nos casos em que o compromisso de garante resulta inequívoco é que se torna possível falar de que ele toma em suas mãos o risco real ou hipotético, atuando como uma barreira de contenção diante das fontes de perigo.[235]

Dessa forma, a posição de garante é que conterá o elemento decisivo da autoria, o que converterá os sujeitos que omitem a prática da ação idônea para evitar o resultado em verdadeiros autores da omissão, em virtude da quebra do dever contida no tipo e no seu preceito mandamental.

Contudo, nem toda a desobediência de um mandato é que inscreverá tal atitude no rol dos delitos omissivos impróprios, mas apenas aquelas que caracterizarem a infração de um dever de garante. O qual deve estar previsto em uma das fontes admitidas no sistema e possuir tipo penal próprio, bem como gerar uma lesão ou um perigo para o bem jurídico tutelado de modo a justificar a necessidade de sua proteção.[236]

Assim, para Bacigalupo e Kaufmann, a condição de garante seria dividida em dois grupos. No primeiro, estariam aqueles que devem cumprir a função protetora de bens jurídicos determinados, sendo eles os "garantes de cuidado ou proteção" – aqui, estão inclusos os casos de garantia assumidos pelo sujeito ou impostas pelo direto. Já no segundo grupo, figuram aqueles que têm por função vigiar

[234] Assinala-se que da análise das concepções sobre a posição de garante, Figueiredo Dias firma posição em torno de uma "teoria material-formal". De acordo com esta, as obrigações de garantia seriam resultantes de: "deveres de proteção e assistência a um bem jurídico carecido de amparo"; "deveres de vigilância e segurança em face de uma fonte de perigos"; "posições de monopólio" (ou "domínio fático absoluto da fonte de perigo"; e "pluralidade de deveres de garante" (ou "concurso de deveres"), op. cit., p. 938-53.

[235] SILVA SÁNCHEZ, op. cit., p. 464-5, ao estabelecer a situação de "*relaciones peligro-bien jurídico*".

[236] KAUFMANN, *apud* BACIGALUPO, op. cit., p. 399, lista como requisitos: "a) la existencia de un tipo comisivo, que penalice la realización de la lesión o puesta en peligro de un bien jurídico; b) la existencia de un mandato, que tenga por contenido la evitación de esa lesión o puesta en peligro del bien jurídico; c) la lesión de este mandato tiene que igualar, por lo menos aproximadamente, en contenido de ilicitude y en la magnitud del reproche de culpabilidad y, por tanto, en merecimiento de pena, al delito de comisión."

determinadas fontes de perigo, ou seja, são os "garantes de segurança" – no que se incluem as situações nascidas da ingerência.[237]

Na alínea "a" do art. 13, o dever jurídico que obriga a agir e que caracteriza a omissão como contrária à norma, resulta de um preceito positivo de ordem jurídica, "quer este preceito seja imposto pelo direito penal, quer seja expresso ou tacitamente por outro ramo do direito, isto é, procedente de um conjunto de deveres resultantes de uma situação jurídica determinada".[238]

Na espécie, tais fundamentos jurídicos constituir-se-iam na lei, ou mesmo num mandamento equivalente à lei. Ou até no próprio direito costumeiro reconhecido, desde que tais casos representem preceitos jurídicos especiais ou relações asseguradas juridicamente, aptos a se constituírem em autêntico dever jurídico.[239] De onde, a infração omissiva destas obrigações é que irá configurar a respectiva conduta típica.

No estudo em pauta, apontamos o proprietário de uma casa tombada, a qual detém a condição de "bem especialmente protegido por ato administrativo". Aqui, figura ele como garante mor da sua preservação. Pois, além de representante principal, é o próprio titular do objeto, a quem incumbe empreender todos os esforços possíveis para tutelar o bem jurídico, bem como o dever de salvá-lo das situações de perigo.

A função de garante nos delitos ambientais assume tamanha importância, que a própria Lei nº 9.605/98 previu na categoria de "crimes contra a administração ambiental", a conduta omissiva de "deixar, aquele que tiver o dever legal ou

---

[237] BIERRENBACH, Scheila. *Crimes Omissivos Impróprios. Uma análise à Luz do Código Penal Brasileiro.* 2. ed. Belo Horizonte: Del Rey, 2002, p. 75. A autora anota que Bacigalupo colaciona os requisitos de Kaufmann como a posição de "*protección de un bien jurídico contra todos los ataques*" e "*vigilancia de una determinada fuente de peligro en relación a cualquier bien jurídico que pueda ser amenazado por ella.*"

[238] SIQUEIRA, Galdino (*Tratado de Direito Penal*, Parte Geral. Rio de Janeiro: José Konfino, 1947, tomo I, p. 294) registra que o devido comando jurídico pode advir do direito penal ou de outra fonte. WESSELS (op. cit., p. 163) inclui a "íntima solidariedade natural" entre cônjuges e parentes. FIGUEIREDO DIAS (op. cit., p. 939) refere aqui os *deveres de proteção e assistência a um bem jurídico carecido de amparo*, a partir de relações fáticas e de dependências, podendo ir além do estatuído em lei.

[239] Para JIMENEZ DE ASÚA, op. cit., p. 420, tal dever pode advir de lei ou decreto com valor legiferante. E SOUZA, Carmo Antônio de (*Fundamentos dos Crimes Omissivos Impróprios.* Rio de Janeiro: Forense, 2003, p. 90-1) invoca Von Hippel e Costa Jr. para explicar que neste caso "decretos com valor legiferante, ordens legítimas de autoridades, preceitos consubstanciados em regulamentos podem gerar obrigações para impedir o resultado", desde que "exista um vínculo de natureza jurídica."

contratual de fazê-lo, de cumprir obrigação de relevante interesse ambiental", com pena de até três anos, art. 68.

De onde, caso não realize as medidas às quais está obrigado e, em decorrência da sua omissão, o imóvel venha a sofrer algum dano, que ocasione a sua destruição, inutilização ou deterioração, o proprietário será o responsável pela ocorrência de tais eventos, como se os tivesse praticado, uma vez que como garante não os impediu. Assim, a imputação de tais fatos contra ele advirá da combinação do tipo do art. 62 da Lei nº 9.605/98, com o preceito do art. 13, § 2º, "a" do Código Penal, somados ao ato que conferiu especial proteção ao bem e ao próprio sentido do art. 17 do DL nº 25/37.[240]

O segundo caso ocorre quando de outra forma é assumida a responsabilidade de impedir o resultado. Aqui, não está contemplado apenas o dever contratual, mas outras formas em que a parte tenha voluntariamente se colocado nesta posição, assumindo uma obrigação de cuidado, a qual se traduz no dever de garante. Embora tal hipótese ocorra, em regra, nas relações de trabalho, nas quais uma pessoa obriga-se profissionalmente a um dever de cuidado para com determinado objeto, não é necessário um contrato ou outro instrumento jurídico formal para surgir a posição de garantia e os deveres daí inerentes.[241]

Contudo, é imprescindível que o sujeito efetivamente assuma esta custódia, de modo a conduzir o objeto garantido a uma decisiva dependência em relação à pessoa do garantidor. Para que este, quando da superveniência do resultado típico, possa, assim, responder pela omissão, a ele imputável como equivalente à ação ilícita.

Trata-se, pois, de uma posição que se origina apenas sobre a base da assunção efetiva de um dever, somente a partir do qual o garante está obrigado à proteção do bem, embora não necessite de qualquer vinculação jurídica, bastando a aceitação fática.[242]

---

240 Como para o art. 17 os bens tombados não poderão ser destruídos, mutilados ou alterados, interpreta-se que tais formas de dano compreendem tanto a ação como a omissão, e que a norma atinge o garante, o qual, de regra, revela-se na pessoa do proprietário ou responsável pelo objeto.

241 MUÑOZ CONDE; BITENCOURT, op. cit., p. 99-100; MUÑOZ CONDE, op. cit., p. 35-6; JIMENEZ DE ASÚA, op. cit., p. 423; e TAVARES, op. cit., p. 69, que cita o caso do médico em relação aos pacientes.

242 WELZEL, op. cit., p. 292-3. O autor cita ainda uma outra fonte de garantia, derivada de uma "relação especial de confiança, da qual se espera o evitamento de determinados perigos, como consequência das relações da vida social, baseadas sobre uma particular confiança recíproca", a ser vista no caso concreto. Já FRAGOSO (op. cit., p. 288) ilustra como exemplo o pedestre que ajuda um cego na travessia da rua. E BIERRENBACH (op. cit., p. 79-80) qualifica tal condição como "assunção voluntária de custódia".

Um exemplo aplicável ao presente estudo é o do inquilino que loca um imóvel tombado, estando ciente de suas obrigações, as quais, inclusive, estão previstas por expresso em contrato. Mas que nada faz, quedando-se inerte diante da ação impiedosa das condições naturais, que com o tempo vão causando danos no bem, conduzindo à deterioração de parte da fachada do prédio histórico.

Neste caso, firmada a omissão do locatário como causa do fato ilícito, ele responderá pela prática do delito do art. 62 da Lei nº 9.605/98, por força do disposto do art. 13, § 2º, "b", do Código Penal e das cláusulas inerentes. Sem prejuízo de apurar a responsabilidade do proprietário, que, se cabível, residirá no art. 13, § 2º, "a".

A terceira hipótese é a do sujeito que com seu comportamento anterior criou o risco da ocorrência do resultado. Além da responsabilidade pelas fontes de produção do perigo, sejam elas preexistentes ou não, estão compreendidas no dispositivo legal as situações daqueles que com a sua conduta anterior criaram o perigo, em relação aos os resultados lesivos que dele derivam.[243]

Na espécie, a posição de garante surge como consequência da atividade anterior causadora do perigo, onde um fazer ativo e prévio é a gênese do risco próximo de um evento lesivo ao objeto. De modo que quem cria o perigo de dano passa a ter a obrigação legal (ou o dever jurídico) de afastá-lo por completo, na defesa do bem.

Aqui, ao desencadear o processo de risco, ou agravar o já existente, perante o sujeito recai o ônus de regredir tal quadro, impedindo que o nível de perigo evolua para uma situação de dano e se concretize na forma de lesão efetiva ao bem tutelado, cujo dever de salvaguarda e evitação é seu.[244]

Contudo, para que este atuar precedente (ou de ingerência) gere a situação de risco para o objeto e, em decorrência, a obrigação de agir – como forma de evitar que o perigo converta-se em dano –, é necessário que a conduta prévia seja objetivamente antijurídica, que o risco criado seja adequado e idôneo para produzir

---

[243] JAKOBS (*Ação e Omissão* [...], op. cit., p. 49) explica que o risco por conduta procedente vale incluso caso "o titular do bem posto em perigo tampouco tenha cumprido com aquilo que lhe incumbia." Tocante às questões da responsabilidade objetiva na omissão, ver JAKOBS, 1997, op. cit., p. 965-1012. Já sobre incremento do risco, conduta e resultado, ver CANCIO MELIÁ, Manuel. *Líneas Básicas de la Teoria de Imputación Objetiva*. México (DF): Angel, 2001, p. 100 *et seq.*

[244] RIVERA LLANO (op. cit. p. 665) invoca o pioneirismo de NAGLER, para explicar que tal dever fundamenta-se no fato de que "quien con su actividad origina el peligro de producción de un resultado típico está jurídicamente obligado a evitar los daños que amenazan producirse, [...] debe preocuparse de que el peligro por él creado no se transforme en un resultado típico", como consequência do ato anterior.

o resultado típico, e que a conduta anterior cause um perigo, e não um dano imediato próprio da ação.[245]

No nosso estudo, um exemplo é o do proprietário que ao realizar pequenos reparos no telhado do imóvel protegido, deixa-o sem cobertura por um longo lapso, fazendo com que a exposição contínua a intempéries acabe por deteriorar o sótão da casa. Aqui, a omissão da parte que tardou em recolocar o teto protetor criou um risco que se converteu em dano efetivo ao bem.

A partir do que, tal resultando ser-lhe-á imputado como se tivesse realizado por um fazer ativo o tipo do art. 62 da Lei nº 9.605/98, perante o preceito complemento do artigo 13, § 2º, "c", do Código Penal. Afinal, com seu atuar precedente acabou por gerar uma fonte de perigo, surgindo daí o dever de controlar tais riscos.

---

245 BIERRENBACH (op. cit., p. 84-5) explica que o dano imediato seria caso de crime comissivo. Já TAVARES (op. cit., p. 69) caracteriza a situação do art. 13, § 2º, "c", do CPB, como de "ingerência".

V
DA OCORRÊNCIA DO DELITO DOLOSO

Procedida à análise sobre as formas de proteção do patrimônio cultural, do bem jurídico tutelado, dos crimes em espécie, da omissão imprópria e do dever de garante, cumpre agora examinar em que circunstância ocorrerá o delito previsto no art. 62, I, da Lei nº 9.605/98, por força da inércia do agente, que atua na condição de garantidor.

Na óptica finalista de Hanz Welzel a omissão de uma ação apresenta-se como uma "segunda forma independente dentro da conduta humana suscetível de ser regida pela vontade dirigida por um fim", em que a omissão não é uma ação, mas o omitir de uma ação determinada e não produzida, em tendo o agente o poder final de realizá-la.[246]

Por sua vez, este poder constitui-se dos seguintes requisitos: *estar ciente da situação fática produtora de seus efeitos, estar em condições de reconhecer e poder selecionar os meios aptos para levar a efeito o objetivo da norma, ter possibilidade real física (concreta) de empregar os meios eleitos e executar o ato planejado.*

Assim, ausente um destes elementos, inexistirá a omissão, que, do contrário, ocorrerá sempre que se não fizer aquilo que se tinha de fazer, quando se detinha o poder final de agir.[247]

---

[246] WELZEL, op. cit., p. 119, e COSTA JÚNIOR, Heitor. Teorias Acerca da Omissão, *Revista de Direito Penal e Criminologia*. Rio de Janeiro: Forense, nº 33, p. 69, jan./jun. 1982.

[247] COSTA JÚNIOR, Heitor (op. cit., p. 69-70) acrescenta que para Kaufmann as normas – mandamentos e proibições – estão vinculadas à capacidade do homem, onde a conduta é definida como "capacidade de atividade ou passividade corporal humana dirigida pela vontade de acordo com fins." Porém, apregoa que o omitente só serve da causalidade; havendo diferença do dolo na ação e omissão.

Já no tocante ao elemento subjetivo, aduz Welzel que toda a ação consciente é levada por uma decisão, composta pela consciência do que se quer (elemento intelectual), mais a decisão de querer realizá-lo (elemento volitivo). Sendo que a união desses componentes é que formará o dolo, o qual incidirá num fato que não é apenas desejado, mas também realizado com "querer", a partir de uma vontade tendente e apta para a concretização do evento. Todavia, o que se costuma denominar omissão querida é, na realidade, um omitir consciente, com a consciência do poder de atuar.[248]

Na verdade, ocorre que as regras relativas ao dolo dos delitos comissivos não se aplicam de imediato aos omissivos, sendo necessária uma adaptação, pois não há, propriamente, uma ação ditada pela vontade direta. Conforme Jescheck, de uma parte o tipo objetivo nos delitos de omissão, e com ele o objeto do dolo, encontram-se organizados de forma distinta relativamente aos delitos de comissão. E, de outra, também a estrutura do dolo deve determinar-se de modo parcialmente diferente.[249]

Contudo, o princípio incidente nos crimes comissivos de que o dolo é a "consciência e vontade acerca da realização do tipo", apenas opera na omissão por analogia e como critério orientador. Já que aqui faltaria um fazer ativo conduzido pela vontade de realização, no qual o "omitir-se doloso é a decisão entre a inatividade e o fazer possível". Dentro do que Kaufmann denomina como *quase dolo*, na medida em que o garante, apesar de reconhecer o perigo, decidiu não agir para impedir o dano.[250]

Partindo-se de tais concepções, temos que nos delitos omissivos impróprios o dolo desponta como a consciência dos elementos que preenchem o tipo objetivo e das circunstâncias que fundamentam o dever de garante. E ainda, agregadas à vontade de permanecer inerte, estando ciente da sua condição, da forma de impedir o resultado e sendo tal realização possível.

Dessa forma, o dolo do agente voltado para a realização de um ato típico é expressado por via de uma inação, com a vontade e a decisão de não agir, quando ele sabia que e como poderia fazê-lo para evitar o resultado. Tornando-se, pois, necessários os conhecimentos sobre: as circunstâncias que compõem a conduta típica, a situação fundamentadora do dever de agir, os dados fáticos da posição de garante, o poder de fato em realizar o ato omitido e a decisão de não executar a ação possível.[251]

---

248 WELZEL, op. cit., p. 119, referindo-se em termos de ação.

249 JESCHECK. *Tratado de Derecho Penal*. Barcelona: Bosch, 1981, v. 2, p. 865.

250 WESSELS, op. cit., p. 166, em análise na qual não discute a vontade em relação ao resultado. Ainda, DIAS, 2007, op. cit., p. 954, em referência e crítica ao que chama de "doutrina ortodoxa da ação final".

251 TAVARES, op. cit., p. 95.

5.1 Dolo Direto

Sob o ponto de vista clássico do finalismo, Noronha decompõe os elementos do dolo comissivo como "a) consciência da ação, e do evento, e conhecimento do nexo causal entre ele; b) consciência da ilicitude da conduta; c) vontade da ação e do resultado."[252] Já no campo da omissão, Fragoso preceitua que, além "da vontade consciente de abstenção da atividade devida", o dolo deve corresponder ao "desejo de atingir o resultado através da omissão", com a consciência de que de fato ocorrem as circunstâncias "que fundamentam a sua posição de garantidor".[253] E que, nas palavras de Reale, incide como uma "vontade de descumprir o dever", que se sabe e se quer.[254]

Por sua vez, com propriedade aponta Figueiredo Dias a revisão dominante na doutrina contemporânea, no sentido de transportar para a omissão "o conceito de dolo do tipo válido para a ação", dentro do possível. Em que pesem as várias dificuldades a superar – em especial quanto ao momento da "decisão" e ao conhecimento e à representação da "posição de garante" –, o essencial é que o omitente conheça a situação típica e omita a ação imposta com "vontade de que se preencha o tipo".[255]

A nosso ver, independente de a omissão ser um *permanecer imóvel* ou *fazer outra coisa*, o certo é aqui deva ocorrer a resolução de *não fazer o ato devido*. De modo que o dolo revelar-se-á pela ciência do que deve ser feito, mas que não é realizado com conhecimento e vontade. Ou seja, quando o garante, ciente desta condição, devia, podia e sabia como agir, mas ainda assim se queda estático frente ao perigo. De onde, o evento desencadeado pela omissão deve ser previsto pelo garante (com a certeza ou a probabilidade de ocorrer o resultado), além de incidir o desejo de omitir-se.

[252] NORONHA, Edgard Magalhães. *Direito Penal*. 27. ed. São Paulo: Saraiva, 1990, v. 1, p. 135. Também, em termo de ação, MARQUES (op. cit., p. 256) explica o dolo como "representação, ou visão antecipada do fato constitutivo do crime", mais a resolução e o "esforço do querer dirigido a realizar o fato representado", conforme Basileu Garcia e Maggiore. Já FERRI (op. cit., p. 393-5) expõe como algo que compreende a intenção do ato em si e de seu resultado. Pois o dolo consta de vontade, intenção e escopo, onde a vontade ocorre em cada ato intencional, e a intenção está ligada ao motivo e este à finalidade do ato ilícito.

[253] FRAGOSO, op. cit., p. 291. E, de acordo com FRAGOSO, Heleno Cláudio. Crimes Omissivos no Direito Brasileiro, *Revista de Direito Penal e Criminologia*. Rio de Janeiro: Forense, nº 33, p. 46, jan./jun. 1982, o dolo na omissão é a vontade consciente de abster-se da ação comandada que se tinha o dever de realizar. Neste sentido, cita que Jescheck admite ocorrer situações em que não se demonstra a existência de uma verdadeira resolução, nas quais o dolo esgota-se no conhecimento da situação típica e na consciência da capacidade de ação.

[254] REALE JR., op. cit., p. 223.

[255] DIAS, 2007, op. cit., p. 955.

Assim, a adição destes fatores é que irá integrar o dolo, por via de dois componentes fundamentais: o *intelectivo* e o *volitivo*. No primeiro, o agente deve saber e conhecer as condições que caracterizam a sua omissão como objetivamente típica, embora não lhe seja exigido um conhecimento exato de cada particularidade. Já na figura volitiva reside a vontade, o querer permanecer em estado de omissão. O que ocasionará o resultado ilícito antevisto, independente de este ser desejado com maior ou menor intensidade, ou tão somente ser aceito em grau de conformidade.

No âmbito do *saber* reside o conhecimento das circunstâncias que fundamentam objetivamente o tipo penal, o fato concreto e o processo causal, ciente do significado e das circunstâncias fáticas. Aqui, não se exige que o autor subsuma a relação por ele conhecida de modo juridicamente exato, sob a lei, pois, se assim fosse, somente as pessoas dotadas de conhecimento jurídico poderiam agir dolosamente.[256]

Em outras palavras, deve incidir a representação sobre a possibilidade e a necessidade de agir para evitar-se o resultado típico. Somado a ciência de estar o sujeito na posição de garante, mais a consciência do poder físico e real de efetuar a ação ordenada.

Por sua vez, no campo do *querer* estão os elementos ligados à "vontade", os quais podem ser representados de duas diferentes formas. Numa primeira, basta a decisão de quedar-se omisso, independente da inação estar dirigida a algum resultado que seja pretendido ou anuído. Já na outra forma, a vontade figura como dirigida para a produção do evento, possuindo um motivo e um fim em virtude dos quais se quer o fato.

Desse modo, o dolo deverá estar impregnado do saber e querer (conhecimento e vontade). Sendo que a sua essência repousará exatamente na posição de nada fazer para evitar o resultado, com plena consciência das circunstâncias que cercam o evento. De onde entendemos que, sob este aspecto, o elemento mais importante reside na *postura de omitir-se*. Ainda que acessoriamente a tal decisão resida alguma outra intenção, e independente do fato de que o dano venha ou não a se consumar.

Entretanto, é importante referir que junto ao plano da vontade podem repousar ainda outras figuras, consistentes na intenção e no motivo que conduzem à inação. Aqui, a intenção não precisa, necessariamente, significar o motivo, a

---

[256] WESSELS, op. cit., p. 55; ROXIN, op. cit., p. 415-9; e MUNHOZ NETTO, op. cit., 1982, p. 26-7.

finalidade última do sujeito. Pois o propósito típico ocorrerá ainda quando o resultado perseguido pelo autor sirva como o meio para a consecução de ulteriores fins de outra índole.

Contudo, temos como certo que os eventos conscientemente desejados e causados são sempre, de algum modo, intencionais, ainda quando a sua produção não seja segura ou não seja o fim último almejado e que o garante está buscando quando acaba por omitir-se.

Neste âmbito, a intenção manifestar-se-á como a forma mais saliente de dolo, quando o agente tem a vontade de produzir diretamente o resultado típico, ou de ensejar as condições para que tal se realize a partir da omissão.[257] Em tal caso, o dolo comportar-se-á de maneira idêntica a que ocorre na comissão, fazendo com que uma determinada situação de risco evolua até o advento do dano efetivo.

Assim, a partir do momento em que "o autor quer a ocorrência do resultado, é indiferente se ele representa a realização do tipo como certa ou somente como possível". Pois, no instante em que se decide pela omissão, quando podia e deveria agir, o resultado querido pelo sujeito desponta como elemento da intenção. Tanto se ele tomar a sua ocorrência como certa, ou apenas como possível, ou mesmo "se ele a desejar ou intimamente a lamentar".[258]

Portanto, além da decisão dolosa de não agir, pode ainda ocorrer que o garante utilize a inação como um veículo para atingir um ou vários escopos. Sendo que estes lhe serão propiciados exatamente pela omissão, num conjunto de circunstâncias negativas ao bem jurídico as quais ele deseja ou, no mínimo, assume o risco da sua realização.

Para ilustrar, escolhemos como paradigma o proprietário de uma casa tombada, que conhece tal condição, que está ciente das suas obrigações e que possui meios financeiros próprios para promover a conservação do imóvel, de acordo com a lei. Porém, o sujeito acaba por se omitir e por força desta sua conduta a edificação é degradada pelo tempo, sofrendo danos em prejuízo direto ao valor cultural do bem.

---

[257] Para BRUNO, Aníbal, op. cit., p. 312-3, não se concebe uma omissão a que falte o querer do autor, o qual "pode tomar a forma completa de querer o acontecido ou assumir o risco de produzi-lo". Acrescenta que para Grispigni e Maggiore não é necessário que se queira cometer uma omissão, basta que exista a vontade da conduta diversa; e que para Von Liszt aqui o sujeito voluntariamente não impede o resultado.

[258] WESSELS (op. cit., p. 50-1) qualifica a intenção como a *vontade dirigida finalisticamente ao resultado*, e explica que o "resultado desejado não precisa ser o *objetivo final* do autor; basta que ele o queira alcançar como *objetivo paralelo*", pois isto o auxiliará rumo ao *objetivo distante*.

Na hipótese, o dono, que também é o possuidor do bem tombado, deveria atuar como garante da sua conservação, estando consciente de todas as implicações, inclusive da ação impiedosa do tempo. A qual figurou como vetor de implementação do nexo causal, que poderia e deveria ter sido obstado por ele, ora obrigado a obrar nesta situação.

Entretanto, ao optar pela inércia, o proprietário permite que o bem tutelado sofra uma lesão, que irá configurar um dos verbos nucleares do tipo, de onde ele será responsabilizado pela, *v.g.*, deterioração do imóvel, como se a tivesse causado ativamente, por força da combinação do art. 62, I, da Lei nº 9.605/98 (dano), com o art. 13, § 2º, "a", do Código Penal (omissão do garante), o art. 17 do Decreto-lei nº 25/1937 (obrigação de cuidado) e o art. art. 216, IV, e §§ 1º e 4º da CF (deveres de proteção).

De outra aresta, embora não seja o foco da análise pautada, é possível ocorrer a tentativa em tais casos. Afinal, aqui o dever de cuidado do proprietário é perene e basta o surgimento do perigo para que ele esteja obrigado a agir como garante, com o fim de afastá-lo.[259]

Assim, dentro deste espectro de atuação, a incidência da tentativa poderá estar localizada desde o desperdício da primeira até a última possibilidade de repelir o perigo e impedir a ocorrência do evento danoso para o bem protegido.[260] De qualquer forma, a interrupção deste nexo prejudicial só pode ser obstada por uma ação que idoneamente impeça que o imóvel venha a ser deteriorado, inutilizado ou destruído.

Retomando, cumpre que depois de identificada a omissão como a causa do evento, seja verificado o elemento subjetivo do qual o agente está imbuído. Ou seja, se diretamente pretendia que o imóvel sofresse algum dano, ou se assumiu o risco que eventualmente tal ocorresse, ou se apenas negligenciou o dever de cuidado.

No exemplo do dono da casa tombada, para que possa incidir o dolo primeiro ele deve estar ciente da sua posição de garante. Segundo, deve antever o perigo e a concretização do resultado danoso no caso de permanecer inerte. Terceiro, deve

[259] Explica COSTA NETO, *et al.*, op. cit., p. 353, que "em face da responsabilidade que tem o proprietário de conservar o bem tombado", oriunda do DL nº 25/37, a não realização de obras ou reparos no objeto "pode levar à inutilização, total ou parcial, à deterioração, ou, até mesmo, à destruição do bem. Em tal situação, estaremos diante de um crime omissivo impróprio", praticado pelo proprietário que se omitiu.

[260] A este respeito ver BRITO, Teresa Quintela. A Tentativa nos Crimes Comissivos por Omissão: Um Problema de Delimitação da Conduta Típica. Coimbra: Coimbra Editora, 2000, p. 346 *et seq.*

ter a possibilidade de conhecer os principais elementos integrantes do tipo, com a potencial consciência de que a sua inação importará a prática de um ilícito penal. Quarto, deve ter conhecimento e eleger os meios necessários para impedir o dano. Quinto, este tipo de ação deve ser possível e idônea para evitar o resultado lesivo a ser combatido.

Tais vetores compõem a situação típica e os dados fáticos, integrando a área do saber e fazendo parte dos requisitos físicos e intelectuais da capacidade de ação.[261] Mas, ainda é necessário o elemento volitivo, a vontade de omitir-se, ou até o desejo de atingir um resultado por via da omissão ou ainda conformar-se com a realização do fato.

No caso prático, o proprietário que conhece o seu dever de garante e os efeitos penais da sua obrigação, já vislumbrou que se não tomar providências na manutenção do imóvel, este acabará sofrendo sérios danos. Sabe ele que, para tanto, deve procurar o órgão público responsável pelo tombamento sem prejuízo de ter de contratar um profissional técnico que lhe auxilie na correta conservação do bem. Também, está claro que essas são as medidas certas e idôneas para evitar prejuízos ao objeto tutelado, sendo que a intervenção dos *experts* é capaz de impedir a danificação do prédio.

Contudo, entre o fazer o que deve, pode e sabe como ser feito e o omitir-se, o proprietário acaba elegendo a última opção, de livre e espontânea vontade. Passando a querer ou anuir que siga o curso causal de degradação da *res*, sem se importar que tal resulte na deterioração, destruição ou inutilização da casa tombada, um bem cultural. Portanto, temos aqui a conjunção do elemento intelectual e do volitivo, do saber e do querer, da consciência e da vontade que juntas irão determinar o dolo do sujeito.

Na presente hipótese, a opção do agente foi a de omitir-se. Mas além desta sua vontade consciente, devemos observar se ele ainda possui um desejo (motivo e intenção) voltado para o dano ao bem tutelado pela via omissiva. Aqui, a sua decisão de não adotar qualquer medida pode ter por motivação o fato de ele desejar não mais ter despesas com o imóvel, vindo a esgotar-se na mera abstenção de agir em prol dele.

---

[261] TAVARES, op. cit., p. 96; e SILVA SÁNCHEZ, op. cit., p. 43 *et seq.*, o qual explica que aqui incide a combinação da possibilidade físico-real de atuar, com a capacidade intelectual de condução final, ou seja, os meios teóricos e materiais, mais a ciência sobre o risco, a situação típica e o dever de garante. Onde o sujeito tenha a possibilidade de realizar ou, ao menos, de intentar a ação, segundo as suas condições corporais e de inteligência.

Também, pode ser pelo fato de que o aspecto da antiga casa o repugne e, então, por motivos de padrões estéticos, ele deseje a sua plena ruína. Porém, a inação do sujeito pode ainda estar dirigida a um objetivo ulterior, que só a destruição do prédio pode fazer com que seja alcançada - como o fato de querer construir no local um outro prédio, e com tal obter ganhos econômicos. Na última situação, o motivo do autor é o lucro futuro, de modo que ele passa a buscar dolosa e diretamente o resultado, o qual lhe será propiciado pelas consequências de não cumprir o dever de agir.

Na primeira hipótese, o dolo do autor reside apenas no fato de omitir-se, não estando agregado nenhum outro elemento secundário da vontade, ou seja, o que ele quer é tão só nada fazer, sem que para isso deseje outro resultado, embora o conheça. Contudo, a sua conduta é dolosa, na medida em que está cônscio da situação e inequivocamente adota a postura de omitir-se, mesmo que não deseje nada além disso.

Ocorre que o primeiro passo para a omissão ser dolosa reside justamente na decisão de não fazer, etapa obrigatória em tais casos, ainda que nada busque com ela. Já a fase seguinte poderá ser, ou não, valer-se da omissão como meio para atingir um objetivo, que dolosamente seja desejado. Entretanto, mesmo que a figura secundária (o buscar algo com a omissão) seja "neutra" (ou vazia, pois nada desejou), perdura o dolo na conduta, uma vez que o elemento principal (consistente na decisão e vontade de omitir-se) fora positivado, de modo a contaminar o ato e classificá-lo como doloso.

Ora, se o dolo é a soma do vetor intelectual com o volitivo, temos, aqui, o dolo, pois o elemento resolutivo possui como figura fundamental da sua fórmula a "vontade", como decisão tomada em algum sentido. Sendo que a ela podem ser agregados fatores secundários (intenção e motivo), que mesmo estando ausentes não a desnaturam da qualidade de vontade. Pois por si só ela basta para integrar o dolo, desde que contenha o seu ingrediente básico, a "decisão", que é justamente o que lhe confere a sua forma.

Outrossim, ainda que se concebesse o contrário, o fato é que tal conduta jamais poderia ser culposa, fortuita ou atípica, de modo que sob qualquer ângulo que a examinássemos iremos concluir pelo dolo, a partir da incidência dos dois ditos vetores. Portanto, com toda a razão o seu enquadramento doloso, sendo que o fato de o autor nada desejar a título secundário, é matéria de dosimetria da pena, na culpabilidade.[262]

[262] PUPE, Ingeborg (*A Distinção entre Dolo e Culpa*, Trad. Luis Greco. Barueri: Manole, 2004, p. 5) aduz que como elemento da culpabilidade o dolo revela-se na recusa consciente em respeitar o bem jurídico.

Por sua vez, no segundo exemplo o dolo do agente desponta de forma dupla, ou seja, estando consciente dos seus deveres e das circunstâncias decide omitir-se, sabendo que em decorrência desta sua postura o objeto será levado à degradação. Porém, o que o levou a tomar tal decisão é o fato de que o aspecto decadente do antigo prédio causa-lhe ojeriza. De onde, além da vontade de nada fazer, dolosamente ainda quer que o imóvel venha a ruir, tendo por motivo o franco repúdio à estética do edifício.

Nesse caso, ocorre uma perfeita simbiose dos elementos do dolo, pois o sujeito conhece a situação e os seus efeitos, e como quer a degradação da casa decide-se pela omissão, porque esta é uma ferramenta útil e idônea para atingir o seu desejo. Aqui, os componentes volitivos estão intimamente ligados, pois na etapa onde o autor decide nada fazer, já está agregado o desejo doloso de com tal causar dano ao bem.[263]

Em outras palavras, o motivo (e a própria finalidade) da omissão é justamente o perecimento do imóvel. Diferente da hipótese anterior, na qual a decisão de se omitir exauria-se em si mesmo, em decorrência da vontade do garante em não mais despender valores na conservação do prédio. Embora não se somasse a esta nenhum outro desejo doloso, como o do prédio vir a ruir.

Já no último exemplo, o dolo do sujeito é ainda mais amplo, pois sabedor das circunstâncias decide por se omitir. Uma vez que aqui ele deseja a destruição do objeto, na medida em que só assim logrará o seu intento de edificar no mesmo local e, com isso, obter lucros. Então, o autor utiliza-se da omissão com dolo, sob todos os aspectos, e como um instrumento para superar a barreira que é o bem tombado e atingir sua meta.

Nessa situação, o agente está dotado do aspecto cognoscitivo. Ou seja, conhece as condições do fato, a figura típica e a sua posição de garante, prevê o resultado, sabe e tem como impedi-lo. Porém, no âmbito da vontade decide não agir e esta sua posição está calcada no fato de que o seu intento é o de valer-se da omissão como o itinerário fundamental para que o seu propósito seja atingido, consistente na destruição do bem.

Afinal, como a casa é protegida pelo tombamento e a sua demolição pela forma ativa seria impedida, o proprietário elege a omissão como o caminho mais adequado e menos arriscado para alcançar o seu objetivo, que é a ruína do prédio. A partir do que, será viável concretizar o seu projeto de erigir um edifício e de se

---

[263] Neste exemplo transcorre a situação citada por WESSELS, op. cit., p. 50, onde se associam ao dolo "elementos subjetivos especiais", como a intenção e, aqui, o motivo que conduz à vontade de omitir-se.

obter lucros (hoje inexistentes com o imóvel antigo), sendo este o escopo final da conduta negativa.[264]

Ou seja, o autor sabe da ilicitude por omissão, mas dolosamente não age, pretendendo que o desgaste imposto pelo tempo e as circunstâncias gerais da inação levem ao perecimento do objeto. Fazendo com que haja uma conexão direta entre resultado, fins e motivos. E de sobra ainda lhe fornecendo um álibi transverso, no sentido que não realizou nenhum tipo de ação direta contra o imóvel.[265]

Portanto, aqui o proprietário passa a propor-se o resultado como finalidade e, a partir da sua representação, seleciona mentalmente os meios como alcançá-lo, vindo a concluir que para a consumação não precisa colocar em andamento um curso causal. Mas, sim, permitir que continue avançando o curso que já está em marcha, nada fazendo a respeito, ou praticando outra conduta que não a devida para proteger o bem, e aguardando que este sofra os efeitos das forças naturais, que o levarão a perecer.[266]

Nesses casos, em ordem à consecução de um dado objetivo, o proprietário põe em marcha um curso causal nocivo para o bem jurídico garantido. No qual não precisa efetuar qualquer movimento corpóreo, nem provocar nenhuma alteração no mundo exterior. Bastando a sua omissão para alcançar aquilo que pretende, de modo que a sua vontade de realização está dirigida à própria conduta omissiva descrita no tipo.[267]

---

264 PUPPE (op. cit., p. 31) explica que, nesta hipótese, para a teoria da vontade e o seu sentido descritivo-psicológico, o autor querer o resultado significa que ele o almejou, como uma finalidade do seu agir, seja porque o evento lhe era desejado, ou porque lhe serve de meios para outros motivos que deseja.

265 Neste sentido a lição de VON LISZT (op. cit., p. 277) ao expressar que ocorre o dolo "Quando o agente *tem em vista* o resultado, isto é, quando a previsão do resultado é o *motivo* do autor; quando o agente empreende o ato por *causa* das mudanças que ele operará no mundo exterior, quando essas mudanças são o fito, a sua produção, o *fim* do ato, quando o resultado é proposto", como no caso.

266 ZAFFARONI; PIERANGELI (op. cit., p. 517-9) citam o que WELZEL chama de "poder de fato" que a parte "tem para interromper a causalidade que desembocará no resultado." Mas aqui, o dolo estrutura-se com um fim típico para a causalidade proibida, prevista e que é "dirigida à realização de um tipo objetivo".

267 BRITO, op. cit., p. 256-9. Ele até pode praticar outra ação, desde que tal não piore a situação do bem.

5.2 Dolo Eventual

Nos exemplos até aqui vistos incide a figura do dolo direto. Pois de forma consciente o autor sabe ou prevê como certo que a sua omissão irá desembocar na realização do evento lesivo ao bem jurídico, cujas circunstâncias e tipicidade ele conhece, decidindo-se por não agir, com ou sem um propósito secundário e doloso na vontade de omitir-se. Afinal, a consciência geral de salvação obriga o agente a tomar uma posição, e "se esta tomada de posição for a favor da omissão, então, a inércia, constitui uma decisão em favor do ilícito típico".[268]

Entretanto, é ainda possível que tal opção desenvolva-se sob a forma de dolo eventual. Quando o agente conhece a sua posição de garante e o objeto do tipo penal, reconhece como possível a existência de uma ameaça de produção do resultado típico, sabe e teria como agir. Mas após um juízo reflexivo sobre a situação decide por se omitir e permanece inativo, assumindo o risco e conformando-se com a verificação do evento nocivo ao bem, como consequência possível, e não necessária, da sua inércia.

Aqui, o diferencial reside em dois fatores. Primeiro, apesar de não deter a certeza, o sujeito tem seriamente como possível a ocorrência do resultado, contando com ele e admitindo a sua produção com grande probabilidade, como advindo da própria inação. Segundo, embora não seja necessário desejar diretamente a verificação do evento (diante do qual pode ser *indiferente*, ou até *não simpático*), o garante analisa-o, conforma-se com ele e assume o risco do seu advento próximo, decidindo omitir-se.

Em tais casos, a decisão do agente independe do seu desejo em relação ao resultado. Pois, conforme Stratenwerth, ele incidirá em dolo eventual quando se omitir de atuar numa disposição tal que "assuma o resultado típico como consequência do próprio comportamento". Bem como quando haja uma total indiferença para o objeto em perigo, ciente de tal condição, e confiando que o resultado não se produzirá.[269]

Assim, teremos o dolo eventual quando o garante prevê, com uma notável probabilidade, que da sua omissão derive a ocorrência de algo nocivo ao objeto. Mas, apesar das circunstâncias, arrisca e prefere não agir, admitindo e não lhe repugnando a ocorrência do resultado. Em outras palavras, numa situação em

---

268 RUDOLPHI, *apud* BRITO, op. cit., p. 261.

269 STRATENWERTH, *apud* BRITO, op. cit. p. 260. Ver também SCHÖNE, Wolfgang. Sobre a Posição do Resultado nos Delitos Quase-Dolosos de Omissão, *Revista de Direito Penal*. Rio de Janeiro: Forense, nº 19-20, p. 22-34, jul./dez. 1975.

que "o agente tiver seriamente tido noção da verificação do resultado", mas prefere pagar "o preço de provocar o crime há dolo, dolo eventual",[270] seja por via de ação ou omissão.

Com efeito, adverte Figueiredo Dias que uma equiparação geral, equivalente a da intenção e com correspondência ao dolo na ação, dependerá da interpretação dos tipos penais em concreto. Porém, o certo é que no nosso objeto de estudo o "omitente tem de *prever o resultado* ao menos como consequência possível da sua não intervenção". Vindo a não atuar, a omitir a ação imposta e a se conformar, "*apesar de contar seriamente com a possibilidade de realização típica*".[271]

Em suma, das várias teorias sobre o dolo eventual,[272] o nota que se sobressai é o fato de que, diante da magnitude do perigo conhecido e das circunstâncias em si, o sujeito resignou-se e aprovou o possível resultado de lesão ao bem jurídico, perante o qual quedou indiferente. Ou seja, em que pese estivesse no seu domínio de cálculo a produção do evento, e a partir daí tenha ele concluído por sua probabilidade dominante, ainda assim optou por não colocar em prática qualquer ato passível de evitação, vindo a permitir e a anuir com o dano.

Para melhor visualização, continuamos com a sequência de exemplos, nos quais o garante conhece a sua condição e o tipo penal, sabendo como e podendo agir. O quarto caso seria o do proprietário que decide não mais conservar o bem, pois está exausto de suas obrigações. Então, ao verificar que tal escolha pode redundar em dano à casa, com grandes probabilidades, ainda assim opta por omitir-se, assumindo o risco da produção do fato, que reconhece como possível sem o desejar – e até lamenta, pois tem apreço pelo imóvel –, mas se conforma com a sua deterioração, decidindo não agir.

Neste exemplo, o proprietário não pretende que a sua inação cause algum dano ao prédio, pelo contrário, mas ao antever o risco escolhe não agir, conformando-se com a provável deterioração do imóvel, por conta do seu omitir. Aqui, embora lamente as possíveis consequências e não tenha motivos para desejar a lesão do bem, ocorre que a sua vontade de nada fazer é ainda maior, por conta da

---

[270] FIANCA e MUSCO, *apud* REALE JR., op. cit., p. 228, referindo a "teoria da aceitação do risco". Por sua vez, WESSELS, op. cit., p. 53, utiliza-se da expressão "*in kauf nehmen*", que traduzida seria como "tomar em compra o risco", no sentido de anuir e assumi-lo.

[271] DIAS, 2007, op. cit., p. 956-7.

[272] ROXIN (1997, op. cit., p. 430-47) enumera teorias como as da aprovação, indiferença, representação, probabilidade e a de não colocar em prática a vontade de evitação. Cita ainda as teorias de Frisch, Jakobs, Hezberg, Schroth e a fórmula de Franck, onde este conclui incidir o dolo quando o sujeito decide: *seja de uma forma ou outra, ocorra isto ou aquilo, ainda assim atuarei.* O que, transferido para o caso em estudo, significa que mesmo assim se omitirá ou realizará outra ação que não gere o salvamento do bem.

exaustão em conservar a casa. De modo que após analisar o quadro, resigna-se com o perigo e assume o risco da ocorrência do resultado negativo já previsto, obrando em dolo eventual por omissão, mesmo em sendo o evento indesejável, na medida em que o aprovou e quedou inerte.

Em outra situação, o garante deixa de dispensar os cuidados necessários para manter a edificação em bom estado, pelo fato de não possuir estima pelo antigo prédio. Aqui, ao perceber que com esta opção é fortemente possível que o bem venha a se deteriorar, mesmo assim decide não agir. Conformando-se com as consequências prováveis, mas que lhe soam com particular indiferença. Ou seja: por um lado, se a casa ruir estará livre do seu aspecto decadente, por outro, se lá permanecer poderá continuar utilizando-a como depósito. Então, sem se importar com o resultado possível, de vantagens e desvantagens idênticas, assume tal risco, vindo a omitir-se.

Neste quinto caso a fonte da decisão do garante é o fato de não estimar a casa. Então, consciente das circunstâncias lesivas que estão a rondar o bem jurídico e que muito provável poderão atingi-lo se ele nada fizer para manter a construção, o sujeito decide não agir, pouco se importando com o desenlace vindouro, que lhe é indiferente.

Aqui, ele também não tem qualquer intenção direta que o seu omitir danifique o objeto. Porém, este risco em nada lhe comove e, inclusive, caso venha mesmo a se realizar, fará com que ele não precise mais conviver com o aspecto decrépito do imóvel. Já na hipótese de inocorrer, também não lhe trará prejuízos, nem lucros, na medida em que poderá continuar utilizando a edificação como um depósito para os seus pertences. Então, como não possui apreço pelo prédio e a ocorrência ou não do resultado danoso lhe é de todo indiferente, opta por se omitir, incorrendo na forma eventual do dolo.

No exemplo em pauta, o autor "*presta a sua anuência* ao resultado", conforme Von Liszt.[273] Ou seja, embora não seja o motivo da sua conduta, as consequências desencadeadas pelo seu omitir são previstas, mas ainda assim ele não age. Como também não operaria os atos de salvação mesmo que tivesse a certeza da ruína da casa, o que efetivamente vem a ocorrer; incidindo então em dolo eventual.

Como sexto exemplo, escolhemos o do proprietário que, mesmo possuindo excelente condição financeira, está farto de despender recursos na conservação de uma casa tão antiga, que sequer fora edificada por ele ou algum familiar, de modo que decide não mais ter gastos com a manutenção desta.

---

[273] VON LISZT, op. cit., p. 277-8.

Ciente das suas obrigações, ele prevê que se nada fizer é muito provável que o imóvel venha a ruir. Porém, mantém-se firme na sua vontade de se omitir, observando que se o fato antevisto, mas em princípio não desejado, vier realmente a ocorrer, ele poderá utilizar-se da área deixada pelo edifício destruído para realizar um antigo sonho, que é o de ampliar a sua moradia.

Na hipótese, a decisão do garante em se omitir advém do fato de que não quer mais ter despesas com um objeto pelo qual não possui sentimento ou ligação; sem aqui desejar diretamente o evento danoso, nem anteriormente já ter planejado utilizar-se dele para atingir algum fim. Contudo, ao verificar que com esta opção é bem provável que a casa venha a ruir, ainda assim ele não a modifica, assumindo o risco de tal fato.

A partir deste momento, quando já realizada a sua escolha, o proprietário observa que se o imóvel vier efetivamente a ser destruído ele poderá então aproveitar o vazio deixado pelo antigo prédio para a ampliação da residência, o que, além de proveitoso, soa como bom e agradável, passando a vislumbrar ganhos com a omissão.

Em outras palavras, o âmago maior da vontade do agente não é a destruição da casa e a obtenção de ganhos daí derivados. Mas, sim, o firme propósito de nada fazer em favor da conservação do prédio e da manutenção da integridade dele. O diferencial, porém, é que embora não deseje o perecimento, a ocorrência de tal fato já previsto não lhe abate como algo negativo. Pelo contrário, sendo inclusive do seu agrado, por lhe apresentar uma vantagem acessória e doravante muito bem vinda.

Dessa forma, resta patente a ocorrência do dolo eventual, diante da previsão, conformação e assunção do risco, os quais não demoveram o garante, que ficou inerte. Porém, a diferença reside nos elementos secundários que cercaram a decisão, os quais no campo principal são indiferentes, mas migram para outra face, agora positiva.

Aqui, o resultado danoso não foi o motivo da sua omissão, mas, sim, outras razões de ordem e sentimento pessoal, as quais foram a gênese e a razão principal da sua vontade de não agir. Todavia, ao completar o cálculo das possíveis consequências desta sua opção, o autor conclui, sem planejar, que caso realizado o evento nocivo ao bem jurídico, perante o qual não se importa, ele poderá até mesmo obter benefícios.

Portanto, à vontade original agregou-se outro sentimento a partir do qual a ocorrência do risco começou a ser vista como algo simpático. Embora não buscado, nem determinante para a decisão de se omitir, e sequer capaz de modificá-la.

Só que de um modo que o *dolo eventual* não se mutaria para o *direto*, pois a intenção do autor não era a de realizar o dano ou beneficiar-se com ele. Mas, sim, a vontade está voltada para a decisão de nada fazer, e não para o resultado, o qual não é querido diretamente, porém é previsto, é aceito, e passa a ser passível de gerar vantagens decorrentes.

Outrossim, no último caso, a situação diferencia-se do terceiro exemplo sobre dolo direto, pois neste o autor valeu-se da omissão para provocar o resultado típico com um propósito, em que pouco importava se a realização do tipo era o fim último ou somente meio para outros fins. De modo que nele a omissão fora a sua estratégia para realizar o tipo, buscado de forma direta, a partir de um método doloso de inação, para atingir o objetivo maior. Ou seja, a omissão é o caminho para o resultado.

Ao passo que na hipótese de dolo eventual o desejo fundamental do agente foi o de se omitir. Quando, ao se deparar com as possíveis consequências previstas, mas não buscadas, o dado psíquico que substituiu a sua vontade foi o de acolher, estar de acordo, aprovar ou assumir o risco, com uma real disposição interna face ao resultado, o qual não lhe era indiferente ou negativo, e sim visto como proveitoso.[274]

Contudo, esta aceitação do risco não faz parte dos motivos diretos da conduta do autor, sendo apenas um fator adicional que se agrega à decisão consciente e já tomada de se omitir, a partir do momento em que percebe que as possíveis implicações não lhe serão prejudiciais e ainda podem ser promissoras.[275]

Dessa forma, seriam estas as hipóteses em que a omissão ocorre na forma de dolo, quando, consciente, o sujeito viola os seus deveres de garante, realizando o tipo penal. A seguir examinaremos em que circunstâncias ocorrerá a omissão por culpa.

---

[274] PUPPE (op. cit., p. 132), explicando que na vontade em sentido natural, como propósito ou dolo direto, "a relação está no fato de que o autor dirige o seu comportamento ao objetivo de realização do tipo."

[275] Conforme PUPPE (op. cit., p. 37-43), ao explicar a teoria da vontade, onde o consentimento do agente em relação ao resultado só pode significar que, "para o autor, a ocorrência do resultado ou é desejada, ou é indiferente"; assim como Engisch, para o qual "quem age com dolo ou deseja o resultado, ou é indiferente a seu respeito" (p. 62). Contudo, bem observa Mittermeier que "Pode existir dolo eventual mesmo quando a ocorrência do resultado é algo indesejado para o autor" (p. 30), como no primeiro caso. Por sua vez, em termos de finalidade, anota o tradutor Luís Greco que, para Kaufmann, esta compreende não só todo aquilo que o autor almeja realizar ou que tem a certeza de que realizará, "como também tudo aquilo que o autor considera possível" (p. 47, nota nº 29), onde, se com tal anui, incorre em dolo eventual.

VI
DA CONDUTA CULPOSA DO GARANTE

Na visão normativa de Mezger, a culpa advém da inobservância do dever de cuidado pelo agente, que, de acordo com as circunstâncias, os seus conhecimentos e as suas capacidades pessoais, ele poderia e deveria observar. Mas "em consequência não previu o resultado que poderia prever aplicando o cuidado que seu dever lhe impunha, ou considera como possível a produção do resultado, mas confia em que não se produziria". Nestas situações, de acordo com Graf Dohna, a conduta culposa decorre do fato de o autor não colocar em prática a diligência a que estava obrigado e que era capaz, conforme as circunstâncias e as suas condições.[276]

Conforme Magalhães Noronha ocorre o crime culposo

> quando o agente, deixando de empregar a atenção ou diligência de que era capaz em face das circunstâncias, não previu o caráter delituoso de sua ação ou o resultado desta, ou tendo-o previsto, supôs levianamente que não se realizaria.[277]

No mesmo sentido a posição de Bacigalupo, para quem o resultado típico deva ser objetivamente imputável, bem como o autor do fato ilícito deve ter operado em equívoco ao considerar as condições, os riscos e as possibilidades da produção do evento danoso.[278]

---

276 COSTA JÚNIOR, Heitor. *Teoria dos Delitos Culposos.* Rio de Janeiro: Lumen Juris, 1988, p. 35 e 41, invocando as lições de Mezger e de Graf Dohna.

277 NORONHA (1990, op. cit., p. 139), acrescendo ainda que tal pode ocorrer em virtude de erro de tipo.

278 BACIGALUPO, op. cit., p. 247.

Por sua vez, Maggiore aponta na culpa uma conduta só de início voluntária e que, por ação ou omissão, produz um "evento antijurídico não querido, mas previsível, e excepcionalmente previsto, que podia, com a devida atenção, ser evitado". Dentre seus elementos, destaca-se: a conduta inicial voluntária, o resultado lesivo que configura o crime, o nexo causal entre a omissão e o resultado, a previsibilidade do fato lesivo e a involuntariedade na produção do evento, que não fora desejado, nem aceito.[279]

Com efeito, ao explicar os fundamentos da culpa, Werner Niese adverte que as causas evitáveis de eventos lesivos serão consideradas típicas e antijurídicas quando oriundas da violação da diligência indispensável à relação da vida em sociedade, por conta do desvalor da ação e do resultado. Neste ponto, a desvalia do ato decorre do cindir da obrigação objetiva de diligência, onde caso o agente tivesse empregado tais cuidados, teria previsto o evento típico – o que também pode ocorrer quando o prevê e ignora.[280]

Faltou-lhe, pois, a precaução no momento da conduta, ora substituída pelo desprezo do cuidado, que a ordem jurídica impunha-lhe, sendo ainda exigível e possível de realizar naquela ocasião.[281] Entretanto, aqui a proibição da norma não reside no fim último da ação, mas no resultado real e não desejado, o qual causou lesão ou risco ao bem jurídico, uma vez que o autor não empregou a diligência necessária e incidiu em negligência, imprudência ou imperícia.

Assim, em termos finalistas, ao não agir com os cuidados necessários, diante da sua falta de diligência, ao invés daquele ato levar causalmente ao fim proposto, ele acaba por produzir o evento danoso e relevante penalmente, por força de uma falha nas ações intermediárias. Como na eleição e no controle dos meios de conduta, ou na avaliação das circunstâncias que cercam o caso, *v.g.*, nas questões sobre a garantia.[282]

Trata-se de uma ação defeituosa, incorreta, desatenta e diversa da determinada pela ordem jurídica. E que, então, viola o dever de cuidado exigido no âmbito da relação, causando o resultado lesivo que poderia ter sido evitado caso o sujeito obrasse com as devidas e possíveis cautelas, prevendo o fato, ou não desprezando o risco antevisto, ou agindo de forma diversa e eficaz.

---

279 MAGGIORE, *apud* MARQUES, op. cit., p. 264.

280 COSTA JR., Heitor, 1988, op. cit., p. 44.

281 VON LISZT (op. cit., p. 290-1), para quem a "medida do cuidado" determina-se pela natureza do fato; onde a culpa assenta-se num "erro concernente à importância do ato voluntário, como causa ou não impedimento do resultado [...], quando podiam e deviam ser evitados", mas culposamente não o foram.

282 COSTA JR., Heitor (1988, op. cit., p. 45 *et seq.*), onde também explana as posições de WELZEL.

6.1 Culpa *Stricto Sensu*

Nas três modalidades de culpa previstas no artigo 18, inciso II, do Código Penal Brasileiro, a primeira é a da negligência, com o significado de inação, inércia e passividade, que ocorre quando alguém "podendo e devendo agir de determinado modo, por indolência ou preguiça mental, não age ou se comporta de modo diverso".[283]

A segunda é a imprudência, que possui forma ativa, por via de um agir sem a devida cautela e que ocorre quando o sujeito atua com "precipitação, insensatez ou inconsideração", por não atentar para a lição dos fatos, para as circunstâncias especiais do caso ou para o que a razão indica. Já a imperícia consiste na incapacidade, falta de conhecimento, habilitação ou prática para o exercício de determinado mister e que envolva "profissão, ofício ou arte".[284]

Aduz Figueiredo Dias que, em princípio, a estrutura típica da negligência nos crimes de omissão é a mesma que assume dentro dos crimes de ação. Advindo de uma violação do cuidado objetivamente necessário, ou da realização defeituosa de uma ação de socorro incidente (e efetiva), ou da indevida percepção da situação típica. Seja por não a tê-la percebido, ou por percebê-la incorretamente, ou por ter errado sobre a sua possibilidade individual de ação. Mas, salientando que este dever de cuidado deve ser pessoalmente conhecível e evitável perante os perigos que rondam o objeto.[285]

Desse modo, assim como no ato comissivo, na omissão a conduta do agente pode residir na esfera culposa, pelas formas da imperícia, imprudência ou negligência. Nessas situações, a omissão relevante será a consistente no omitir o cumprimento de um dever jurídico, emanado de uma das fontes do artigo 13, § 2º, do Código Penal. Seja por deixar de praticar a ação que lhe impunha o direito, por desobedecer ao comando da lei, por não efetivar o ato a que estava obrigado para evitar o resultado proibido, pelo esquecimento ou por não empregar a atenção necessária.[286]

Em termos da omissão imprópria por culpa, ocorre uma infração ao dever de cuidado objetivo, por não realizar a conduta ativa que o dever de cautela impunha

---

283 NORONHA, 1990, op. cit., p. 141.

284 NORONHA, 1990, op. cit., p. 141-2.

285 DIAS, 2007, op. cit., p. 959, 960 e 965.

286 BRUNO, Aníbal (op. cit., p. 312-3) aduz que no esquecimento "Antes da omissão da ação devida, houve omissão da diligência a que o agente estava obrigado para evitar o comportamento omissivo. O omitente negligenciou o cuidado de estar atento ao cumprimento do dever, ou imprudentemente confiou em demasia na sua memória".

e era possível adimplir, com o fito de evitar o surgimento de riscos para o bem garantido, de obstar o incremento dos já existentes ou de impedir a realização do perigo eminente.

As referidas medidas acautelatórias em favor do objeto protegido e sob risco são obrigações do garante. De onde, a sua não realização por culpa funda-se na previsibilidade objetiva, na possibilidade de prever o perigo, ou de reconhecer o risco já antevisto, sem o aceitar, de modo a não impedir o advento do resultado vedado por lei, quando deveria e poderia ter agido para a salvaguarda do bem.[287]

Já como forma de imprevisão, a culpa pode estar ligada à avaliação da situação típica, à posição de garante, à apreciação da possibilidade física de execução, à própria planificação do ato necessário ao caso e à iminência da produção do resultado típico. Também, pode decorrer do esquecimento, na ausência da devida atenção governada pela vontade, onde não lhe falte a possibilidade de estar atento e o garante não ignora que a sua desatenção pode ocasionar o evento danoso. Porém, aqui, a desatenção é o resultado de "não ter querido estar atento", ao quedar inerte ou praticar outra ação.[288]

Nessas circunstâncias, o garante acaba por desencadear o evento indesejado e ilícito por força da desatenção, contrária ao dever de cuidado exigido naquela situação. Aqui, a ocorrência do resultado socialmente negativo deve advir de uma omissão dominada ou dominável pela vontade. Também, o fato concreto deve ser objetivamente previsível ou até previsto, com o reconhecimento, ou não, do perigo para o bem jurídico.

Ainda, deve ocorrer a desatenção do cuidado exigido, não agindo de acordo com este. Por fim, o sujeito deve ser "objetivamente obrigado e subjetivamente capaz" de evitar o resultado lesivo, o qual então conduziu à realização culposa do tipo penal, em virtude de o agente não aplicar a diligência objetiva e determinada para a salvação o objeto.[289]

---

[287] MUNHOZ NETTO, op. cit., p. 27-8; e BIERRENBACH, op. cit., p. 97.

[288] ZAFFARONI; PIERANGELI, op. cit., p. 519. Com efeito, ZAFFARONI, Eugenio Raúl; ALAGIA, Alejandro; SLOKAR Alejandro (*Derecho Penal. Parte General.* 2. ed. Buenos Aires: Ediar, 2002, p. 586) dividem em quatro as situações de culpa por omissão ao dever de cuidado: "*a) en la apreciación de la situación típica [...]; b) falta de cuidado al ejecutar el mandato [...]; c) falta de cuidado al apreciar la posibilidad física de ejecución [...]; d) falta de cuidado en apreciar las circunstancias que fundan su posición de garante.*"

[289] WESSELS (op. cit., p. 147-53) expõe que os três elementos que fundamentam o tipo do injusto são: "A causação do resultado, a lesão do dever de cuidado objetivo e a imputação do resultado baseado no erro de conduta, orientada no sentido da finalidade protetiva das normas de cuidado." E WELZEL (op. cit., p. 203-4) explica que a diligência objetiva decorre "da vida social para evitar lesões de bens jurídicos", impondo "o emprego dos meios de ação" de que a parte dispunha no caso concreto.

Assim, o autor violará o cuidado objetivo exigível no caso, ao abster-se do ato que, diante das circunstâncias concretas em que atuou e das suas condições pessoais, era devido e possível de praticar, quando podia conhecer ou até mesmo tinha ciência da ocorrência provável do evento danoso ao bem jurídico, sem *anuir com* ou *desejá-lo*.

Dessa forma, é aqui que encontraremos as duas principais características da culpa: a infração do dever de cuidado e a consequente causação do resultado típico. Onde, por sua vez, repousam a *previsibilidade, conhecibilidade, advertibilidade e evitabilidade* do evento, que se constituem nos pressupostos da conduta por culpa.[290]

Portanto, para incidência da tipicidade pela conduta culposa, devemos indagar se ocorreu um evento lesivo causado por alguém; se esta pessoa descumpriu o dever de cuidado e se este não cumprimento foi determinante para produzir o resultado.[291] Então, dentro do exame do fato típico culposo cumpre estarem presentes os elementos: "conduta humana, inobservância do dever objetivo de cuidado, cognoscibilidade, previsibilidade objetiva, evitabilidade, resultado, nexo de causalidade e tipicidade."[292]

No elo subjetivo, a única vontade que pode ser voluntária é a inicial, sem incidir após, pois a parte não pretende atingir o evento danoso, oriundo da conduta primitiva. Assim, dentro da concepção de ato voluntário, o delito culposo possui a faceta negativa, que é a ausência de vontade na produção do resultado. E a positiva, consistente na imprudência, negligência ou imperícia do sujeito, que deveria ter atuado na situação.[293]

Ocorre que, quando o agente deu causa ao evento lesivo por uma das modalidades de culpa, ele não desejou o resultado como o objetivo da sua conduta. Mas a sua omissão é reprovável na medida em que a vontade comandou de maneira censurável os atos alheios praticados antes, ou os que ele deveria e não praticou, mas que evitariam o dano.

---

290 ROXIN, op. cit., p. 999. Mas anota que Jescheck distingue entre infração do dever objetivo de cuidado como *injusto da conduta*, e produção, causação e previsibilidade do evento como *injusto do resultado*.

291 PIERANGELLI, José Henrique. O Crime Culposo na Dogmática Atual, *Revista de Ministério Público*. Porto Alegre: Revista dos Tribunais, nº 34, p. 49, 1995; e FRAGOSO, op. cit., p. 274 e 291.

292 D'ÁVILA, Fábio Roberto. *Crime Culposo e a Teoria da Imputação Objetiva*. São Paulo: Revista dos Tribunais, 2001, p. 80, citando a posição da doutrina tradicional, mas admitindo algumas variações.

293 MARQUES (op. cit., p. 265-9) para quem a vontade não abrange o resultado, mas só a conduta inicial.

Contudo, tal espécie de vontade não está ligada a nenhuma das circunstâncias do resultado, uma vez que quando da ocorrência da conduta anterior e atípica na raiz, não sabia o garante que esta sua atitude seria a gênese daquilo que frutificaria a futura omissão, esta, sim, causa direta do episódio lesivo.

Sendo assim, apenas na etapa prévia reside uma vontade, que é distinta da do resultado e que pode estar dirigida para a realização de um outro ato qualquer, ou da ação que se suponha ser idônea, ou mesmo para a inércia. Sem que o agente saiba que este impulso psicológico e decisório que lhe acomete será o estopim para o evento prejudicial ao bem jurídico.

Outrossim, até pode o sujeito suspeitar e antever algum perigo para o objeto tutelado, próximo ou não. Mas o decisivo, aqui, é que o autor não possui a certeza necessária deste risco, não o quer, não anui a ele, nem se conforma com a sua realização. De modo que se estivesse convencido da sua efetiva ocorrência, não teria sido omisso, ou não teria agido como agiu, empregando os devidos meios para evitá-lo.

Nestas circunstâncias, ocorre uma dissintonia entre os objetivos pretendidos pelo autor e a situação efetivada, onde o conteúdo da sua vontade – "o fim que anima e enerva a conduta, e para o qual tende" – pode até ser atípico.[294]

Entretanto, o mais relevante é que ao não operar efetivamente aquela atitude que tinha o dever jurídico e a possibilidade de realizar, o garante deixou de executar o comportamento exigido pela norma, não impedindo o evento delituoso. Em situação na qual caso adimplida a ação ordenada, ao invés da que executou, ou da que omitiu, o resultado ilícito não teria se verificado.

Na espécie, o marcante é que o sujeito não teve a intenção de abster-se da conduta devida e, tampouco, pretendia que a sua falta conduzisse à realização do evento lesivo, jamais previsto ou apenas subestimado. Mas que, diversamente do pretendido, é debitado à sua atuação culposa, a qual tem como origem a inobservância do comando de diligência, ao qual estava obrigado como garante.

Com efeito, todas as cautelas de que o homem prudente faz uso para evitar o dano, "constituem providências que sua vontade dirige em vista de um fim e que por isso se apresentam como intencionais". Assim, quando o agente dá causa a um evento lesivo, por conta da sua negligência, imprudência ou imperícia, não desejou o resultado, mas a censurabilidade da sua conduta está em que a sua "vontade comandou de maneira reprovável as ações praticadas anteriormente ao evento",

---

[294] LUISI, Luiz. *O Tipo Penal, a Teoria Finalista e a Nova Legislação Penal.* Porto Alegre: SAFE, 1987, p. 95-8 e 103. Aqui, inocorre a "intenção dirigida a não realizar a conduta devida", nem ao resultado.

ou as que omitiu.[295] Ou seja, o que acontece é a "voluntária inobservância de uma norma de conduta que tem como efeito, ordinariamente involuntário, um acontecimento de dano ou perigo."[296]

Na realidade, tal questão é uma consequência natural do fato de que o tipo subjetivo culposo é integrado por um aspecto intelectual (cognoscitivo), onde repousa a previsibilidade, e um volitivo, onde está a vontade, nos termos já examinados.[297] Ocorre que a parte subjetiva do tipo requer um elemento positivo: de haver querido uma conduta que, nesta fase, é despojada de um significado que a faça ilícita; mais o elemento negativo: autor não ter querido cometer o ato típico, imprevisto ou inaceito.[298]

Assim, o diferencial reside no tipo subjetivo, em que o autor obtém um resultado típico indesejado, oriundo de um atuar desidioso, que poderia e deveria ter sido evitado. Então, conforme Mestieri, na culpa tal tipo figura como incongruente, pela "ausência de finalidade dirigida a um resultado típico" ou por conta do "engajamento voluntário e livre no comportamento imprudente, consciente de fim extratípico". Desse modo, para se perquirir a existência de culpa, deve avaliar-se a efetiva inocorrência do correspondente elo entre a vontade e o evento no processo causal, além da própria finalidade.[299]

---

[295] MARQUES (op. cit., p. 267-8) que invoca Bataglini para diferenciar "*la volontá della condotta com la voluntá dell'evento*", incluso nos casos de falta de atenção, pois está também é governada pela vontade.

[296] DEL GIUDICE. Fondamento e Condizioni della Punibilitá dei Reati Colposi, *apud* FERRI, op. cit., p. 410-1. Contudo, Ferri discorda de tal concepção, arguindo que mesmo nos casos em que é voluntário o ato inicial, "o efeito danoso não é previsto, nem tampouco querido e o que se pune é propriamente" este efeito. Então, se tal não se realiza o ato inicial fique impune, mas se ocorre "a responsabilidade é determinada não pelo ato inicial *causalidade voluntária*, mas pelo resultado involuntário". Por sua vez, Ferri também discorda da visão de Bonucci, quanto este afirma que se o agente produziu um dano por "desatenção ou imperícia há o 'fato voluntário' precedente, a que ele 'não quis' prestar atenção ou que 'não quis compreender'", de onde, nestes casos, ocorre culpa por omissão.

[297] ZAFFARONI; PIERANGELI, op. cit., p. 490. Acrescente-se que, conforme PIERANGELLI (1995, op. cit., p. 45), a conduta figura como voluntária, "porque sem vontade não existe conduta, haverá apenas atos mecânicos, mas não condutas propriamente ditas."

[298] MIR PUIG, Santiago. *Derecho Penal, Parte General*. Barcelona: Editorial PPU, p. 230, e KREBS, Pedro. *Teoria Jurídica do Delito. Noções Introdutórias: Tipicidade Objetiva e Subjetiva*. São Paulo: Manole, 2004, p. 169, ao invocar a lição daquele para explicar que a estrutura do delito imprudente é composta por: "*1) La parte objetiva del tipo supone la infracción de la norma de cuidado (desvalor de la acción) y una determinada lesión o puesta en peligro de un bien jurídico penal (desvalor del resultado). 2) La parte subjetiva del tipo requiere el elemento positivo de haber querido la conducta descuidada, ya sea con conocimento del peligro que en general entraña (culpa consciente) o sin él (culpa inconsciente), y el elemento negativo de no haber querido el autor cometer el hecho resultante.*"

[299] D'ÁVILA, 2001, op. cit., p. 99-101.

Aqui, o mais importante reside na aferição do cuidado que era exigível do sujeito, de modo que a "avaliação passa a recair não mais sobre a vontade do indivíduo, mas sim, como refere Maurach, sobre sua fatal negligência frente aos postulados da vida social". Então, de acordo com Stratenwerth, como a vontade na realização não se dirige ao resultado ocorrido, a relevância jurídica não repousa diretamente na conduta desejada, mas no comportamento que lhe era devido. Fazendo com que o essencial para o injusto não seja a finalidade do ato, e sim o modo como tal é levado à execução, em face da infração do dever de cuidado previsível.[300]

Dessa forma, a figura mais marcante em termos objetivos e normativos é apenas a falta de diligência, prudência ou perícia. Enquanto que o âmbito psicológico do tipo subjetivo é composto pela representação e vontade de realizar um outro fim, "bem como da escolha dos meios e dos modos de seu uso". Somado a objetiva possibilidade de antever que no curso da conduta – antes e ao invés da concreção do fim diverso, "e como resultante da inadequação da escolha dos meios e do seu uso", do não realizar a conduta devida, ou da própria omissão –, pode ocorrer o fato prejudicial ao objeto sob a tutela penal.[301]

Na espécie, destacam-se os "conteúdos divergentes entre o da correspondente finalidade relevante e daquelas finalidades neles descritas". De modo que ao omitir-se e violar o dever de cuidado sem intenção, o autor acaba por incidir naquilo que Kaufmann chama de "mau cumprimento" de um mandado, onde ele causa o "resultado que não estava abrangido pela vontade de realização", e que deveria ter sido evitado.[302]

No tocante ao elemento intelectual, na culpa o evento liga-se à conduta por meio da previsibilidade, de modo que entre a ação, a omissão e o resultado lesivo não incide apenas uma causalidade material. Mas também uma conexão psíquica, que se constitui na essência mor da culpa, sob o manto da previsibilidade do resultado danoso.

---

[300] D'ÁVILA, 2001, op. cit. p. 100-2. Arremata com a lição de Cosiño Mac Iver, o qual expõe que não existe uma vontade da conduta em abstrato, no sentido de apenas querer um movimento, sem que junto a ele repouse uma decisão finalista – salvo no caso de atividade instintiva, hábito ou *tic nervoso*. Assim, o fundamental passa a ser a infração do dever de cuidado, "*sin que la voluntad de realización se extienda al resultado típico, el que tan solo necesita ser previsible objetivamente, conforme a los criterios generalizadores*".

[301] LUISI (1987, op. cit., p. 107), expondo que o tipo subjetivo parte de um querer penalmente irrelevante.

[302] SCHÖNE, Wolfgang. Ação, Omissão, Conduta. Tradução Margarida Maria de Barcelos Nogueira, *Revista de Direito Penal*. Rio de Janeiro: Forense, nº 27, p. 27-35, jan./jun. 1979.

Assim, quando o agente não procura o evento, não o deseja intencionalmente, nem o aceita, o fator *previsão* é que se constituirá na corrente causal entre a conduta e o fato, tendo o autor podido ou até antevisto o risco, mas não se comportando conforme ele.[303] De tal forma que a previsibilidade será a nota diferenciadora da culpa, e que Carrara define como "a voluntária omissão de diligência em calcular as consequências possíveis e previsíveis do próprio fato";[304] a fim de adotar a conduta correta e que evitaria o dano.

Incerto nessa faceta cognoscitiva existe um dever prévio de conhecer ou de melhor conhecer e entender as condições que compõem a situação específica e real, não do evento propriamente dito, mas dos fatores causais de onde advém o resultado.[305] Os quais eram passíveis de serem reconhecidos, representados e evitados pelo sujeito, "com base na experiência de vida diária e do curso habitual das coisas, verificando-se o que ordinariamente acontece" e transladando-se tais vetores para o caso concreto.[306]

Dentre os distintos critérios para a aferição da tipicidade na culpa, o primeiro é o objetivo, que toma como base a já superada figura do "homem médio", sua diligência e perspicácia. De modo que um resultado é previsível quando a antevisão do seu advento pode ser cobrada do "homem *comum e normal*, do indivíduo de atenção e diligências ordinárias, exigíveis da generalidade das pessoas".[307]

Neste nicho, embora diferente, localiza-se a Teoria da Dupla Posição, a qual apregoa exclusivamente uma análise típica objetiva, "relegando a totalidade dos aspectos subjetivos, concernentes à capacidade individual do agente em responder à norma, para a apreciação da culpabilidade".[308]

---

303 MARQUES (op. cit., p. 270-3), acrescendo que o "mecanismo volitivo de sua psique comandou os atos exteriores de forma a desencadear o fluxo causal, no mundo físico, que levaria à ocorrência do evento".

304 NORONHA, 1990, op. cit., p. 137-8. Diz Carrara: "*la essenza della colpa stá tutta nella prevedibilitá.*"

305 VON LISZT (op. cit., p. 291) afirma que "deve ser possível ao agente prever o resultado como efeito do movimento corpóreo, ainda que somente nos seus contornos gerais", de acordo com as suas faculdades.

306 REALE JR., op. cit., p. 234-8. O autor ainda explica que para Francesco Alimena o comportamento culposo consiste "na inexata interpretação das circunstâncias na qual a conduta se desenrola", onde estas "reais condições nas quais se dá a ação devem ser conhecíveis".

307 NORONHA, 1990, op. cit., p. 138. A este, contrapõe-se o critério subjetivo, rejeitando o paradigma abstrato do homem médio, de modo "que se deve ter em vista a personalidade do indivíduo em tela".

308 D'ÁVILA, 2001, op. cit., p. 94. Teoria essa que é repelida pelo autor, em prol da segunda corrente.

A segunda é a Teoria da Individualização da Capacidade do Agente, a qual defende que "tanto os elementos objetivos como os subjetivos são imprescindíveis na análise do injusto típico". Já a terceira corrente, que é denominada como Teoria Mista de Roxin,[309] apresenta uma proposição intermediária entre os dois polos, aduzindo que se deve ter em conta "a capacidade individual do agente apenas na hipótese de ser esta superior ao padrão objetivo. Sendo inferior, mantém-se o padrão estritamente objetivo, relegando a análise individualizada para o âmbito da culpabilidade".[310]

Com efeito, Noronha cita outro critério, encontrado no então artigo 18 do Código Penal Suíço, que após definir o crime culposo expõe que a "imprevidência é culpável quando o autor do ato não usou das precauções exigidas pelas circunstâncias e por sua situação pessoal". Nesse caso, Paul Logoz argumenta que para haver culpa é preciso, em primeiro lugar e objetivamente, "que o autor não tenha usado as precauções exigidas pelas circunstâncias", e que nestas era "exigível do agente uma diligência ou precauções maiores ou menores"; bem como que, subjetivamente, "o autor tenha omitido as precauções exigidas por sua situação pessoal."[311]

Então, para se aferir a culpa, primeiramente se analisa o fato em si e as suas circunstâncias, após se verifica o tipo de cautela e a atenção ordinária que poderiam ser exigidas e, por fim, o sujeito ativo.

---

309 ROXIN (op. cit., p. 1014-6) apregoa que a solução materialmente mais correta estaria no meio das duas concepções, "las capacidades inferiores a la media no pueden excluir el tipo y la antijuridicidad, mientras que las capacidades superiores a la media deben sin embargo emplearse. Por tanto, se ha de generalizar hacia 'abajo' e individualizar hacia 'arriba'. [...] El que las capacidades inferiores a la media no puedan excluir el injusto, sinó solo la culpabilidad, se deriva de la estructura sistemática del delito." Acrescenta, que "en caso de capacidades inferiores a la media existe acuerdo en que la punibilidad del sujeto no puede ir más allá de su capacidad de rendimiento". Já "al especialmente hábil se le exige sólo su capacidad de rendimiento superior en promedio y no un esfuerzo adicional". Más "si las capacidades del sujeto eran de todos modos suficientes" perante o perigo, caberá então a "punición por imprudencia."

310 D'ÁVILA (2001, op. cit., p. 94-6) explica as diferenças entre aquelas duas teorias: "1) quando as capacidades individuais do agente estão aquém do padrão objetivo estipulado: segundo a teoria objetiva poderá ter a culpabilidade excluída, enquanto, pelo entendimento endossado, a tipicidade excluída; porém em ambas as hipóteses o agente não iria responder criminalmente; 2) quando as condições pessoais do agente são superiores ao padrão objetivo estipulado: aqui radica o problema. Segundo a teoria objetiva, ele não responderia, pois teria a tipicidade afastada; porém, para a teoria creditada, poderá ser tranquilamente responsabilizado, uma vez que os critérios de aferição da negligência são individualizados."

311 NORONHA, 1990, op. cit., p. 138-9. O autor anui a ele e qualifica tal critério como justo e mais realista.

Da análise de tais critérios, entendemos acertada a linha estatuída pela lei Suíça, à qual podem ainda ser agregados os fundamentos da Teoria da Individualização da Capacidade do Agente, diante da perfeita compatibilidade e simetria entre ambas. Portanto, para se apurar a responsabilidade do autor por culpa, cremos que de início deva ser pesquisada a situação específica do caso.

Após, deve ser averiguado o aspecto objetivo e de como seria a conduta padrão exigível, a ser adotada. E, a seguir, verificar as condições subjetivas e pessoais do sujeito. Para, então, somarmos todos os fatores envolvidos e concluirmos, ao final, se a parte incidiu em alguma das formas da culpa.[312]

Assim, em linhas gerais e céleres, podemos resumir a previsibilidade objetiva como sendo a previsão que o homem mediano, comum e qualquer, "nas mesmas condições que o agente, poderia exercer". Enquanto que a subjetiva é a específica que ele possui, é "a possibilidade de o sujeito antever o resultado decorrente da sua conduta", em termos pessoais e não gerais, em decorrência de fatores como o seu meio, a cultura, a educação e o nível econômico do autor.[313]

De qualquer forma, "a característica da conduta cuidadosa deve ser inferida das condições concretas, existentes no momento do fato, e da necessidade objetiva, naquele instante, de proteger o bem jurídico". De onde a relevância do ato advirá da relação comparativa entre "a conduta concretamente realizada e a imposta pelo dever de cuidado. Ou seja, da omissão de uma conduta objetiva e necessariamente exigível", para evitar a lesão ao objeto, conforme imposto pela norma, na sua função protetiva.[314]

Por tais razões, concluímos ser de capital importância excursionarmos até o caso prático, com o fito de que seja analisada a possibilidade de ser reconhecida a verificação do evento, de acordo com os critérios ordinários e da experiência, para que então se constate a efetiva violação da diligência cabível.

Nestes termos, às circunstâncias fáticas da obrigação de cuidado objetivo deve somar-se a concretude devida sobre o possível conhecimento da produção do resultado, no processo causal que ocasionaria a lesão ao bem. Fazendo com que o dever de diligência advenha de um somatório entre o vetor objetivo e um

---

312 Aqui, é interessante registrar a lição de MAURACH, destacada por D'ÁVILA (2001, op. cit., p. 98), que "el juicio global 'imprudencia' se define por los componentes, configuradas tradicionalmente como lesión del general, objetivo, deber de cuidado, y desatención del cuidado individual, posible al autor concreto."

313 KREBS, op. cit., p. 175-7.

314 TAVARES, Juarez. *Direito Penal da Negligência. Uma Contribuição à Teoria do Crime Culposo.* São Paulo: Revista dos Tribunais, 1985, p. 137-8, o qual rejeita a adoção da "figura do homem prudente".

componente específico, definido pela situação em concreto, mais as condições particulares do agente envolvido.

Por sua vez, esta obrigação de cuidado é dividida no dever de reconhecimento do perigo para o bem jurídico e, no caso da omissão, acrescido ao dever de praticar o ato necessário para a sua salvaguarda. Aqui, tal reconhecimento reside no plano intelectivo, como pressuposto do cuidado externo, no qual deve se ter em conta o conhecimento especial do garante, além da gravidade do risco eminente e do próprio valor do objeto. Assim, a partir do reconhecimento do perigo para o bem jurídico, é de se exigir da parte a conduta adequada para impedir a realização do tipo, com as devidas precauções, no que também se inclui o dever de prévia informação e da preparação.[315]

6.2 Culpa Inconsciente

Prosseguindo, as modalidades de culpa *stricto sensu* a serem examinadas são duas. Na culpa inconsciente, o agente não prevê o resultado e desatende ao cuidado para o qual, de acordo com as condições e as suas relações pessoais, estava obrigado e era capaz, vindo a realizar o tipo sem reconhecê-lo como tal. Já na culpa consciente, o autor tem como "possível a realização do tipo, mas de modo reprovável e contrário ao dever, confia que não o realizará".[316]

Naquela, o sujeito "comporta-se com desatenção, desleixo, descuido (negligência), afoiteza (imprudência), ou arrisca-se a práticas para as quais não está devidamente habilitado ou preparado (imperícia)". Dando causa ao evento, o qual lhe era previsível e que ocorreu por força da violação do dever de cuidado objetivo, que as circunstâncias, os costumes e as normas afins lhe impunham.[317]

Por sua vez, na forma consciente, o autor prevê o fato típico, tem-no como possível, mas confia que pode evitá-lo. Aqui, ele "não quer o resultado, mas, por erro ou excesso de confiança (imprudência), por não empregar a diligência necessária (negligência)", ou por não estar preparado de acordo para um procedimento de riscos (imperícia), acaba por ocasionar a lesão ao objeto.[318]

---

[315] TAVARES, 1985, op. cit., p. 139-42. Anotando que, para Seiler, a responsabilidade "situa-se em que o autor permaneceu aquém do dever de cuidado"; de onde a quebra desta obrigação ocorre quando omitidas "as exigências protetivas impostas" na norma.

[316] WESSELS, op. cit., p. 148.

[317] TOLEDO, op. cit., p. 302.

[318] TOLEDO, op. cit., p. 302.

Em outras palavras, na forma inconsciente o agente não se apercebe da realização de um ilícito, diante da inobservância do cuidado devido. Enquanto que na culpa consciente o sujeito considera possível que se realize o tipo legal, embora atue na confiança de que ele não se produzirá. Neste caso, o agente conhece as circunstâncias que fundamentam o perigo e, embora não haja a certeza, incide a *conhecibilidade*, a *advertibilidade* e a *representação* da possibilidade do dano.

Contudo, em que pesem tais condições, o autor acaba por não captar, da forma devida, as possíveis consequências lesivas que poderão advir ao bem jurídico, deixando de praticar o ato que lhe incumbia. Assim, o tipo subjetivo desta consiste na representação de todas as circunstâncias do fato como um perigo não permitido, mais a confiança de que o evento não se realizará.[319]

Portanto, operada à análise teórica, formulamos os problemas práticos a seguir. No sétimo exemplo, o proprietário da casa tombada conhece seus deveres e com uma certa periodicidade realiza a manutenção da moradia, mesmo porque ela é habitada pela família como uma espécie de refúgio de férias, no período de frio. Entretanto, como nos três últimos anos o inverno fora muito rigoroso, com chuvas, ventos e tempestades, o garante acaba não utilizando o imóvel e, então, deixa de realizar os cuidados necessários para a sua boa conservação, os quais pretende fazer depois.

Em decorrência disso, a casa vem a ingressar em curso de abandono, sem que o autor perceba os riscos que tal atitude representa, quando poderia e deveria tê-lo feito, por bem conhecer as peculiaridades da edificação. Posteriormente, quando retorna ao local após longo período, o dono constata que o antigo prédio não resistiu e, como era previsível, fora gravemente danificado pelas intempéries, fato que teria sido evitado caso não omitisse os cuidados e realizasse a mera manutenção já conhecida.

No oitavo caso, o mesmo proprietário anteviu os riscos decorrentes dos rigores do clima, com a ciência de que naquele inverno ocorrerão fortes chuvas e temporais, sendo inclusive prevista a passagem de um furacão, sobre o qual fora emitido alerta. A partir do que, ele constata que se não realizar os cuidados periódicos de que o bem necessita, existe uma considerável probabilidade de que este sofra sérios danos na dita estação. Porém, prefere crer que como a centenária edificação já passou por vários invernos e resistiu a todos, não seriam as fortes tempestades ora previstas que iriam deteriorá-la.

[319] ROXIN, op. cit., p. 1018-22.

Assim, decide por omitir-se, deixando para realizar as obras no verão seguinte, quando irá viajar com a família até o local, acreditando que a edificação resistirá ao mau tempo. Contudo, as circunstâncias previstas vêm a se confirmar, de modo que a conjunção de várias intempéries e a passagem do furacão acabam danificando a casa. Constando-se, após, que uma intervenção regular teria impedido este prejuízo ao bem.

No sétimo exemplo, o garante descuidou dos seus deveres e não realizou a conduta devida, sem que tenha previsto o advento do dano, "ignorando, por completo, a sua possível ocorrência, embora lhe fosse possível chegar a este conhecimento (previsibilidade potencial)". Já no oitavo caso, embora antevendo que era possível o desenlace do episódio lesivo, por força da sua omissão, o autor confiou piamente que o pior não aconteceria. De onde, na última ocorre um "defeito no querer", pela incidência da conduta indevida, quando a parte tinha previsto o possível resultado. Enquanto que na primeira houve um "defeito de representação da vontade" por não prever a lesão.[320]

Naquela hipótese, temos a clássica ocorrência da culpa inconsciente, por não ter previsto uma situação perfeitamente previsível. Já na última, embora tenha antevisto o pior, o garante não chegou a aceitar ou se conformar com o evento danoso, mas, sim, foi negligente por preferir ignorar o risco que se avizinhava. Nada fazendo na medida em que detinha a expectativa de que o prédio novamente resistiria e que na sequência poderia realizar as obras sabidas e necessárias a que estava obrigado.

No sétimo episódio, o agente não consegue enxergar uma situação possível de ser prevista sem maiores obstáculos e que rogava a adoção dos atos devidos. Já no oitavo, após vislumbrar o perigo próximo, o sujeito simplesmente o subestima, na crença maior de que nada acontecerá, pois este é o seu íntimo desejo. De modo que, por equivocada confiança, também se omite e não realiza a ação que deveria e sabia operar.

---

320 D'ÁVILA, 2001, op. cit., p. 104-10. Ainda, invoca Welzel para explicar a diferença em relação ao dolo eventual: "Si de acuerdo a la representación del autor la producción de la consecuencia concomitante no está unida necesariamente al fin o a los medios, sino sólo en forma posible, habrá que distinguir si cuenta con que se produzca o si, por el contrario, confía en que no acontezca. Aquellas consecuencias que él cuenta con que se produzca al realizar su acción (el llamado dolo eventual - equivocadamente, dolo condicionado). Por el contrario, su voluntad de realización no extiende a aquellos resultados posibles, con relación a los cuales el autor confía justamente en que no se produzcan. Pues quien, al actuar, confía en que no se produzcan tales resultados, nos los quiere realizar, del mismo modo como no quiere realizar resultados en los que no ha pensado (en este caso sólo podría plantearse el problema de culpa)."

Naquela primeira situação, o proprietário incidiu em omissão culposa inconsciente, na medida em que conhecia as necessidades de cuidados especiais para com o bem tombado. E, ainda assim, por um longo período deixou de dispensar qualquer forma de atenção para o imóvel, ausentando-se durante três anos.

Ora, nessas circunstâncias, poderia ele prever sem dificuldade maior que as mesmas condições de mau tempo – as quais tornavam desfavoráveis os passeios até o local –, também representavam um risco considerável para o prédio, o qual carecia da manutenção periódica por ele omitida.

De outra aresta, na outra hipótese o conhecimento que tinha sobre as necessidades do edifício, o perigo que dele se aproximava e a forma para remediar tal ameaça não foram suficientes para que o garante optasse por cumprir o dever que lhe era exigível. Fazendo com que, ao preferir aceitar a convicção pessoal de que nada aconteceria e que no período seguinte poderia realizar os reparos precisos, ele acabasse negligenciando os seus deveres de cuidado, deixando vulnerável a casa, então acometida por estragos, ora considerados como típicos e ilícitos.

6.3 Culpa Consciente

Observamos que na *culpa inconsciente* o autor deixa de prever o resultado previsível. Por sua vez, na forma *consciente*, embora haja a previsão do agente de que se não realizar a ação devida, poderá ocorrer o resultado típico, ainda assim ele "deixa de realizá-la na convicção de que o evento, penalmente relevante, embora não efetivada a conduta devida, não ocorrerá". Aqui, apesar de o resultado real ser previsto o fim colimado seria atípico, porém este "não é o fim proposto, e não é querido", decorrendo da falta de diligência em praticar o ato devido.[321]

Assim, a diferença capital entre o que "age com culpa consciente e inconsciente está unicamente em que o primeiro, ao menos, cumpre parte de seu dever de cuidado". Sendo que apenas num momento posterior deixa de "levar em conta a função de apelo da situação, enquanto que o segundo desde o início ignora esse apelo".[322]

---

[321] LUISI, 1987, op. cit., p. 105. Embora preveja, o autor é convicto de que o fato lesivo não se verificaria. Ainda, correta a observação de SILVA, David Medina da. *O Crime Doloso*. Porto Alegre: Livraria do Advogado, 2005, p. 113, no sentido de que dolo eventual e culpa consciente divergem no plano volitivo, mas convergem no fato de que em ambos está "presente o elemento intelectual, ou seja, a representação."

[322] PUPPE (op. cit., p. 19) esclarecendo que tal distinção é teórica e classificatória, mas não normativa.

Destarte, a culpa consciente difere do dolo eventual, pois neste o agente presta a sua anuência ao advento do resultado, "preferindo arriscar-se a produzi-lo, ao invés de renunciar à ação". Diverso da culpa consciente, onde, embora inconsideradamente, o sujeito repudia "a hipótese de superveniência do resultado, e empreende a ação na esperança ou persuasão de que este não ocorrerá", ou não a pratica quando deveria.[323]

Portanto, no dolo eventual o sujeito conta seriamente com a possibilidade de realização do tipo, mas apesar disso segue com a sua conduta para alcançar o fim perseguido e conforma-se com a eventual ocorrência do delito. Enquanto que na culpa consciente, apesar do risco e da possibilidade de produção do resultado o autor não lhe confere a atenção devida, e negligentemente confia que o tipo não se realizará, sem que com isso tenha se resignado com ele.[324]

Dessa forma, resta patente que no oitavo caso o garante não obrou em dolo eventual, mas em consciente negligência. Na medida em que jamais aceitou, anuiu ou desejou que da sua omissão pudesse redundar o dano ao bem protegido, hipótese essa observada por ele, mas sem habitar a sua vontade direta. A qual estava voltada para o implemento dos reparos na estação seguinte, baseado na excessiva crença pessoal de que o imóvel resistiria a mais um inverno, após o qual poderia realizar a manutenção.

Esta é sua íntima convicção e a não adesão ao dano são decisivos para se firmar a *culpa consciente*. Pois o maior vetor para diferenciar a omissão dolosa da culposa (principalmente na forma inconsciente), reside na circunstância de que naquela o aspecto psicológico irá se decompor em vários momentos, ao passo que nesta irá se apresentar sob uma única nuance.

Na dolosa, a raiz psicológica cinde-se "em querer a não realização da ação devida, e, em muitas espécies típicas, em querer a sua efetivação e, concomitantemente, querer a ação efetivada e o fim realmente concretizado". Já na "omissão

---

[323] MARQUES, op. cit., p. 276. Para maior conhecimento, ver e HUNGRIA, Nélson. *Comentários ao Código Penal*. 4. ed. Rio de Janeiro: Forense, 1958, vol. I, Tomo II, p. 114-214.

[324] ROXIN, op. cit., p. 425-7. Acrescenta, que "Quien produce conforme a un plano un resultado típico, realiza un tipo de delito distinto que quien no ha incluido en sus cálculos el resultado y lo produce por negligencia o ligereza." Para ilustrar, cita o exemplo de um motorista que percebe o perigo de causar um acidente, mas ainda assim prossegue, apenas confiante e sem que o deseje ou aceite. Aqui, haverá culpa consciente, já que o sujeito "confía en poder evitar el resultado mediante su habilidad al volante, pues de lo contrario desistiría de su actuación, porque él mismo sería la primera víctima de su conducta."

culposa o agente apenas quer a ação realizada e o fim que objetiva", mas não quer deixar de efetivar o ato devido.[325]

Com efeito, ocorre que o dolo eventual é limítrofe à culpa consciente, com a diferença que nesta o garante não quis, nem assumiu o risco da produção do resultado. E mesmo ciente das possibilidades, acreditava poder evitá-lo, o que não consegue por um equívoco na sua avaliação, sendo, ao final, o prédio afetado pelas intempéries. Já naquele, o sujeito não só prevê o evento lesivo, mas ainda o aceita como uma das alternativas possíveis, com total indiferença.

Por sua vez, tais categorias são diversas da negligência inconsciente, em que o autor, "em virtude da falta de cuidado exigido pela lei, não apenas não quis, mas nem sequer previu a ação devida que devia realizar e a possibilidade de a realizando, impedir a concreção do evento penalmente típico".[326]

Ou seja, ao fato de efetivar a "atividade finalista que não é mandada pela lei, se acresce a circunstância de não ter militado no espírito do agente realizar outra ação", a qual era obrigado a executar, e, tampouco de que, em cumprindo-a, teria obstado o episódio juridicamente ilícito.[327] Então, aqui uma atitude voluntária "provoca um resultado danoso não previsto mas previsível e evitável" - de todo oposto ao caso fortuito que é imprevisível e inevitável pela parte.[328]

De qualquer sorte, nos dois últimos exemplos o fator importante que os assinala como um delito culposo por omissão imprópria é a efetiva ocorrência do evento lesivo, sem o qual os dois episódios passariam despercebidos no mundo jurídico. Na medida em que se o imóvel tivesse resistido às forças da natureza, não teria ocorrido qualquer alteração no bem jurídico, pois só a vulneração realizada em termos práticos contra o objeto é capaz de tipificar tal fato nas sanções do art. 62, I, parágrafo único, da Lei nº 9.605/98.

Portanto, "a importância do resultado no tipo reside em que realiza uma seleção no círculo das ações contrárias ao cuidado", de modo a conferir-lhe o devido

[325] LUISI, 1987, op. cit., p. 95-6. Ver também RÖHNELT, Ladislau Fernando. *Apontamentos de Direito Penal*. VARGAS, Zuleika Pinto Costa (Org.). Porto Alegre: Ajuris ESM, 2011, p. 597-9.

[326] LUISI, 1987, op. cit., p. 96-7.

[327] LUISI, 1987, op. cit., p. 97-8. Registra ainda, que na omissão inconsciente existe, "como substrato natural, uma ação real, vale dizer, uma atividade finalista. Esta é obviamente, voluntária e consciente, ocorrendo a omissão por não ser ela a ação esperada. Daí poder-se repetir Edoardo Massari, quando sustenta que na omissão inconsciente, aquilo que aparece como involuntário não é mais que a consequência de uma conduta voluntária, em cuja realização o omitente não devia ter feito convergir os seus poderes mentais e ativos." Já na omissão dolosa, a conduta finalista está voltada no "propósito de não executar a ação devida e de não impedir, mas concretizar o evento penalmente ilícito."

[328] TOLEDO, op. cit., p. 302-3.

relevo jurídico-penal.[329] Assim, o evento negativo e previsto em lei como proibido será imputado ao garante na medida em que decorra de uma conduta lesiva à sua obrigação de cuidado. Pelo fato de que o resultado "tenha sido previsível e evitável ao agente, da mesma forma como a própria lesão ao dever de cuidado, segundo o juízo concreto de adequação, lastreado, entre outras coisas, na experiência geral da vida".[330]

---

329 WELZEL, Hans. *Derecho Penal Alemán.* Tradução de Juan Bustos Ramirez e Sérgio Yáñez Pérez. Santiago: Ed. Jurídica de Chile, 1970, p. 192-3; e LUISI, 1987, op. cit., p. 101, o qual invoca a lição de Welzel para explicar que "toda ação contrária ao cuidado é antinormativa", e aqui o resultado é o "fundamento material do injusto típico penal".

330 TAVARES, 1985, op. cit., p. 154, agregando os ensinamentos de Jescheck.

VII
DA INCIDÊNCIA DO ERRO

Além das referidas modalidades, é ainda possível que a conduta do agente e as consequências penais sejam modificadas pela incidência do erro de tipo e de proibição. Conforme o art. 20 do Código Penal, "o erro sobre o elemento constitutivo do tipo legal de crime exclui o dolo, mas permite a punição por crime culposo, se previsto em lei".[331] Já no art. 21, o erro de proibição "sobre a ilicitude do fato, se inevitável, isenta de pena; se evitável, poderá diminuí-la de um sexto a um terço", conforme as circunstâncias.[332]

7.1 Do Erro de Tipo e de Proibição

Por primeiro, o *erro de tipo* corresponde a todo aquele que diga respeito aos elementos constitutivos e essenciais da figura criminosa, o qual decorra da equivocada apreciação dos fatos ou da errônea compreensão do tipo penal, gerando uma autêntica desconformidade entre o representado na mente da pessoa e o mundo real. O que então "vicia o processo de motivação da vontade, orientando-a em uma direção que provavelmente não tomaria, se tivesse por motivo a representação real dos fatos".[333]

---

[331] A redação do art. 20, § 1º, é a seguinte: "É isento de pena quem, por erro plenamente justificado pelas circunstâncias, supõe situação de fato que, se existisse, tornaria a ação legítima. Não há isenção de pena quando o erro deriva de culpa e o fato é punível como crime culposo."

[332] O art. 21, parágrafo único, prevê que: "Considera-se evitável o erro se o agente atua ou se omite sem a consciência da ilicitude do fato, quando era possível, nas circunstâncias ter ou atingir essa consciência."

[333] BRUNO, Aníbal, op. cit., tomo II, 119-20.

Na espécie, aqui permanece íntegro o conhecimento da norma jurídica, mas a "vontade do agente é viciada pela ignorância ou falso conhecimento de uma situação de fato". A qual integra o elemento essencial do tipo de um delito, de modo que o sujeito atua sob a índole da boa-fé, crendo que não está atentando contra a lei penal.[334]

Assim, ele "não imagina que aquilo que voluntariamente realiza constitua a materialidade de um delito," diante da divergência entre a sua representação equivocada e a realidade dos fatos.[335] Como quando o agente desconhece a sua posição de garantidor, ou sobre ela possui uma compreensão errônea.

Nestas circunstâncias, o agente "*não sabe o que faz*, porque em consequência de seu erro não compreende o verdadeiro conteúdo e sentido do acontecimento no espaço jurídico-social". Carecendo da imagem representativa exigível ao dolo penal, em virtude da ausência ou do falso conhecimento dos elementos requeridos pelo tipo objetivo, de modo que desaparece a finalidade típica.[336]

De acordo com Roxin, este erro pode recair sobre elementos *descritivos* ou *normativos* do tipo. Aduzindo, serem aqueles palpáveis e sensorialmente perceb íveis, de modo que o erro excluirá o dolo quando o autor carecer de percepção sensorial ou esta for errônea. Enquanto que os normativos existem no âmbito das representações valorativas, vindo a ocorrer o erro quando faltar ao agente o suficiente entendimento intelectivo e espiritual necessário para compreendê-los.[337]

Dessa forma, o erro de tipo é a falta da representação requerida pelo dolo. E, em não havendo a vontade de realizar o tipo objetivo, não há dolo, pois este requer a sua realização; e quando não é sabido que se está realizando um tipo objetivo, esta vontade não pode existir, por se estar diante de um conhecimento falseado a respeito de algo, cuja verdade é ignorada. Porém, se ao aplicar o cuidado devido o

[334] MARQUES, op. cit., p. 320-2. Cita ainda BETTIOL, para quem aqui não há a possibilidade de uma "determinação sobre aquilo que se realizou e que se devia praticar, porquanto o erro de fato é ignorância ou falsa representação do realizado. O evento realizado não é, de nenhum modo, intencional."

[335] BATTAGLINI, Giulio (*Direito Penal. Parte Geral.* Tradução Paulo José da Costa Jr. e Ada Pellegrini Grinover. São Paulo: Saraiva, 1964, p. 291) expõe que "O erro consiste em uma divergência entre a representação do agente e a realidade. [...] a vontade é viciada por uma representação falsa.

[336] WESSELS (op. cit., p. 56-7) cita que o autor não vislumbra a "*função de apelo e advertência* do tipo".

[337] ROXIN, Claus. *Problemas Actuales de Dogmatica Penal.* Lima: ARA, 2004 p. 121-2. Anotando ainda que muitos elementos não são claramente descritivos ou normativos, mas uma mescla de ambos.

sujeito sairia da situação de erro, este será vencível e punível a título de culpa, se previsto no tipo.[338]

No caso, explica Maurach que "se o autor erra sobre a existência de uma característica objetiva do tipo, resultará eliminada, por esta falta própria do âmbito subjetivo, a congruência para o delito doloso" entre o polo objetivo e subjetivo do tipo. Assim, tanto o erro propriamente dito como a ignorância – esta sendo a falta de conhecimento e aquele a falsa representação do fato – podem conduzir à extirpação do dolo, na medida em que este inexistirá por ausência de representação e vontade para com os elementos integrantes do tipo objetivo.[339]

Aqui, a atipicidade configura-se na ausência da união entre as parte subjetivas e objetivas, pois, embora exista esta, aquela não se completou pelos citados defeitos. Portanto, a exclusão dolosa deriva do erro sobre uma circunstância de fato objetiva e abrangida pelo dolo, pertencente ao tipo do injusto.[340]

Outrossim, se o erro derivar da "omissão da cautela ou diligência exigível nas circunstâncias" e existindo o correspondente tipo culposo, subsistirá a punibilidade a título de culpa, já que o sujeito descuidou-se, ou mesmo faltou-lhe a devida atenção e cautela.[341] Portanto, o erro de tipo culposo resulta da falsa representação da realidade, onde, na formação do processo intelectivo, ocorre "uma imprudência, uma negligência, uma imperícia ou inobservância de leis, regulamentos, ordens ou disciplina".[342]

Com efeito, estará excluída a culpabilidade por completo, seja na tipicidade dolosa ou culposa, sempre que o erro for invencível, ou seja, quando o agente não puder evitar ou superá-lo, ainda que no caso tivesse empregado a devida diligência. De modo que em razão do falso conhecimento ou da não ciência da realidade não consegue compreender a natureza criminosa da sua conduta.[343]

---

338 ZAFFARONI; PIERANGELI, op. cit., p. 467-9; e ZAFFARONI, Eugenio Raúl; ALAGIA, Alejandro; SLOKAR, Alejandro. *Derecho Penal. Parte General.* 2. ed. Buenos Aires: EDIAR, 2002, p. 533.

339 LUISI, 1987, op. cit., p. 110-3. Acrescenta também que, conforme Maurach, o erro sob os aspectos objetivos do tipo podem sem de "natureza descritiva, normativa e jurídico normativa", sendo que para entender os últimos não basta só os conhecer, é preciso uma atividade valorativa para a sua significação.

340 WELZEL, op. cit., p. 130, para quem "a teoria do erro é a teoria do dolo às avessas".

341 FRAGOSO (op. cit., p. 217) aponta tais elementos do tipo como de natureza factual ou jurídica.

342 MARQUES (op. cit., p. 323), citando Altavilla e explicando que tal erro invencível exclui a culpabilidade, "sempre que incida sobre o elemento constitutivo do tipo legal de crime, pois em consequência do erro a vontade não se determina de forma normal", em relação ao fato ou a uma das figuras da tipicidade penal.

343 CAPEZ, Fernando (*Curso de Direito Penal. Parte Geral.* São Paulo: Saraiva, 2013, v. 1, p. 243-8) anota que caso não prevista a forma culposa no tipo é irrelevante indagar da evitabilidade do

Entretanto, em sendo "possível nas circunstâncias ter o conhecimento correto e não falso do fato", o erro será vencível, pois o autor poderia tê-lo evitado, de forma que se tivesse atendido ao cuidado devido teria antevisto o problema, superando-o.[344] Então, embora afastado o dolo, subsiste a responsabilidade por culpa, se tipificada. Porém, caso tenha previsto a situação ilícita, vindo a calcular a possibilidade de realizar o tipo e se conformar com ela, de modo a seguir com a sua conduta, já não haverá mais que se falar em erro, mas, sim, da incidência do dolo eventual.[345]

Por sua vez, o *erro de proibição* é o que ocorre sobre a antijuridicidade do fato, no qual o sujeito sabe o que faz tipicamente, mas de modo errôneo supõe que isso era permitido. Caracterizando-se não apenas como a representação positiva de que dada conduta seja lícita, mas também como uma falta de consciência do injusto, em virtude de um defeito na sua representação. Aqui, o agente "não reconhece a norma de proibição diretamente sobre o fato, tem-na por não válida ou, em consequência da errada interpretação, chega a falsas representações do seu âmbito de validade".[346]

Portanto, a diferença é que o autor não erra sobre os elementos fundamentais de composição da figura típica. Mas, sim, "a respeito da relação intercorrente entre o seu comportamento e a ordem jurídica na sua globalidade", na crença de que a conduta está autorizada, é permitida e conforme o ordenamento, sem estar ciente da ilicitude.[347]

Nessas circunstâncias, tanto o autor pode crer que age licitamente, como ainda nem sequer considera a ilicitude ou não do seu comportamento. Inclusive, conforme Bettiol, tal questão é revestida por um considerável aspecto psicológico, na medida em que "não se pode efetivamente dizer que aquele que se determinou à ação ignorando ou errando a respeito de uma norma penal, quando esta

---

erro. Enquanto que BITENCOURT (2008, op. cit., p. 384) observa que o "erro culposo não se confunde com o crime culposo".

344 REALE JR., op. cit., p. 231.

345 ROXIN, 2004, op. cit., p. 126, palestra que aqui "la delimitación es polémica pero la mayoría la traza correctamente admitiendo un dolo eventual (y con ello negando un error de tipo) cuando el autor ha calculado seriamente con la posibilidad de realizar el tipo y pese a todo continúa actuando".

346 WESSELS, op. cit., p. 100-3.

347 FRANCO, Alberto Silva; STOCO Rui *et al.* (*Código Penal e Sua Interpretação Jurisprudencial.* 6. ed. São Paulo: Revista dos Tribunais, 1997, v. 1, t. I, p. 318), citando ser o *inverso à consciência da ilicitude.*

ignorância ou erro eram invencíveis, tenha tido um comportamento contrário ao dever".[348]

Assim, o erro de proibição pode reportar-se à existência da norma proibitiva como tal (erro direto), em que falta ao autor a sua correta compreensão, ou sobre a "existência de uma causa de justificação que autorize a ação, geralmente proibida, em um caso concreto (erro de proibição indireto ou sobre as causas de justificação)".[349] Naquela situação, o agente desconhece existir uma norma que proíba o seu ato. Já nesta, ele sabe que de regra a sua conduta é proibida, mas acredita que na hipótese específica incida uma causa justificante, que o permita atuar, como o fez, licitamente.[350]

Quando é invencível, o erro de proibição elimina a culpabilidade, na medida em que o autor não poderia ter compreendido a antijuridicidade de sua conduta, ainda que empregasse a devida diligência e os cuidados cabíveis. Já quando é vencível, em nada afeta a tipicidade culposa ou dolosa, funcionando como fator de atenuação da pena. Outrossim, o entendimento da ilicitude e da evitabilidade do erro são questões a serem determinadas no caso concreto, conforme o agente e as suas "características pessoais, profissionais, grau de instrução, grupo cultural, obscuridade da lei, contradições das decisões jurisprudenciais ou administrativas a respeito, opinião vulgar, etc.".[351]

Com efeito, essa consciência do injusto não precisa estar ligada ao conteúdo "exato do preceito penal infringido ou à sanção concreta do fato. Basta que o autor tenha base suficiente para saber que o fato praticado está *juridicamente proibido* e que é contrário às normas mais elementares que regem a convivência".[352] Portanto, não se está a exigir o pleno conhecimento da violação do direito, mas apenas uma simples consciência adquirida a partir de uma espécie de valoração paralela na esfera do leigo, de que aqui se está diante da falta do dever que a ordem jurídica impõe.

---

[348] BETTIOL, Giuseppe. *Direito Penal.* Tradução Paulo José da Costa Jr . e Alberto Silva Franco. São Paulo: Revista dos Tribunais, 1971, v. 2, p. 162. Também JIMÉNES DE ASÚA, *apud* MARQUES (op. cit., p. 313) explica que o "erro supõe uma ideia falsa, uma representação errônea de um objeto certo: é um estado positivo", enquanto que a ignorância consiste "na falta completa de conhecimento".

[349] MUNÕZ CONDE, op. cit., p. 158-9.

[350] CEREZO MIR, José. *O Tratamento do Erro de Proibição no Código Penal Espanhol.* São Paulo: Revista dos Tribunais, nº 643, p. 400, maio 1989.

[351] ZAFFARONI; PIERANGELI (op. cit., p. 617), afirmando que aqui é impossível ter regras fixas.

[352] MUNÕZ CONDE (op. cit., p. 157-8) cita que na doutrina dominante basta poder conhecer a ilicitude.

Desse modo, o objeto da ciência da ilicitude não é o conhecimento do preceito jurídico. Ao contrário, pois basta que a parte "saiba que seu comportamento contradiz as exigências da ordem comunitária e que, por conseguinte, se acha proibido juridicamente".[353] Ou seja, o erro será considerado como evitável sempre que o autor pudesse ter se conduzido ou atingido a consciência da ilicitude, sem adotar postura cômoda, afoita ou indiferente, de acordo com dadas circunstâncias.

Neste lastro, conforme Walter Coelho são três as situações de erro evitável. Primeira, quando o sujeito age sem a consciência profana do injusto, porém, naquelas circunstâncias, "com esforço de sua inteligência e vivências hauridas na comunidade, poderia atingir a real consciência da ilicitude do fato". Segunda, quando o autor do delito, "embora sem consciência da ilicitude, agiu na dúvida, deixando, propositadamente, de informar-se sobre a ilicitude de seu comportamento, para não ter que se abster da conduta proibida". E terceira, quando o agente do crime não possui consciência do ilícito, "porque não procurou informar-se, convenientemente, para o exercício de profissão ou atividade regulamentadas".[354]

Assim, resta claro que o erro era vencível e deverá ser punido nos casos de dúvida, falta de informação ou falsa estimação de um quadro que poderia ser verificado. Para tanto, basta apurar a incidência de uma das seguintes condições: a existência de motivos para que a situação fosse analisada e refletida; o autor não ter se esforçado seriamente para melhor avaliar as circunstâncias, ou tê-lo feito de forma insuficiente; ou quando poderia atingir o conhecimento do injusto, devidamente e sem percalços.[355]

Cumpridas as citadas etapas e caso não diagnosticado nenhum dos citados fatores capazes de afastar o erro, este deverá ser considerado como insuperável. De modo que a conduta do sujeito não poderá ser reprovada, "pois quem não tem consciência da ilicitude do fato não realiza nenhuma conduta merecedora de censura". Impedindo, então, que se formule o juízo de culpabilidade, mas sem que tal interfira no dolo, no que diz respeito a ele enquanto ciência e a vontade de realizar o objetivo.[356]

---

[353] FRAGOSO (op. cit., p. 255-6) conclui, a partir de Jescheck , que de "regra o erro aqui é evitável, pois a valoração jurídica surgirá diretamente do sentido jurídico", sendo reconhecível no esforço de consciência.

[354] COELHO, Walter Marciligil. Erro de Tipo e Erro de Proibição no Novo Código Penal. *In:* TOLEDO, Francisco de Assis; GIACOMUZZI, Vladimir (Orgs.) *et al. O Direito Penal e o Novo Código Penal Brasileiro.* Porto Alegre: SAFE, 1985, p. 96. Ainda, verificar COELHO, Walter Marciligil. *Teoria Geral do Crime.* Porto Alegre: SAFE, 1991.

[355] ROXIN, 2004, op. cit., p. 133-9.

[356] FRANCO; STOCO, op. cit., tomo I, p. 319, expressando que, assim, o agente resta isento de sanção.

De qualquer modo, para o diagnóstico seguro da evitabilidade ou não do erro, é importante trazer à mente a lição de Nélson Hungria, no sentido de que a consciência da antijuridicidade pode inocorrer, embora se detenha o conhecimento específico da lei, assim como ela poder existir, apesar de ausente tal conhecimento. Pois quando se diz "consciência da injuridicidade, o que se quer exprimir é a consciência da oposição ao dever ético-jurídico, e o conhecimento deste não está indeclinavelmente adstrito à prévia certeza de que um artigo de lei penal especialmente o reclama e o sanciona".[357]

Afinal, a evitação é uma questão de culpabilidade, ligado ao limite daquilo que é exigível e, então, reprovável. Devendo ser aferido não diretamente em nível de conhecimento ou mera compreensão, mas da possibilidade do efetivo conhecimento. De onde, podemos dizer que o dever comum de informar-se e de não cometer ilícitos é reforçado em face do garante, pela sua figura de tutela. Fazendo com que o juízo final de vencibilidade seja lançado a partir de uma figura real e as suas condições pessoais, diante de um caso prático e de uma dada situação em concreto.[358]

Assim, identificadas as características do erro de proibição e de tipo, podemos apontar como pontos diferenciadores que este afeta o dolo, e aquele a compreensão da antijuridicidade. Que "o erro de tipo acontece quando, em linguagem comum, 'o homem não sabe o que faz'; o de proibição, quando 'sabe o que faz', mas crê que não é contrário à ordem jurídica". E que o erro de tipo elimina a tipicidade dolosa, mas pode perdurar a culposa; enquanto que o de proibição pode eliminar a culpabilidade.[359]

7.2 Da Manifestação do Erro

Conceituadas as modalidades de erro previstas na lei penal, e para levarmos a termo o presente estudo, passaremos a analisar as suas formas de manifestação a partir dos novos casos práticos a seguir formulados.

Como exemplo de número nove, temos que o proprietário da casa tombada possui próximo a ela um anexo integrado por cozinha e pequena área refeitória que, embora fique à parte, são componentes da antiga edificação. Porém, diante da configuração e das precárias dimensões, este prédio é utilizado para depósito de lenha, sendo que para atender a outras carências foi construído um quiosque ao lado.

---

357 HUNGRIA, op. cit., p. 225-9; e FRAGOSO, op. cit., p. 255, também referindo aquele.

358 ZAFFARONI *et al.*, 2002, op. cit. p. 728.

359 ZAFFARONI; PIERANGELI, op. cit., p. 468.

Aqui, o garante está ciente de suas obrigações e sempre dispensa os devidos cuidados para a boa conservação da moradia, usada por ele e a sua família nos fins de semana. Contudo, pelos motivos já expostos, por acreditar que o tombamento restringe-se apenas à casa principal, bem como por diversas razões ligadas ao estado, à estética e à utilidade do anexo, o sujeito não adota as medidas cabíveis para a sua manutenção, vindo a se omitir, na crença de que o tal depósito não está tombado, por ser secundário. Em decorrência, o edifício apartado não resiste à ação do tempo que, combinado ao ataque de cupins, acaba danificando os seus componentes de madeira, levando a uma total ruína.

Já como a décima hipótese, o mesmo proprietário reconhece os dois prédios como sendo tombados e dedica todos os cuidados para a casa principal. Entretanto, por não utilizar o anexo para qualquer fim, entende que as suas obrigações para com este são restritas apenas a não operar nenhuma alteração na sua forma original, além de não poder praticar ataques diretos que venham a danificá-lo ou destruí-lo.

Nestas circunstâncias, interpreta que a realização de ações conservatórias para esta parte do imóvel é um dever que cabe ao órgão responsável pelo tombamento, e não a ele. Assim, omite-se e deixa de operar qualquer ato para a sua manutenção; sequer vindo a comunicar ao ente público, do qual emanou o feito de tombamento, sobre as necessidades deste prédio. O resultado é que por força da citada omissão o anexo venha a ser degradado pelo tempo, perecendo por completo.

No nono exemplo, o erro do agente recai sobre um elemento material do tipo, consistente no "bem especialmente protegido", cuja característica é ignorada por ele. Aqui, as suas obrigações são conhecidas, mas, ele acredita que o tombamento abrange apenas a casa como objeto principal, não extensiva ao anexo, que é secundário e menor.

Por tais razões, ele se omite de realizar os cuidados necessários ao outro prédio que, então, venha a ruir, sem que na sua consciência esteja violando uma obrigação legal, na medida em que não enxerga em tal imóvel um objeto de tutela penal, em especial a do art. 62 da Lei dos Crimes Ambientais.

Dessa forma, a omissão do garante está totalmente desprovida de dolo, pois ele desconhece que com esta conduta esteja a praticar um delito. De onde resta viciada a sua vontade e prejudicado o enquadramento do ato no tipo objetivo doloso, a partir de uma falha na tipicidade subjetiva, tocante ao conhecimento real da violação praticada.

Aqui, independente de ser vencível ou não, todo o âmbito do dolo restou contaminado, pois ele não teve a intenção de omitir o seu dever de proteção do bem tombado, uma vez que não conseguira visualizar aquele espaço de refeitório como um objeto de valia cultural. Tanto é que o utilizava para uma função nada nobre, já que o converteu num depósito de madeira para combustão.

No caso, se aceitarmos o erro como plenamente justificável nesta situação, teremos de excluir a culpa e o dolo, de onde o agente estará isento de pena. Porém, se considerarmos em tais circunstâncias que o erro era superável, irá perdurar a culpa. Na hipótese ora formulada, optamos por emoldurá-lo nesta última disposição, entendendo que pelas peculiaridades do fato o sujeito dispunha de meios suficientes para averiguar que, além da casa, o anexo também estava protegido.

Afinal, o tombamento referia-se a todo o conjunto histórico e arquitetônico, e não apenas a um dos espaços. Sendo que ambos estavam integrados e em harmonia, independente do conceito estético ou do juízo pessoal que o autor tivesse. Ademais, bastaria a ele buscar instruções no órgão responsável pelo tombo, ou comunicá-lo sobre o estado de depreciação do objeto. Assim, a sua responsabilidade resta inafastável, na medida em que, em sendo o proprietário e detendo a consciência dos deveres de garante, era sua obrigação bem se informar antes de decidir omitir-se na conservação do outro prédio.

Portanto, o *erro de tipo essencial* exclui sempre o dolo, seja vencível ou não, pois só poderemos pensar em um erro evitável, que não se evitou, caso ligarmos o fato a uma conduta culposa. Na qual a negligência, a imprudência e a imperícia figuram como formas óbvias de erro contornável, a partir de uma falta de cuidado e atenção do autor, quando tal lhe era devido e exigível.

O dolo, aqui, é afastado pela incidência de vício no elemento intelectual da vontade e previsão, impedindo a abrangência correta dos elementos essenciais do tipo. Mas, em sendo evitável e previsto no dispositivo, resta guarnecida a imputação por culpa, pois em residindo o dolo no tipo, a sua exclusão não afeta culpabilidade, de modo que restará intacta a responsabilidade quanto ao delito culposo.

De onde, o que menos importa é localizar o "objeto do erro no mundo dos fatos ou na esfera dos conceitos ou das normas de direito". Importa, isso sim, "saber se o objeto do erro pertence, ou não na estrutura do crime, ao tipo objetivo". E, se afirmativo, tratar-se-á de erro de tipo. Afinal, "como o dolo do agente deve abranger corretamente os elementos essenciais do tipo objetivo, o erro de tipo impede essa abrangência, pelo que será sempre uma causa de exclusão do dolo".[360] Porém, permitirá a punição por culpa *stricto sensu* nas hipóteses nas quais a

360 TOLEDO, 1994, op. cit., p. 269, 279-84. Ver TOLEDO, Francisco de Assis. Teorias do Dolo e Teorias da Culpabilidade, Revista *dos Tribunais*. São Paulo: Revista dos Tribunais, nº 566, p. 274, dez. 1982.

forma culposa estiver prevista, como no caso do art. 62, parágrafo único, da Lei nº 9.605/98, aqui cabível.

Com efeito, na hipótese em comento, trata-se de um erro de tipo vencível, pois o engano do autor repousa sobre um elemento essencial da figura delituosa, que venha a constituir aquele prédio na categoria de bem especialmente protegido por tombamento. Situação que não é observada pelo garante, a partir de uma falsa, mas afastável, representação da realidade que o impede de identificar tal peça como objeto de tutela.[361]

Apesar de incomum, podemos classificar o citado como um erro de subsunção, pois o sujeito conhece a previsão legal e o fato típico, mas por não compreender o imóvel na classe de protegido, conforme descrito no tipo, acaba se omitido e realizando o ilícito.[362]

Por sua vez, o décimo exemplo versa sobre um *erro de proibição*. Pois, embora aqui o sujeito reconheça os dois prédios como tombados, dedica vários cuidados para a casa principal e está ciente de que não pode empregar qualquer ato atentatório contra o conjunto, por uma interpretação equivocada da norma legal entende que não está obrigado a dirigir esforços na conservação do imóvel menor.

Isso ocorre, na medida em que não o utiliza e, a partir desta concepção, acredita que tal dever é um ônus do órgão tombador. Ou seja, ele conhece os seus deveres de "não agir contra" o imóvel, mas desconhece as suas obrigações de também "agir em favor", para conservar e mantê-lo em bom estado o anexo.

Nestas circunstâncias, o erro repousa no caráter antijurídico da sua conduta, cujo cerne não está situado nos elementos do tipo, mas na relação que se estabelece entre a sua omissão e o ordenamento. Assim, o objeto do erro não é o fato e nem a lei, mas a ilicitude, pois o sujeito supõe ser permitida uma conduta

---

361 TOLEDO, Francisco de Assis. Culpabilidade e a Problemática do Erro Jurídico-Penal, Revista *dos Tribunais*. São Paulo: Revista dos Tribunais, nº 517, p. 259, nov. 1978; embora trate a subsunção como erro de proibição inescusável, admite que se pode aplicar tal categoria ao erro de tipo, *v. g.* no caso do caçador que acerta um homem julgando ser um espantalho. Ele sabe que atirar em alguém é crime, mas não vê ali a figura humana, e sim de algo contra o qual não é delito. Tal é aplicável ao caso pautado, no qual o garante sabe que o dano contra o patrimônio cultural é ilícito, mas não enxerga no imóvel tal valia.

362 ROXIN (1997, op. cit., p. 872) aduz que "un error de subsunción es un error de interpretación. El sujeto interpreta equivocadamente un elemento típico de modo que llega a la conclusión de que no se realizará mediante su conducta. Tal error puede ser un error de tipo [...], según que oculte al sujeto el contenido de significado social de un elemento"; citando o exemplo de quem desconhece em dado ato seu um dano.

proibida, tendo como lícito algo ilícito, a partir de um equivocado juízo sobre o que lhe é permitido fazer.[363]

Na hipótese, apesar de conhecer a norma proibitiva, quanto à vedação de atos contra o patrimônio cultural, o agente não compreende todo seu âmbito de incidência, independente de utilizar o prédio ou não, no tocante ao conteúdo preceptivo do cânone que o enquadra na posição de garante e que determina que aja na proteção do bem. Trata-se então de um erro proibitivo da espécie mandamental, pois o agente conhecia a situação de garantia e de perigo, mas errou quanto ao julgamento do dever de agir.

Portanto, a partir da etapa onde o autor qualifica o anexo como bem protegido, mas não reconhece naquelas circunstâncias o seu encargo de conservação sobre ele, temos um erro sobre o dever de garantidor. Afinal, como o ônus de atuação para evitar o resultado típico advém das posições de garantia do art. 13, § 2º, do Código Penal, quando o agente omite-se e viola a norma preceptiva que lhe impõe tal encargo, o erro que incide sobre a própria existência do dever de agir no sentido de evitar o evento lesivo será um erro de proibição, da categoria mandamental.[364]

Na espécie, o engano do agente não se refere a um fato, a um elemento que integre diretamente o tipo penal do art. 62 da Lei nº 9.605/98, ou sobre o que seja patrimônio cultural, ou mesmo se o objeto trata-se de bem protegido. Mas, sim, ele é relativo ao seu dever de garantia, em agir para a proteção do imóvel que, por não estar sendo utilizado, leva o autor a acreditar que ele não possui a obrigação de cuidado, mas apenas a proibição de danificá-lo.

---

[363] TOLEDO, Francisco de Assis (Erro de Tipo e Erro de Proibição no Projeto de Reforma Penal, Revista *dos Tribunais.* São Paulo: Revista dos Tribunais, nº 578, p. 290-1, dez. 1983) expõe que "não se trata de um juízo técnico-jurídico, que não se poderia exigir do leigo, e sim, de um juízo profano". Invoca Schmidhäuser, para aduzir que injusto é "algo que não nos é permitido fazer", enquanto que lei é a norma escrita. Então, a ignorância desta não se confunde com o desconhecimento daquele, pois "a ilicitude de um fato não está no fato em si, nem nas leis vigentes", mas na contrariedade entre fato e ordenamento.

[364] TAVARES, 1988, op. cit., p. 99; FRAGOSO, 1982, op. cit., p. 47; e TOLEDO, 1994, op. cit., p. 270-1. BITENCOURT (2008, op. cit., p. 395) explica que se alguém, em caso que requer alguma intervenção, embora consciente disto, da situação de perigo e da ausência de risco pessoal, deixa de prestar socorro, por acreditar que não está obrigado, ou por não ter vínculo com a vítima, ou porque não concorreu para o perigo, incorrerá em erro de proibição, sobre a norma mandamental. E BIERREMBACH (op. cit., p. 115) cita o caso do tutor que desconhece estar obrigado a arriscar a própria vida para salvar a do pupilo. Assim, erra ele sobre o dever de agir decorrente da posição de garantia, tal como o proprietário do imóvel no caso de número dez, quanto ao uso e à proteção do anexo.

Assim, teremos um erro de interpretação, no tocante à abrangência da norma, a qual é conhecida, mas mal entendida, em relação ao alcance das obrigações protetivas. Então, ainda que se apresentem junto ao tipo, as características sobre o dever jurídico dizem respeito à antijuridicidade, de modo que o erro sobre elas é de proibição.

Ocorre que no fato citado o erro não possui uma ligação direta com o tipo, mas reside na essência da proibição, oriunda de uma deficiente compreensão da norma. Na qual o agente é incapaz de entender que naquela situação ele também é garante da conservação do prédio, independente de terceiras razões que não possuem relação com a tipicidade. Mas, sim, diz respeito com a extensão de seus deveres e o nível de compreensão que possui do dispositivo mandamental imposto, conhecido, porém mal apreciado.

Importante observar que a situação aqui é bem diversa do exemplo nove, onde o autor também erra sobre questões de garantia, crendo não estar obrigado a agir, só que ali por não reconhecer no anexo um bem protegido, de acordo com o tipo penal.[365] Portanto, não é apenas o fato de um algum elemento estar ligado à tipicidade ou ao dever de garante que levará a indicação precipitada do erro, numa classe ou outra.[366]

Dessa forma, com apoio em Wessels, concluímos que como no décimo caso o omitente conhecia todas as circunstâncias que fundamentavam a sua posição de garantidor, mas acreditava que lhe era permitido omitir-se da ação juridicamente exigida, ele encontra-se em *erro de mandamento* sobre o dever de garantidor, o qual deve ser tratado conforme as regras do erro de proibição nos delitos comissivos.[367]

Retornando, caso este erro seja resultante do atuar sem a devida consciência da ilicitude, ele será escusável apenas nas hipóteses nas quais lhe faltar esta mesma consciência. Em sendo afastável, o autor deverá ser condenado pela prática

---

[365] LUISI (1987, op. cit., p. 114) adverte que não se pode confundir os elementos normativos do tipo com os jurídicos normativos da ilicitude, enquanto aqueles "são os que constituem o tipo penal, os elementos jurídicos normativos, embora presentes na descrição do delito, se referem a antijuridicidade não sendo elementos constitutivos do fato típico." Exemplo daquele é o "bem especialmente protegido".

[366] BAUMANN, Jürgen (Derecho Penal. Conceptos Fundamentales y Sistema", Buenos Aires: Delpalma 1973, p. 242 e 143-4) explica que as características do dever jurídico pertencem a antijuridicidade. E a "*opinión según la cual el deber de garantía corresponde a la tipicidad de la omisión [...], ha sido prácticamente abandonada a partir de la decisión 16, 155, del Gran Senado del TF. Coincidiendo con lo que ya habían afirmado BÖRKER, DREHER, MAURACH y otros autores.*"

[367] WESSELS (op. cit., p. 168) citando aqui a decisão da suprema corte alemã BGHSt GrS 16, 158.

de crime doloso ou culposo, mas com a sanção atenuada. Já se inevitável, estará excluída a culpabilidade, de modo a isentá-lo de pena. Aqui, para se aferir a sua inevitabilidade, cumpre identificar quando ele poderia ser afastado.

Assim, é inescusável se o sujeito atua com uma "consciência profana do injusto". Ou se atua sem esta consciência quando: "apesar de lhe ter sido fácil nas circunstâncias (com o próprio esforço de inteligência e com os conhecimentos hauridos da vida comunitária de seu próprio meio)" atingir esta ciência. Ou, na dúvida, deixa propositadamente "de informar-se para não ter que evitar uma possível conduta proibida"; ou por conveniência não procura informar-se, mesmo sem má intenção.[368]

A partir das concepções elencadas, optamos por assinalar a situação do décimo caso como um erro de proibição evitável. Na verdade, em sendo o sujeito proprietário de um bem tombado, desde já se presume que esteja ciente de suas obrigações. O que aqui ocorria ao menos em parte, na medida em que ele reconhecia vários dos deveres, mas acreditava estar desonerado de cuidar do objeto pelo fato de não o utilizar.[369]

Nesta situação, assim como sabia dos ônus para com a moradia, deveria no mínimo ter se valido da mesma diligência para constatar que tal se estendia ao anexo, seja por esforço de consciência, ou informando-se a respeito - o que estava ao seu alcance e não seria difícil. Contudo, o autor simplesmente optou por omitir-se, preferindo seguir a sua crença pessoal, quando era perceptível o prejuízo pela ruína do conjugado e num quadro no qual as informações a respeito estavam acessíveis.

Mesmo porque, em se tratando de imóvel tombado, subsiste o chamado dever de reconhecimento, perante o qual, antes de intervir sobre os bens jurídicos protegidos, o "ignorante do direito deve certificar-se, dentro do possível, sobre a situação jurídica, não podendo se deixar levar simplesmente pelo seu próprio

---

368 TOLEDO (1994, op. cit., p. 269-70) citando inclusive o exercício de atividades reguladas.

369 Conforme BACIGALUPO (op. cit., p. 311 e 317), são casos de "error sobre la prohibición aquéllos en los que el autor haya tenido un conocimiento correcto de las circunstancias determinantes de la ilicitud, pero [...] no haya obrado en la creencia de que la realización de la acción no estaba ordenada por la ley. [...] La creencia errónea de obrar lícitamente puede provenir también de una apreciación errónea del alcance de la norma (prohibición o mandato)". De modo que "el error evitable de prohibición podría definirse como aquella situación en la que el sujeto, hallándose en condiciones de conocer - al menos potencialmente - el carácter antijurídico de su conducta, no lo ha conocido, sin embargo, por causas a él achacables (descuido, indiferencia, desidia, precipitación, etc.)".

juízo incerto".[370] Ainda mais quando no horizonte se avizinham as condições para melhor conhecer da situação.

Sob tais circunstâncias, observa-se que o mesmo tipo de relação e o raciocínio que o garante empregava quanto à casa principal serviriam para o espaço do refeitório. Ou seja, se era importante preservar a moradia e se estava proibido qualquer atentado contra o anexo, por uma questão de lógica este também deveria ser protegido, tal como o principal. Inclusive, nas hipóteses de ser necessário o desenvolvimento de ações para evitar a sua degradação, pois esta também é uma forma de dano contra o prédio, do mesmo modo que as práticas de condutas ativas contra o bem.

Igualmente, deveria melhor informar-se sobre o alcance da sua obrigação, o que não seria difícil e parece ser óbvio, bastando procurar os órgãos responsáveis pelo tombamento. Aliás, fato que era de seu duplo interesse, pois além do ônus de manter o bem cultural, ele ainda estaria zelando pela integridade, pela valorização e até pela melhor fruição do seu patrimônio privado.

Afinal, não se trata aqui de qualquer conduta, mas da prática de ações na condição de garante, para salvaguardar bens sobre cuja necessidade de proteção o autor estava ciente.[371]

Portanto, no último exemplo conclui-se pela incidência de erro de proibição vencível, diante da ausência dos desforços de consciência necessários e da não busca de informações sobre a conduta aplicável ao caso. Porém, embora permaneça a tipificação dolosa ou culposa da omissão, é cabível a redução da pena, conforme o art. 21 do Código Penal.

---

[370] WESSELS, op. cit. p. 101.

[371] ROXIN (1997, op. cit., p. 866 e 884) explica que a noção do dano social ou do caráter desvalioso do ato indica ser o erro vencível, pela possibilidade de chegar-se a ciência do injusto, diante do devido exame no âmbito de consciência ou de informação (*BGHSt 21, 21*). E ainda, ROXIN (2004, op. cit., p. 137) conclui que *"La 'consciencia eventual del injusto' es equiparada a la consciencia seguro del injusto"*.

CONSIDERAÇÕES FINAIS

Diante de todo o exposto, formulamos as seguintes considerações finais:

Primeira: Após um longo processo evolutivo a edição da Lei nº 9.605/98 e o conteúdo dos artigos 215, 216 e 225 da Constituição Federal de 1988 demonstram que o nosso sistema atingiu um nível satisfatório de proteção ao patrimônio cultural em compasso com outros ordenamentos.

Segunda: As formas de proteção dos bens culturais revelam-se por meio da lei, do ato administrativo e de decisão judicial. Não estando mais restritas apenas ao tombamento e podendo ainda ser exteriorizadas por via de desapropriação, inventários, arrolamentos, registros e outras formas legais, conforme o artigo 62 da Lei dos Crimes Ambientais e o artigo 216, § 1º, da Constituição.

Terceira: O art. 62 da Lei nº 9.605/98 trata-se de norma penal em branco que, embora defina o preceito principal, requer a sua complementação por outro dispositivo, para firmar a plena tipicidade da conduta, dentro do cânone já definido. Sendo que a integração pode provir do mesmo órgão legislativo ou diverso, bem como de outra fonte, e até originária de outro poder – cuja edição do ato complementar seja contemporâneo ou só ocorra no futuro.

Quarta: Em termos de "lei", o dispositivo que completará essa norma penal em branco deve seguir os preceitos constitucionais, podendo advir de uma das formas de processo legislativo enumeradas no art. 59 da CF. E, ainda, para a sua incidência, devem ser observadas as regras da aplicação geral da lei penal no tempo.

Quinta: Dentre os atos administrativos de proteção, o que mais se destaca é o tombamento, o qual pode ser definitivo ou provisório, sendo que este desde já possui o efeito de tutelar o bem indicado no ato, inclusive para completar a relação de tipicidade, como forma de evitar o esvaziamento do comando e atentados oportunistas ao objeto. Contudo, o tombamento deve tornar-se definitivo, pois, se não confirmado, tal condição retroagirá para alcançar eventual ação ilícita sob a sua égide, que então restará atípica.

Sexta: A outra modalidade de tutela administrativa é a desapropriação que, por regra, decorrerá de utilidade pública, conforme o art. 5º do Decreto-lei nº 3.361/41, podendo ainda advir de uma das causas do art. 19, § 1º, do Decreto-lei nº 25/37, ou do art. 2º, VIII, da Lei nº 4.132/62. No caso, a desapropriação pode surgir como medida prévia ao tombamento; para remediar o conflito provocado por este; para que o Poder Público assuma a gestão do bem tombado, diante das dificuldades de proteção pelo proprietário. Ou como instrumento alternativo à preservação do bem, independente do tombamento, mas vinculando o seu uso à finalidade pela qual se transferiu o domínio.

Sétima: Embora incomum, o dispositivo de proteção por ato administrativo pode advir ainda de inventário, arrolamento, registro e outras formas, de acordo com o art. 216, § 1º, da CF/88, tais como áreas de proteção cultural, zoneamento e instrumentos previstos no Estatuto da Cidade, desde que observada a mais estrita legalidade.

Oitava: A decisão judicial como instrumento de proteção ao patrimônio cultural pode ser buscada por via de Ação Popular, Ação Civil Pública, Mandado de Segurança Coletivo e Mandado de Injunção, de acordo com as respectivas circunstâncias, advindo de pronunciamento do Juiz singular ou Tribunal, em caráter interlocutório ou definitivo.

Nona: Para que a proteção possa ser exigida do destinatário da norma e da decisão judicial não é necessário que seja definitiva, podendo ser provisória. A conclusão baseia-se no Código de Processo Civil, somado ao fato de que o art. 62 da Lei nº 9.605/98 apenas arrola como forma de tutela a decisão da justiça, sem exigir o caráter definitivo, de modo que tal regra deva ser interpretada no âmbito que confira maior proteção ao objeto. Igualmente, caso fosse exigida a decisão final para configurar a prática do delito contra o patrimônio cultural, haveria um significativo risco de perecimento do bem até o trânsito em julgado. Na medida em que as partes desinteressadas na sua conservação, ou interessadas na sua ruína, não encontrariam nenhum obstáculo penal quanto à degradação do objeto que, inclusive, poderia ser dolosamente acelerada.

Décima: Inserido na categoria dos bens ambientais o patrimônio cultural é um bem coletivo, autônomo e difuso, dotado de valor fundamental. O qual transcende o interesse das gerações presentes e cujo objeto jurídico tutelado é o conjunto dos valores culturais materiais e imateriais. Diante da sua importância e da necessidade da mais ampla proteção, está justificado que ele receba a devida tutela pelas vias penais.

Décima primeira: Entre os crimes em espécie destacam-se as condutas do art. 62 da Lei nº 9.605/98, onde os atos de destruir, inutilizar ou deteriorar os bens culturais especialmente protegidos e os assinalados no tipo podem ser cometidos por ação ou omissão, na forma dolosa ou culposa. Sendo que o bem jurídico tutelado é o patrimônio cultural "lato sensu", e o objeto material será aquele determinado bem sob proteção.

Décima segunda: O tipo contido no art. 63 da Lei nº 9.605/98 é apenas doloso e, embora seja preferencialmente comissivo, pode transcorrer pela omissão do garante. O delito realiza-se com a alteração do aspecto ou estrutura de edificação ou de local especialmente protegido, sem a autorização competente ou em desacordo com ela. Já o objeto tutelado é a integridade do aspecto ou da estrutura que estão protegidos.

Décima terceira: Os tipos dos artigos 64 e 65 da Lei dos Crimes Ambientais são delitos comissivos e dolosos, que tutelam tanto o patrimônio cultural como a ordem urbanística. Devendo ainda ser observado se os atos praticados não afetam os bens dos artigos 62 e 63.

Décima quarta: Os delitos do art. 165 e art. 166 do Código Penal (CPB) foram revogados tacitamente pelos contidos no art. 62 e art. 63 da Lei nº 9.605/98, respectivamente, os quais são mais abrangentes. Já o tipo do art. 163, parágrafo único, III, do CPB tutela apenas o patrimônio público, sem exigir que haja o valor cultural. Por sua vez, o projeto do novo Código Penal contempla os delitos contra o patrimônio cultural.

Décima quinta: Os crimes omissivos impróprios decorrem do dever de evitar o resultado negativo, o qual incumbe ao garantidor na função de protetor do bem jurídico. Para a sua verificação requerem que se produza o evento típico, a causalidade hipotética de se evitar o resultado, a capacidade física e intelectual de realizar a ação, a equivalência com o delito comissivo e o dever de garante (no sentido de não se omitir e de efetivar a conduta devida), de que tinha o ônus jurídico e a possibilidade de executar.

Décima sexta: Além de poder ser praticado na modalidade ativa, o tipo do art. 62 da Lei nº 9.605/98 apresenta em sua estrutura um delito omissivo impróprio, não expresso diretamente. No qual o garante acaba realizando a conduta proibida de destruir, inutilizar ou deteriorar o bem tutelado, quando não cumpre o dever de proteção de tais objetos, cujo preceito mandamental está incluído na tipologia, e onde o seu descumprimento tem o mesmo valor da realização ativa do ato vedado.

Décima sétima: As circunstâncias específicas que fundamentam tal posição de garante figuram como elementares não lançadas no tipo, mas que possuem por fonte as disposições do art. 13, § 2º, do Código Penal, a ser combinada com o art. 62 da Lei dos Crimes Ambientais.

Décima oitava: A omissão penalmente relevante do proprietário do imóvel tombado, cujas circunstâncias atendem a todos os requisitos legais e que conduzem à lesão do bem tutelado, enquadra-se nas hipóteses de garantia do art. 13, § 2º, "a", do Código Penal. Pois ele tem por "lei obrigação de cuidado, proteção ou vigilância", diante da conjugação de tal preceito com o art. 62 da Lei nº 9.605/98 e o art. 17 do DL nº 25/37.

Décima nona: As regras tocantes ao dolo nos delitos comissivos não se aplicam de imediato e diretamente aos crimes omissivos impróprios, os quais requerem certas adaptações. Pois aqui o dolo surgiria da consciência dos elementos que preenchem o tipo objetivo, somado às circunstâncias que fundamentam o dever de garante, perante as quais estão agregadas a vontade e a decisão de quedar inerte, sabendo ser possível evitar o evento a que estava obrigado.

Vigésima: A vontade e a decisão de não agir em tais circunstâncias configuram-se na essência do dolo, independente de existir algum motivo ou fim nessas escolhas. Porém, a forma mais saliente de dolo ocorrerá quando diretamente o garante tenha a intenção de produzir o resultado típico, valendo-se da omissão para atingir tal finalidade.

Vigésima primeira: A forma eventual do dolo aparecerá quando o sujeito conhece a sua posição de garante e o objeto do tipo penal, reconhece como possível a incidência de uma ameaça de produção do evento típico, além de saber e ter como agir. Contudo, após um juízo reflexivo sobre tais circunstâncias, assume o risco e conforma-se com a ocorrência do fato nocivo ao bem tutelado, evitável caso tivesse agido. Nesse caso, é desnecessário que o autor deseje o evento, diante do qual pode ser indiferente ou até não simpático. Mas é preciso que, apesar de não possuir a certeza, admita a realização do episódio lesivo como seriamente possível e relacionado à sua omissão.

Vigésima segunda: A omissão imprópria por culpa decorre da infração de um dever de cuidado objetivo inobservado pelo garante, o qual negligencia ao não realizar a conduta ativa imposta pela obrigação de cautela e possível de adimplir, em situação na qual deveria evitar o surgimento de riscos para o bem tutelado, obstar o incremento dos já existentes ou impedir que se realize o perigo iminente, de acordo com a previsão constante no art. 13, § 2º, do Código Penal, de onde deriva o seu ônus de garantidor.

Vigésima terceira: No desrespeito aos seus deveres de cuidado, a culpa do autor pode residir na avaliação da situação típica, na posição de garante, na apreciação da possibilidade física de execução, na planificação do ato a ser empregado no caso, na eminência da produção do resultado típico e até no próprio esquecimento reprovável, em situações nas quais não vislumbra o perigo previsível ou o antevê, mas o despreza.

Vigésima quarta: Dentre os fatores que integram a desatenção aos deveres de cuidado o mais importante reside na previsibilidade do evento lesivo ao bem tutelado. Na espécie, para a aferição da sua incidência e o diagnóstico da culpa, entre as várias linhas aplicáveis elegemos como mais adequada a Teoria da Individualização da Capacidade do Agente, combinada com o critério do artigo 18 do Código Penal Suíço. A partir do que, para se firmar a responsabilidade do garante deve-se, de início, observar as condições do caso concreto, verificar o aspecto objetivo e de como seria a conduta padrão exigível nessas circunstâncias, e averiguar as condições subjetivas e pessoais do agente, para, então, a partir do somatório de tais vetores, concluir sobre a ocorrência ou não da culpa.

Vigésima quinta: Na culpa inconsciente ao desatender ao dever de cuidado e não prever o evento que era previsível, o garante acaba omitindo a ação que lhe era devida e possível de efetivar, impondo um resultado de lesão ou perigo ao bem que era obrigado a proteger, de modo a realizar, por omissão imprópria, o tipo culposo inscrito.

Vigésima sexta: Na culpa consciente o autor conhece as condições geradoras de risco para o objeto, mas as subestima, na crença de que o evento não se produzirá. Vindo a omitir a ação possível e obrigatória de exercitar, a qual teria evitado o resultado antevisto e lesivo ao bem jurídico, e que venha a realizar-se diante da inação do garante.

Vigésima sétima: Apesar da previsão, na culpa consciente o sujeito não deseja, não aceita, nem anui com a ocorrência do episódio negativo ao bem tutelado, sempre confiando que possa evitá-lo. Diferente do dolo eventual, onde, independente de desejá-lo ou não, o garante aceita o resultado lesivo como um possível fruto da sua omissão.

Vigésima oitava: A incidência do erro de tipo ou de proibição é causa que afeta o elemento subjetivo da conduta do garante, viciando o processo pelo qual se orienta a sua vontade. As regras de ambas as figuras e as consequências da sua incidência são previstas nos respectivos artigos 20 e 21 do Código Penal. Enquanto que os critérios da evitabilidade do erro devem ser aferidos no caso concreto, conforme as circunstâncias objetivas do caso, as condições subjetivas do agente e o dispositivo penal violado.

Vigésima nona: O erro do garante quanto à incidência de cláusula de tutela sobre determinado objeto protegido constitui-se em erro de tipo, na medida em que a sua falha na percepção da realidade repousa em elemento material da tipicidade. De modo a excluir o dolo da conduta, mas permitir a punição a título de culpa, quando a omissão resultar em perigo ou lesão ao bem, que está previsto em lei e que poderia ser evitado.

Trigésima: O garantidor do objeto cultural que sabe ser protegido, ao omitir os deveres de cuidado para com ele, numa interpretação equivocada da antijuridicidade das circunstâncias - crendo não estar obrigado a zelar pela "res", no sentido de afastar os reconhecidos perigos que rondam o objeto –, incide em erro de proibição, da espécie mandamental, que recai diretamente sobre a causa do seu ônus de tutelar o bem. No qual, se for inafastável o erro eliminará a culpabilidade, mas se evitável apenas atenuará a sanção.

REFERÊNCIAS BIBLIOGRÁFICAS

AGUADO CORREA, Teresa, "El Principio de Proporcionalidad en Derecho Penal", Madrid: Edersa, 1999.

ALEXY, Robert, "Teoria de Los Derechos Fundamentales", Madrid: Centro de Estudios Políticos y Constitucionales, 2002.

AMARAL JR., José Levi Mello. *Medida Provisória e sua Conversão em Lei*. São Paulo: RT, 2004.

ANDRADE, Filippe Vieira. *O Patrimônio Cultural e os Deveres de Proteção e Preservação*, Temas de Direito Urbanístico 3, São Paulo: Imprensa Oficial/SP, 2001.

ÁVILA, Elna Leite; ALMEIDA, Ione Monteiro. O Estudo do Impacto Ambiental. Licenciamento. Responsabilidade Criminal, *Revista do Ministério Público do RS*, nº 27.

BACIGALUPO, Enrique. *Principios Constitucionales de Derecho Penal*. Buenos Aires: Hammurabi, 1999.

BACIGALUPO, Henrique. *Principios de Derecho Penal. Parte General*. Madrid: Akal, 1997, p. 400-5.

BARRETO JÚNIOR, Luiz Fernando Cabral. O Controle Judicial das Omissões do Poder Público no Dever de Proteção ao Patrimônio Cultural, *Instituto Centro-Brasileiro de Cultura*. *In* O Ministério Público e a Proteção do Patrimônio Cultural, p. 147-63, 2004.

BATTAGLINI, Giulio, *Direito Penal. Parte Geral*. Tradução Paulo José da Costa Jr. e Ada Pellegrini Grinover. São Paulo: Saraiva, 1964.

BAUMANN, Jürgen, Derecho Penal. Conceptos Fundamentales y Sistema", Buenos Aires: Delpalma 1973.

BAUMER, Franklin L. *O pensamento Europeu Moderno*. Vol. 1, séculos XVII e XVIII. Lisboa: Edições 70, 1977.

BECCARIA, Cesare, *Dos Delitos e das Penas*. Tradução de José Cretella Jr. e Agnes Cretella. São Paulo: Revista dos Tribunais, 1999.

BENJAMIN, Antônio Hermann, Os Princípios do Estudo do Impacto Ambiental como Limites da Discricionariedade Administrativa, *Revista do Ministério Público RS*, Porto Alegre, nº 27, p. 61, 1992.

BENJAMIN, Antônio Hermann. Responsabilidade Civil pelo Dano Ambiental, *Revista de Direito Ambiental*. São Paulo: Revista dos Tribunais, v. 3, nº 9, jan./mar. 1998.

BERNAL PULIDO, Carlos, "El Principio de la Proporcionalidad y los Derechos Fundamentales", 3ª ed., Madrid: Centro de Estudios Políticos y Constitucionales, 2007.

BETTIOL, Giuseppe. *Direito Penal*. Tradução Paulo José da Costa Jr . e Alberto Silva Franco. São Paulo: Revista dos Tribunais, 1971, v. 2, p. 162.

BIERRENBACH, Scheila. Crimes Omissivos Impróprios. Uma análise à Luz do Código Penal Brasileiro. 2. ed. Belo Horizonte: Del Rey, 2002

BITENCOURT, Cezar Roberto. *Tratado de Direito Penal*. 13. ed. São Paulo: Saraiva, 2008.

BOCCHIERI, Franco. *Restaure, Conservazione, Tutela dei Beni Culturali*. Udini: Aviani, 1994.

BORGES, Marco Antônio. O Tombamento como Instrumento Jurídico para a Proteção do Patrimônio Cultural. *Revista de Direito Ambiental*. São Paulo: Revista dos Tribunais, 2001, nº 22.

BORGES, Marco Antônio. O Tombamento como Instrumento Jurídico para a Proteção do Patrimônio Cultural, *Revista de Direito Ambiental*, São Paulo: RT, nº 22.

BRITO, Teresa Quintela. A Tentativa nos Crimes Comissivos por Omissão: Um Problema de Delimitação da Conduta Típica. Coimbra: Coimbra Editora, 2000.

BRUNO, Aníbal. *Direito Penal: Parte geral*. Tomo 1º. Rio de Janeiro: Forense, 1967.

BUSTOS RAMÍREZ, Juan J.; HORMAZÁBAL MALARÉE, Hernán. Lecciones de Derecho Penal. Parte General. Madrid: Editorial Trotta, 2006.

CANCIO MELIÁ, Manuel. Líneas Básicas de la Teoria de Imputación Objetiva. México (DF): Angel, 2001.

CANOTILHO, J. J. Gomes, "Direito Constitucional e Teoria da Constituição", 7ª ed., 4ª reimpressão, 2003, Coimbra: Almedina.

CANOTILHO, J. J. Gomes, "Justiça Constitucional e Justiça Penal", *Revista Brasileira de Ciências Criminais*, São Paulo, ano 14, nº 58, p. 329-44, jan./fev. 2006.

CAPEZ, Fernando, *Curso de Direito Penal. Parte Geral*. São Paulo: Saraiva, 2013, v. 1.

CAPPELLI, Sílvia. Estudo do Impacto Ambiental na Realidade Brasileira, *Revista do Ministério Público do RS*, Porto Alegre, nº 27, p. 51-2, 1992.

CARVALHO, Afrânio de. O Tombamento de Imóveis e o Registro, *Revista dos Tribunais*, São Paulo: Revista dos Tribunais, v. 80, nº 672, out. 1991.

CARVALHO, Ana Luisa Soares de; PRESTES, Vanêsca Buzelato. Plano Diretor e Proteção do Patrimônio Cultural. *In:* BENJAMIN, Antônio Herman (Org.). *9º Congresso Internacional de Direito Ambiental*. São Paulo: Instituto O Direito por um Planeta Verde, 2005, v. 1, p. 443-57.

CASTRO, Sônia Rabello de. O Estado na Preservação dos Bens Culturais. Rio de Janeiro: Renovar, 1991.

CEREZO MIR, José. *O Tratamento do Erro de Proibição no Código Penal Espanhol*. São Paulo: Revista dos Tribunais, nº 643, maio 1989.

CHOAY, Françoise. *A alegoria do patrimônio*. 4. ed. São Paulo: Unesp, 2006.

COELHO, Walter Marciligil. Erro de Tipo e Erro de Proibição no Novo Código Penal. *In:* TOLEDO, Francisco de Assis; GIACOMUZZI, Vladimir (Orgs.) *et al. O Direito Penal e o Novo Código Penal Brasileiro*. Porto Alegre: SAFE, 1985.

COELHO, Walter Marciligil. *Teoria Geral do Crime*. Porto Alegre: SAFE, 1991.

COELHO, Walter. *Teoria Geral do Crime*. 2. ed. Porto Alegre: SAFE, 1988.

COIMBRA, Mário; BUGALHO Nélson R.; SOUZA, Gilson S. Alguns Aspectos sobre a Tutela Penal da Ordenação do Território. *In:* PRADO, Luiz Régis (Org.). *Direito Penal Contemporâneo.* São Paulo: RT 2007.

COIMBRA, Mário; BUGALHO, R. Nélson; SOUZA, Gilson Sidney Amancio. Alguns Aspectos sobre a Tutela Penal da Ordenação do Território. *In:* PRADO, Luiz Regis (Org.). *Direito Penal Contemporâneo.* São Paulo: Revista dos Tribunais, 2007.

CONSTATINO, Carlos Ernani. *Delitos Ecológicos.* São Paulo: Atlas, 2002.

CORREIA, Eduardo. Direito Criminal. Com a colaboração de Figueiredo Dias, I, 1963.

COSTA JÚNIOR, Heitor. *Teoria dos Delitos Culposos.* Rio de Janeiro: Lumen Juris, 1988.

COSTA JÚNIOR, Heitor. Teorias Acerca da Omissão, *Revista de Direito Penal e Criminologia.* Rio de Janeiro: Forense, nº 33, p. 69, jan./jun. 1982.

COSTA NETO, Nicolao Dino de Castro e. Crimes Contra o Ordenamento Urbano e o Patrimônio Cultural - Alguns Aspectos, *Boletim Científico da Escola Superior do Ministério Público da União, Brasília*, ano II, n. 9, p. 161-84, out./dez. 2003.

COSTA NETO, Nicolao Dino de Castro e; COSTA, Flávio Dino de Castro; BELLO FILHO, Ney de Barros. *Crimes e Infrações Administrativas Ambientais.* Comentários à Lei nº 9.605/98. 2. ed. Brasília: Jurídica, 2001

CRETELLA JÚNIOR, José, "Regime Jurídico do Tombamento", *Revista de Direito Administrativo*, Rio de Janeiro, nº 112, abr./jun. 1973.

CUNHA, Maria da Conceição Ferreira da, "Constituição e Crime. Uma Perspectiva da Criminalização e da Descriminalização", Porto: Universidade Católica Portuguesa, 1995.

CUNHA, Paulo Ferreira da, "A Constituição do Crime. Da Substancial Constitucionalidade do Direito Penal", Coimbra: Coimbra, 1998.

CURREAU, Sandra. Algumas notas sobre a proteção do patrimônio cultural. *Boletim Científico ESMPU*, Brasília, ano II, nº 9, out.-dez. 2003.

D'ÁVILA, Fábio Roberto. *Crime Culposo e a Teoria da Imputação Objetiva.* São Paulo: Revista dos Tribunais, 2001, p. 80, citando a posição da doutrina tradicional, mas admitindo algumas variações.

D'AVILA, Fábio Roberto. Ofensividade e Crimes Omissivos Próprios. Contributo à Compreensão do Crime como Ofensa ao Bem Jurídico. *Stvdia Ivridica* nº 85. Coimbra: Coimbra Editora, 2005, p. 215-6.

DALLARI, Adilson Abreu. "Tombamento", *Revista de Direito Público*, São Paulo, v. 21, nº 86, abr./jun. 1988.

DALLARI, Adilson Abreu; FERRAZ, Sérgio (Coord.). Estatuto da Cidade. Comentários à Lei Federal 10.257/2001. 3. ed. São Paulo: Malheiros, 2010.

DELMAS-MARTY, Mireille, Os Grandes Sistemas de Política Criminal. Barueri: Manole, 2004.

DERANI, Cristiane. A Propriedade na Constituição de 1988 e o Conteúdo da Função Social, *Revista de Direito Ambiental*. São Paulo: RT, nº 27, 2003.

DI PIETRO, Maria Sylvia Zanella. *Direito Administrativo*. São Paulo: Atlas, 2000.

DIAS, Jorge de Figueiredo. *Questões Fundamentais do Direito Penal Revisitadas*. São Paulo: Revista dos Tribunais, 1999.

DOLCINI, Emilio; MARINUCCI, Giorgio, Constituição e Escolha de Bens Jurídicos", Revista Portuguesa de Ciências Criminais, nº 4, 1994.

DOTTI, René Ariel. *Código Penal. Atualização, Notas e Índices*. 8. ed. Rio de Janeiro: Forense, 1986.

FACH GÓMEZ, Katia. Algunas Consideraciones en Torno al Convenio de Unidroit sobre Bienes Culturales Robados o Exportados Ilegalmente. *In: Anuario Español de Derecho Internacional Privado*, Tomo IV, 2004.

FAUSTO, Boris. *História concisa do Brasil*. São Paulo: Edusp, 2002.

FERREIRA, Aurélio Buarque de Holanda. *Novo Dicionário Aurélio de Língua Portuguesa*, 1986.

FERREIRA, Ivete Senise. *Tutela Penal do Patrimônio Cultural*. São Paulo: Revista dos Tribunais, 1995.

FERRI, Enrico. *Princípios de Direito Criminal. O Criminoso e o Crime*. Tradução Paolo Capitanio. 2. ed. Campinas: Bookseller, 1999.

FIGUEIREDO DIAS, Jorge. *Direito Penal. Parte Geral. Questões Fundamentais. A Doutrina Geral do Crime.* Tomo I, São Paulo: Coimbra Editora (2. ed.) e Revista dos Tribunais (1. ed.), 2007.

FINK, Roberto Daniel. *Meio Ambiente Cultural*: Regime Jurídico da Responsabilidade Civil. Rio de Janeiro: Forense, 2003.

FLACH, Michael Schneider. A Estreita Vinculação entre Direito Penal e Constituição, *Revista Ibero-Americana de Ciências Penais*, Porto Alegre, Ano 10, nº 18, p. 201-233, 2010.

FLACH, Michael Schneider. A Intervenção Estatal no Direito de Propriedade, *Revista Juris Plenum Direito Administrativo*, Caxias do Sul, ano V, nº 18, jun. 2018.

FLACH, Michael Schneider. A Relação entre Bem Jurídico-Penal e Constituição, *Revista Sistema Penal e Violência*, Porto Alegre, v. 2, n. 1, p. 45-63, jan./jun. 2010.

FLACH, Michael Schneider. Considerações sobre a Intervenção Penal Mínima, *Revista do Ministério Público do RS*, Porto Alegre, nº 72, maio/ago. 2012, p. 23-31.

FLACH, Michael Schneider. Considerações sobre a Proteção do Patrimônio Cultural no Projeto do Novo Código Penal Brasileiro, *Revista do Ministério Público do RS*, Porto Alegre, nº 78, p. 9-14, set./dez. 2015.

FLACH, Michael Schneider. Patrimônio Cultural, Proteção e Meio Ambiente, *Revista Internacional de Direito Ambiental*, v. 4, n. 12, p. 219-252, set./dez. 2015.

FORD, Henry. *Hoje e amanhã*. Tradução: Monteiro Lobato. São Paulo: Companhia Editora Nacional, 1927.

FRAGOSO, Heleno Cláudio. Crimes Omissivos no Direito Brasileiro, *Revista de Direito Penal e Criminologia*. Rio de Janeiro: Forense, nº 33, p. 46, jan./jun. 1982.

FRAGOSO, Heleno Cláudio. *Lições de Direito Penal. Parte Geral.* Atualizador Fernando Fragoso. 16. ed. Rio de Janeiro: Forense, 2003, p. 282.

FRANÇA, José-Augusto. O património cultural – Sentido e evolução. *In*: MIRANDA, Jorge; CLARO, João Martins; ALMEIDA, Marta Tavares (Org.). *Direito do património cultural.* Lisboa: Instituto Nacional de Administração, 1996.

FRANCO, Alberto Silva; STOCO Rui *et al.*, *Código Penal e Sua Interpretação Jurisprudencial.* 6. ed. São Paulo: Revista dos Tribunais, 1997, v. 1, t. I.

FREITAS, Juarez. *A Interpretação Sistemática do Direito.* 3. ed. São Paulo: Malheiros, 2002.

FREITAS, Vladimir Passos de; FREITAS, Gilberto Passos de. Reflexões Sobre a Proteção Penal do Patrimônio Histórico e Cultural Brasileiro, *Revista de Direito Econômico e Socioambiental*, Curitiba, v. 6, n. 1, p. 88-113, jan./jun. 2015.

FRIGO, Manlio. The Impact of the UNIDROIT Convention on International Case Law and Practice: an Appraisal. *In: Uniform Law Review*, 2015.

GOMES, Luís Roberto, O Princípio da Função Social da Propriedade e a Exigência Constitucional de Proteção Ambiental, *Revista de Direito Ambiental*, São Paulo, nº 17, 1999.

GOMES, Luiz Flávio, Proteção Penal do Meio Ambiente, *Revista dos Tribunais.* São Paulo: Revista dos Tribunais, nº 673, nov. 1991.

GOMES, Luiz Flávio; MACIEL, Sílvio, *Leis de Crimes Ambientais, Comentários à Lei nº 9.605/1998.* 2. ed. São Paulo: Método, 2015.

GULARTE, Caroline de Melo Lima. Tutela Penal Preventiva do Meio Ambiente e a Constitucionalidade dos Crimes de Perigo Abstrato, *Revista do Ministério Público do Rio Grande do Sul*, Porto Alegre, nº 78, p. 57-80, set./dez. 2015.

HARADA, Kiyoshi. Direito Urbanístico. Estatuto da Cidade. Plano Diretor Estratégico. São Paulo: Nova Dimensão Jurídica, 2005.

HASSEMER, Winfried. A Preservação do Ambiente pelo Direito Penal. Tradução Carlos Eduardo Vanconcelos, *Revista da Fundação Escola Superior do Ministério Público do Distrito Federal e Territórios.* Brasília, ano 6, nº 12, p. 213-28, 1998.

HASSEMER, Winfried. *Introdução aos Fundamentos do Direito Penal.* Porto Alegre: SAFE, 2005, Trad. Pablo Rodrigo Alflen da Silva.

HEFENDEHL, Roland (Org.). *La Teoría del Bien Jurídico.* Madrid: Marcial Pons, 2007, 478 p.; e D'AVILA, Fábio Roberto. *Ofensividade em Direito Penal. Escritos sobre a Teoria do Crime como Ofensa a Bens Jurídicos.* Porto Alegre: Livraria do Advogado, 2009.

HUNGRIA, Nélson. *Comentários ao Código Penal.* 4. ed. Rio de Janeiro: Forense, 1958, vol. I, Tomo II.

HUNGRIA, Nélson. *Comentários ao Código Penal.* Rio de Janeiro: Forense, 1953, v. 1, tomo 2.

JAKOBS, Günther. *A Imputação Penal da Ação e da Omissão.* São Paulo: Manole, 2003.

JAKOBS, Günther. *Ação e Omissão no Direito Penal.* São Paulo: Manole, 2003.

JAKOBS, Günther. Actuar y Omitir. *In*: YACOBUCCI, Guillermo Jorge (Org.). *Los Desafíos Del Derecho Penal en el Siglo 21.* Lima: ARA Editores, 2005.

JAKOBS, Günther. Derecho Penal Parte General. Fundamentos y Teoría de la Imputación. 2. ed. Madrid: Marcial Pons, 1997.

JESCHECK. *Tratado de Derecho Penal.* Barcelona: Bosch, 1981, v. 2.

JIMÉNEZ DE ASÚA, Luiz. *Tratado de Derecho Penal.* Buenos Aires: Losada, tomo III, 1965.

KELSEN, Hans. *Teoria Pura do Direito.* Tradução Henrique de Carvalho. Belo Horizonte: Líder, 2004.

KREBS, Pedro. Teoria Jurídica do Delito. Noções Introdutórias: Tipicidade Objetiva e Subjetiva. São Paulo: Manole, 2004.

LECEY, Eládio, Crimes Contra o Patrimônio Cultural e o Ordenamento Territorial e Urbano na Lei nº 9.605/98. São Paulo: Revista de Direito Ambiental, v. 47, 2007.

LEMOS, Carlos A. C. *O que é patrimônio histórico.* 5. ed. São Paulo: Brasieliense, 1987

LINS, Jair. Protecção do patrimônio artístico estadual e federal: esboço de anteprojetco de lei federal e sua fundamentação. *Revista Forense*, Belo Horizonte, v. 51, jul.-dez., 1998.

LOPERA MESA, "Principio de Proporcionalidad y Ley Penal", Madrid: Centro de Estudios Políticos y Constitucionales, 2006.

LOPEZ, Luiz Roberto. *República.* São Paulo: Contexto, 1997.

LUISI, Luiz. O Tipo Penal, a Teoria Finalista e a Nova Legislação Penal. Porto Alegre: SAFE, 1987.

LUISI, Luiz. *Os Princípios Constitucionais Penais.* 2. ed. Porto Alegre: SAFE, 2003.

LUNA, Everaldo da Cunha. O Crime de Omissão e a Responsabilidade Penal por Omissão, *Revista de Direito Penal e Criminologia.* Rio de Janeiro: Forense, nº 33, p. 53, jan./jun. 1982.

MACHADO, Paulo Affonso Leme, Crimes Ambientais, *Revista do Ministério Público*, Porto Alegre, nº 23, 1990.

MACHADO, Paulo Affonso Leme. *Ação Civil Pública e Tombamento.* São Paulo: Revista dos Tribunais, 1987.

MACHADO, Paulo Affonso Leme. *Direito Ambiental Brasileiro.* 7. ed. São Paulo: Malheiros, 1999.

MACHADO, Paulo Affonso Leme. Tombamento. Instrumento de Proteção do Patrimônio Natural e Cultural, *Revista dos Tribunais*, São Paulo, v. 71, nº 563, set. 1982.

MAGALHÃES, Juraci Perez. *A Evolução do Direito Ambiental no Brasil.* São Paulo: Juarez de Oliveira, 2002.

MAQUIAVELO, Nicolas. *El Príncipe.* Comentado por Napoleón Bonaparte. Buenos Aires: Accinelli, 1934.

MARCHESAN, Ana Maria Moreira, "Comentários ao Acórdão na Apelação nº 7.377 no Supremo Tribunal Federal: Data do Julgamento: 17.06.1942", *in:* FREITAS, Vladimir Passos de (coord.). *Julgamentos Históricos do Direito Ambiental.* Campinas: Millennium, 2010.

MARCHESAN, Ana Maria Moreira. A Importância da Preservação do Patrimônio Cultural na Pós-modernidade. *In:* FREITAS, Vladimir Passos (Org.) *et al. Direito Ambiental em Evolução.* Curitiba: Juruá, 2007.

MARCHESAN, Ana Maria Moreira. A Proteção Constitucional ao Patrimônio Cultural, *Revista de Direito Ambiental.* São Paulo: Revista dos Tribunais, 2000, nº 20.

MARCHESAN, Ana Maria Moreira. *A Tutela do Patrimônio Cultural sob o Enfoque do Direito Ambiental.* Porto Alegre: Livraria do Advogado, 2007.

MARCHESAN, Ana Maria Moreira. Alguns Aspectos sobre a Lei dos Crimes Ambientais, *Revista do Ministério Público do Rio Grande do Sul*, Porto Alegre, nº 42, 2000.

MARCHESAN, Ana Maria Moreira. O Entorno dos Bens Tombados na Legislação Brasileira, *Revista Magister de Direito Ambiental e Urbanístico.* Porto Alegre, v. 6, nº 35, p. 73-98, abr./maio 2011.

MARCHESAN, Ana Maria Moreira. O Estatuto da Cidade (Lei 10.257/2001) e a Proteção do Patrimônio Cultural Urbano, *Revista de Direito Ambiental.* São Paulo, v. 12, nº 48, p. 46-65, out. 2007.

MARCHESAN, Ana Maria Moreira. Responsabilidade Civil pelos Danos ao Meio Ambiente Cultural no Direito Brasileiro. *In:* FERREIRA, Heline Sivini; FERREIRA, Maria Leonor Paes Cavalcanti (Org.). *Dano Ambiental na Sociedade de Risco.* São Paulo: Saraiva, 2012.

MARCHESAN, Ana Maria. Os Princípios Específicos da Tutela do Meio Ambiente Cultural, *Revista do Ministério Público do RS,* Porto Alegre, nº 73, p. 97-123, jan./abr. 2013.

MARQUES, José Frederico. *Curso de Direito Penal.* São Paulo: Saraiva, 1954, v. 1.

MARQUES, José Frederico. *Tratado de Direito Penal. Da Infração Penal.* Campinas: Bookseller, 1997, v. II.

MEIRELLES, Hely Lopes. *Direito Administrativo.* 19. ed. São Paulo: Malheiros, 1994.

MEIRELLES, Hely Lopes. Tombamento e Indenização, *Revista dos Tribunais.* São Paulo: Revista dos Tribunais, v. 74, nº 600, p. 15, out. 1985.

MELLO, Celso Antônio Bandeira. *Curso de Direito Administrativo.* 10. ed. São Paulo: Malheiros, 1998.

MERLIN, Pierre; CHOY, Françoise. *Dictionnaire de l'urbanisme et l'aménagement.* Quito, Presses Universitaires de France, 1998.

MILARÉ, Édis. *Direito do Ambiente.* São Paulo: Revista dos Tribunais, 2005.

MIRANDA, Jorge. O património cultural e a Constituição – Tópicos. *In: Direito do Património Cultural.* Obra colectiva. Oeiras, 1996.

MIRANDA, Marcos Paulo de Souza. Ordenação do uso e ocupação do solo urbano ou rural (artigos 64 e 65). *In*: MARCHESAN, Ana Maria Moreira; STEIGLEDER, Annelise Monteiro (Org.). *Crimes Ambientais* – Comentários à Lei 9.605/98. Porto Alegre: Livraria do Advogado, 2016.

MIRANDA, Marcos Paulo de Souza. *Lei de Tombamento Comentada*. Doutrina, Jurisprudência e Normas Complementares. Belo Horizonte: Del Rey, 2014.

MIRANDA, Marcos Paulo de Souza. *Tutela do Patrimônio Cultural Brasileiro*. Belo Horizonte: Del Rey, 2006.

MIRANDA, Marcos Paulo de Souza. *Introdução ao Direito do Patrimônio Cultural Brasileiro*. Belo Horizonte: 3i, 2021.

MIRANDA, Marcos Paulo de Souza. Evolução histórica da legislação protetiva do patrimônio cultural no Brasil. *Fórum Administrativo*, Belo Horizonte, ano 17, nº 198, ago. 2017.

MIR PUIG, Santiago. *Derecho Penal, Parte General*. Barcelona: Editorial PPU, 1984.

MIR PUIG, Santiago. *Introducción a las Bases del Derecho Penal*. Buenos Aires – Montevideo: Editorial B de f, 2002.

MIRRA, Álvaro Luiz Valery. *Ação Civil Pública e a Reparação do Dano Ambiental*. São Paulo: Juarez de Oliveira, 2004.

MONTESQUIEU. *O Espírito das Leis*. Tradução Henrique de Carvalho. Belo Horizonte: Líder, 2004.

MUKAI, Toshio. *Direito Urbano-Ambiental Brasileiro*. São Paulo: Dialética, 2002.

MUNHOZ NETTO, Alcidez. Os Crimes Omissivos no Brasil, *Revista de Direito Penal e Criminologia*. Rio de Janeiro: Forense, nº 33, jan./jun. 1982.

MUNÕZ CONDE, Francisco. *Teoria Geral do Delito*. Tradução de Juarez Tavares e Luiz Regis Prado. Porto Alegre: SAFE, 1988.

MUÑOZ CONDE, Francisco; BITENCOURT, Cezar Roberto. *Teoria Geral do Delito*. São Paulo: Saraiva, 2000.

NABAIS, Casalta. *Introdução ao direito do patrimônio cultural*. Coimbra: Almedina, 2010.

NORONHA, Edgard Magalhães. *Direito Penal*. 26. ed. São Paulo: Saraiva, 1994, v. 2.

NORONHA, Edgard Magalhães. *Direito Penal*. 27. ed. São Paulo: Saraiva, 1990, v. 1.

NUCCI, Guilherme de Souza. *Leis Penais e Processuais Comentadas.* 5. ed. São Paulo: RT, 2010.

PAZ, Maria Isabel Sanches García de. *El Moderno Derecho Penal y la Anticipación de la Tutela Penal.* Valladolid: Universidad de Valladolid, 1999.

PIERANGELI, José Henrique. *Códigos Penais do Brasil.* 2. ed. São Paulo: Revista dos Tribunais, 2004.

PIERANGELI, José Henrique. *Escritos Jurídico-Penais.* São Paulo: Revista dos Tribunais, 1992.

PIERANGELLI, José Henrique. O Crime Culposo na Dogmática Atual, *Revista de Ministério Público.* Porto Alegre: Revista dos Tribunais, nº 34, p. 43-59, 1995.

PIERANGELI, José Henrique. *Códigos Penais do Brasil.* 2. ed. São Paulo: Revista dos Tribunais, 2004.

PIRES, Maria Coeli Simões. *Proteção ao Patrimônio Cultural.* Belo Horizonte: Del Rey, 1994.

PRADO, Luiz Regis *et al.* Crimes Contra o Patrimônio Cultural, *Revista dos Tribunais, Ciências Penais.* São Paulo, vol. 4, jan. 2006.

PRADO, Luiz Regis. Direito Penal do Ambiente. São Paulo: Revista dos Tribunais, 2005.

PUPE, Ingeborg, *A Distinção entre Dolo e Culpa*, Trad. Luis Greco. Barueri: Manole, 2004.

RABELLO, Sônia. Estatuto da Cidade e a Preservação do Patrimônio Cultural Federal: Compatibilizando a Gestão. *Temas de Direito Urbanístico.* São Paulo: Imprensa Oficial, 2005.

RANIERI, Nina Beatriz Stocco. A convenção sobre a proteção e a promoção da diversidade cultural e a constituição brasileira, *In*: MARQUES, Cláudia Lima *et al.* (Org.). *O novo direito administrativo, ambiental e urbanístico.* São Paulo: Revista dos Tribunais, 2010.

RÁO, Vicente. *O Direito e a Vida dos Direitos.* 5. ed. São Paulo: Revista dos Tribunais, 1999.

REALE JR., Miguel. *Instituições de Direito Penal*, Parte Geral. Rio de Janeiro: Forense, 2004, v. 1.

REISEWITZ, Lúcia. *Direito Ambiental e Patrimônio Cultural.* São Paulo: Juarez de Oliveira, 2004.

RICHTER, Rui Arno. *Meio Ambiente Cultural.* Curitiba: Juruá, 2003.

RICHTER, Rui Arno. *Omissão do Poder Público na Gestão do Patrimônio Cultural.* Goiânia: Anais do 1° Encontro Nacional do Ministério Público da Defesa do Patrimônio Cultural, Goiânia, 2003.

RIVERA LLANO, Abelardo. *Derecho Penal Posmoderno.* Bogotá: Temis, 2005.

ROCHA, João C. de Carvalho. Estudo Prévio de Impacto Ambiental, *Revista do Ministério Público do RS*, nº 27.

RODRIGUES, José Eduardo Ramos. A Evolução da Proteção do Patrimônio Cultural. Crimes Contra o Ordenamento Urbano e o Patrimônio Cultural. *Revista de Direito Ambiental.* São Paulo: Revista dos Tribunais, ano 3, nº 11, jul./set. 1998.

RODRIGUES, José Eduardo Ramos. O patrimônio cultural nos documentos internacionais. *In*: DERANI, Cristiane; COSTA, José Augusto Fontoura (Org.). *Direito Ambiental Internacional.* Santos: Ed. Universitária, 2001.

RODRIGUES, Ruben Tedeschi. *Comentários ao Estatuto da Cidade.* Campinas: Millenium, 2002.

RODRIGUES, Silvio. *Direito Civil. Parte Geral.* São Paulo: Saraiva, 1993, vol. 1.

RÖHNELT, Ladislau Fernando. *Apontamentos de Direito Penal.* VARGAS, Zuleika Pinto Costa (Org.). Porto Alegre: Ajuris ESM, 2011.

ROLIM, Luiz Antonio. *Instituições de Direito Romano.* São Paulo: Revista dos Tribunais, 2000.

ROUSSEAU, Jean-Jaques, *O Contrato Social.* Tradução Pietro Nasseti. São Paulo: Martin Claret, 2004.

ROXIN, Claus. *Derecho Penal Parte General. Fundamentos. La Estructura de la Teoría del Delito.* Tomo I, Tradução Diego-Manuel Luzón Penã, Miguel Díaz García Conlledo y Javier de Vicente Remesal, Madrid: Civitas, 1997.

ROXIN, Claus. Problemas Actuales de Dogmatica Penal. Lima: ARA, 2004.

SANTANA, Jair Eduardo. *Competências Legislativas Municipais.* 2. ed. Belo Horizonte: Del Rey, 1998.

SANTOS, Jorge Luiz Oliveira dos; TEIXEIRA, Regina Alves. Danos Contra o Patrimônio Histórico e Cultural e seus Instrumentos Normativos de Tutela: Estudo de Caso a Partir de uma Ação Civil Pública, *Revista de Estudos Empíricos em Direito*, vol. 3, n. 1, p. 144-59, 2016.

SANTOS, Mariza Veloso Motta. Nasce a academia SPHAN. Revista do Patrimônio Histórico e Artístico Nacional, Rio de Janeiro, Arquivo do IPHAN, [s.d.].

SANTOS, Saint-Clair Honorato. *Direito Ambiental.* Curitiba: Juruá 2005.

SARONI, Fernando; DARÓS Vital, *História das Civilizações.* São Paulo: FTD, 1979.

SCHECAIRA, Sérgio Salomão. *Criminologia.* São Paulo: RT, 2004.

SCHÖNE, Wolfgang. Ação, Omissão, Conduta. Tradução Margarida Maria de Barcelos Nogueira, *Revista de Direito Penal.* Rio de Janeiro: Forense, nº 27, p. 27-35, jan./jun. 1979.

SCHÖNE, Wolfgang. Sobre a Posição do Resultado nos Delitos Quase-Dolosos de Omissão, *Revista de Direito Penal.* Rio de Janeiro: Forense, nº 19-20, p. 22-34, jul./dez. 1975.

SÉGUIN, Elida. *Lei dos Crimes Ambientais.* São Paulo: Adcoas, 1999.

SERRANO, José-Luis, Concepto, Formación y Autonomía Del Derecho Ambiental. O Novo em Direito Ambiental.

SILVA SÁNCHEZ, Jesús María Silva. *El Delito de Omisión. Concepto y Sistema.* Buenos Aires: Editorial B de f, 2003.

SILVA SÁNCHEZ, Jésus-Maria.*A Expansão do Direito Penal. Aspectos da Política Criminal nas Sociedades Pós-industriais.* Trad.: Luiz O. de Oliveira Rocha. São Paulo: Revista dos Tribunais, 2002.

SILVA, David Medina da. *O Crime Doloso.* Porto Alegre: Livraria do Advogado, 2005.

SILVA, José Afonso da. *Curso de Direito Constitucional Positivo.* São Paulo: Malheiros, 1997.

SILVA, José Afonso da. *Direito Urbanístico Brasileiro.* 4. ed. São Paulo: Malheiros, 2006.

SILVA, José Afonso da. O Direito Urbanístico Brasileiro, 1981.

SILVA, José Afonso da. *Ordenação Constitucional da Cultura.* São Paulo: Malheiros, 2001.

SILVA, Regina Coeli Pinheiro da. Compatibilizando os instrumentos legais da preservação arqueológica no Brasil: o Decreto-lei nº 25/37 e a Lei nº 3.924/61. *Revista de Arqueologia*, v. 9, 1996.

SIQUEIRA, Galdino, *Tratado de Direito Penal*, Parte Geral. Rio de Janeiro: José Konfino, 1947, tomo I.

SIRVINSKAS, Luís Paulo. Tutela Penal do Meio Ambiente. Breves Considerações Atinentes à Lei nº 9.605/98, de 12-02-1998. 4. ed. São Paulo: Saraiva, 2011.

SOUZA FILHO, Carlos Frederico Marés. *Bens Culturais e Proteção Jurídica.* Porto Alegre: Unidade Editorial, 1997.

SOUZA FILHO, Carlos Frederico Marés. *Bens Culturais e Proteção Jurídica.* 2. ed. Porto Alegre: Unidade Editorial, 1999.

SOUZA, Carmo Antônio de, *Fundamentos dos Crimes Omissivos Impróprios.* Rio de Janeiro: Forense, 2003.

SOUZA, Luciano Anderson de. *Comentários à Lei de Crimes Ambientais, Lei nº 9.605/1998.* São Paulo: Quartier Latin do Brasil, 2009.

STEINMETZ, Wilson. A Vinculação dos Particulares a Direitos Fundamentais. São Paulo: Malheiros, 2004.

STRECK, Lênio Luiz. A Dupla Face do Princípio da Proporcionalidade e o Cabimento do Mandado de Segurança em Matéria Criminal: Superando o Ideário Liberal-Individualista-Clássico, *Revista do Ministério Público do Rio Grande do Sul*, Porto Alegre, nº 53, 2004.

STRECK, Lênio Luiz. Da Proibição de Excesso (Übermassverbot) à Proibição de Proteção Deficiente (Untermassverbot): De Como Não Há Blindagem Contra Normas Penais Inconstitucionais, *Revista do Instituto de Hermenêutica Jurídica*, Porto Alegre: IHJ, nº 2, p. 280-3, 2003.

STUDART, Vitor Melo. O Inventário como um Instrumento de Gestão e Acautelamento do Patrimônio Cultural Material nas Cidades, In: III Encontro Internacional de Direitos Culturais, 2014, Fortaleza/CE.

TAVARES, Juarez. As Controvérsias em torno dos Crimes Omissivos. Rio de Janeiro: Instituto Latino-Americano de Cooperação Penal, 1996.

TAVARES, Juarez. Direito Penal da Negligência. Uma Contribuição à Teoria do Crime Culposo. São Paulo: Revista dos Tribunais, 1985.

TIEGHI, Osvaldo N. *Tratado de Criminologia.* Buenos Aires: Editorial Universidad, 1989.

TOCILDO, Susana Huerta. Problemas Fundamentales de Los Delitos de Omisión. Madrid: Ministério de Justiça. Centro de Publicações, 1987.

TOLEDO, Francisco de Assis. Culpabilidade e a Problemática do Erro Jurídico-Penal, Revista *dos Tribunais.* São Paulo: Revista dos Tribunais, nº 517, p. 259, nov. 1978.

TOLEDO, Francisco de Assis. Erro de Tipo e Erro de Proibição no Projeto de Reforma Penal, Revista *dos Tribunais.* São Paulo: Revista dos Tribunais, nº 578, p. 290-1, dez. 1983.

TOLEDO, Francisco de Assis. *Princípios Básicos de Direito Penal.* São Paulo: Saraiva, 1994.

TOLEDO, Francisco de Assis. Teorias do Dolo e Teorias da Culpabilidade, Revista *dos Tribunais.* São Paulo: Revista dos Tribunais, nº 566, p. 274, dez. 1982.

TORRES, Carolina de Fátima da Silva. A Efetividade da Tutela do Patrimônio Cultural Brasileiro e o Instituto Municipal dos Imóveis Especiais de Preservação; *In: III Encontro Internacional de Direitos Culturais*, 2014, Fortaleza/CE.

TUFANO, Douglas. *Estudos de Literatura Brasileira.* São Paulo: Moderna, 1990.

VELLOSO, Mônica Pimenta. Os intelectuais e a política cultural do estado novo. *In*: FERREIRA, Jorge; DELGADO, Lucilia de Almeida Neves (Org.). *O Brasil republicano: O tempo do nacional-estatismo.* Rio de Janeiro: Civilização Brasileira, 2003.

VILLAÇA, Flávio. *Dilemas do Plano Diretor. In*: *CEPAM.* O Município no Século XXI: Cenários e Perspectivas. São Paulo: Fundação Pref. Faria Lima – Cepam, 1999.

VON LISZT, Franz. *Tratado de Direito Penal.* Tomo I, 1. ed. Campinas: Russel, 2003.

WALD, Arnoldo. Curso de Direito Civil Brasileiro. Introdução e Parte Geral. São Paulo: Revista dos Tribunais, 1995.

WELZEL, Hans. *Derecho Penal Alemán*. Tradução de Juan Bustos Ramirez e Sérgio Yáñez Pérez. Santiago: Ed. Jurídica de Chile, 1970.

WELZEL, Hans. *Direito Penal*. Tradução Afonso Celso Rezende. Campinas: Romana, 2003.

WESSELS, Johannes. *Direito Penal. Parte Geral (Aspectos Fundamentais)*. Tradução Juarez Tavares. Porto Alegre: SAFE, 1976.

ZAFFARONI, Eugenio Raul. Panorama Atual da Problemática da Omissão, *Revista de Direito Penal e Criminologia*. Rio de Janeiro: Forense, nº 33, p. 34, jan./jun. 1982.

ZAFFARONI, Eugenio Raúl; ALAGIA, Alejandro; SLOKAR, Alejandro. *Derecho Penal. Parte General*. 2. ed. Buenos Aires: EDIAR, 2002.

ZAFFARONI, Eugênio Raúl; PIERANGELI, José Henrique. *Da Tentativa: Doutrina e Jurisprudência*. 6. ed. São Paulo: Revista dos Tribunais, 2000.

ZAFFARONI, Eugênio Raúl; PIERANGELI, José Henrique. *Manual de Direito Penal Brasileiro. Parte Geral*. 5. ed. São Paulo: Revista dos Tribunais, 2004.